Ailton Gonçalves da Silva

FUSSBALLMÄRCHEN

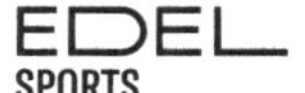

Für Aderaldo
Sinto sua falta todos os dias

ASSUNTO
Inhalt

HORA MÁGICA

Sternstunde

Der 8. Mai 2004, ein Samstag. Olympiastadion München. Der 32. Spieltag der Fußball-Bundesliga. Es ist 15:30 Uhr. Vor 63.000 Zuschauern pfeift Schiedsrichter Edgar Steinborn die Partie zwischen dem FC Bayern München und Werder Bremen an. Wir liegen in der Tabelle sechs Punkte vor den Bayern. Ein Sieg von uns, und die Meisterschaft wäre entschieden.

Aber beamen wir uns einfach zwanzig Jahre zurück. Und stellen wir uns die Stimme von Reporterlegende Henry Vogt vor, der für Radio Bremen[1] live aus dem Münchner Stadion berichtet:

... Die Bremer kommen über rechts, über Johan Micoud, der den Ball nach vorne spielt.
Auf Aílton.
Auf der linken Seite läuft Klasnic mit, wird von Jeremies bedrängt.
Klasnic setzt sich durch, direkt an der Strafraumkante.
Aber dann stellt Jeremies seinen wuchtigen Körper dazwischen. Kann also die Situation für Bayern München zunächst einmal entschärfen.

---

1 Der Abdruck erfolgt mit freundlicher Genehmigung von Radio Bremen.

Aber das sah gut aus, vor allem, wie Micoud den Ball nach links transportierte, die Seite wechselte, den Raum öffnete und dann Klasnic schickte. Und der zeigte und deutete schon mal an, was er vorhat heute hier im Stadion. Nämlich alles zu geben, sich einzusetzen, hundert Prozent Werder zu geben, hundert Prozent Klasnic zu zeigen …
Klasnic schon wieder. Auf links. Kann den Ball ereilen, direkt an der Grundlinie. Bringt ihn rein … Kahn mit einer Superparade!
Mensch, der Ball wurde gefährlicher, als er schien!
Von links geschlagen. Und Kahn, mit der Faust boxt er das Leder heraus aus dem Fünfmeterraum.
Werder mit dem Einwurf. Und mit den besseren Chancen jetzt hier schon gleich zu Beginn …
Er hat schön auf Aílton gespielt. Hat die Chance … hat Kahn auf die Brust geschossen.
Aílton, völlig frei.
Was macht Werder mit Bayern München in der Anfangsphase? Wo ist er denn, der Rekordmeister der Fußball-Bundesliga? Werder gibt den Ton an im fremden Stadion.
Das war die erste richtige dicke Möglichkeit! Und Kahn mit einem Superreflex gegen Aílton, der beinahe seinen siebenundzwanzigsten Treffer erzielt hätte.
Mein lieber Mann, fünf Minuten ist sie gerade alt, diese Partie. Und Ottmar Hitzfeld kommt, von der Bank aufgesprungen, direkt an den Spielfeldrand. Und er meckert dort. Und er moniert die Spielweise seiner Akteure.
…

Die Bremer setzen sich durch. Über Borowski. Schön, wie er das macht gegen Hasan Salihamidzić. Der Ball schon auf links. Schon in der Mitte der Hälfte der Bayern. Über Aílton. Der sucht die Anspielstation, findet sie noch nicht, bringt ihn in die Mitte, auf Klasnic. Kahn kommt raus … und … er verliert den Ball! Und Klasnic ist da … schießt … TOOOOOOOOOOOR!
Tor für Werder!
Ein Riesenpatzer von Olli Kahn, dem der Ball aus der Hand springt. Der Klasnic ist da, kurvt einmal um den Kahn rum, sieht, dass das Tor frei ist, und haut den Ball in den Kasten. Ich schaue auf die Uhr: Neunzehn Minuten sind gespielt. Und Werder führt mit 1:0.
Alle sind sie aufgesprungen von der Bank. Thomas Schaaf, die Ersatzspieler. Schaaf steht immer noch da, und in der Fankurve, dort, wo die neuntausend Bremer sind, da ist der Teufel los.
Mensch, ist das ein Auftakt!
Das ist das dreizehnte Tor von Ivan Klasnic. Da hat er ja auch nicht mehr mit gerechnet, dass er noch an den Ball rankommt.

Und ich muss sagen: Verdientermaßen, diese Führung für Werder Bremen. Ich habe noch nichts Meisterliches vom FC Bayern München gesehen. Die spielen wirklich wie ein deutscher Vizemeister. Und noch nicht eine einzige Tormöglichkeiten haben sie sich hier im Laufe der Partie herausgespielt. …

Andreas Reinke, so souverän wie immer. Stoisch wie ein Eisblock steht er hinten im Sechzehnmeterraum. Und im Tor des SV Werder Bremen. Und er lässt sich viel Zeit, der Bremer Keeper, ehe er den Ball gleich mit einem langen Pass nach vorne befördern wird. Er wird nicht angegriffen. Jetzt löst sich Makaay, deutete an, auf Reinke zulaufen zu wollen, und deshalb hat er ihn jetzt nach vorne geschlagen. Die Bremer über Fabian Ernst, schon in der Mitte der Hälfte ... Und auf Johan Micoud ...
Und die Möglichkeit ...
Und das ... TOOOOOOOOOOR!
Tooooor durch Micouuud.
Das ist doch der Wahnsinn!!! 2:0 für Werder.
Sechsundzwanzigste Spielminute.
Und der kleine grün-weiß-orangene Knäuel dort hinten im linken Eck der Bayernhälfte. Freut sich irrsinnig. 2:0 durch Johan Micoud.
Der Pass in den freien Raum. Micoud konnte durchstarten. Der Ball kam von Ernst. Micoud ungedeckt auf Kahn zu. Und dann mit dem Heber, so was von gekonnt, oben ins rechte Eck.
Und die Bayern sind fertig. Vielleicht sogar fix und fertig. 2:0 für Werder.
Sie wissen gar nicht, wie ihnen geschieht, die Bremer dort auf der Bank. Immer mal wieder recken sie die Fäuste nach oben und zeigen an: Wir führen hier in München!
Uli Hoeneß ist zusammengerückt dort. Man sieht ihn kaum noch. Zusammengesunken auf der Bayernbank, die Hände voreinander geschränkt. Ich kann sein Gesicht nicht

sehen, aber ich vermute, es ist puterrot. Werder führt nach sechsundzwanzig Minuten mit 2:0.

...

TOR!

3:0.

Tor.

Leute, kommt her! 3:0 für Werder Bremen – durch Aílton. Das wird nicht nur ein Werdersieg, das wird eine Demontage des FC Bayern München.

Aílton mit seinem siebenundzwanzigsten Tor in der Fußball-Bundesliga.

Was ist das für ein Spiel, hier im Münchner Olympiastadion?! Unfassbar, diese Entwicklung. Sie haben viel erwartet, die Zuschauer, die aus Bremen hierher gereist sind, aber nicht eine solche Begegnung, in der Bayern München so was von vorgeführt wird.

Der Angriff, eingeleitet über Borowski, gespielt auf Aílton. Der steht an der Sechzehnmeterlinie. Wird nicht angegriffen. Die Bayern wissen nicht, was sie machen sollen. Aílton guckt sich das Eck an, und dann haut er den Ball mit dem linken Fuß oben in den linken Winkel des Tores – vom Schützen aus gesehen. Und Werder führt mit 3:0.

Das ist Waaahnsinn!

Sechsunddreißigste Spielminute.

3:0 bei Bayern München.

Wenn man das irgendjemandem vorher gesagt hätte, man hätte ganz deutlich einen Fingerzeig Richtung Stirn erhalten. Aber es ist tatsächlich wahr: Werder führt hier mit

drei zu null. Und die Bayern haben nichts, aber ganz und gar nichts zustande bekommen hier in den ersten fünfundvierzig Minuten. Die sind platt, von der Rolle, konsterniert, geschockt. Die wissen gar nicht, was los ist, was Werder hier mit ihnen veranstaltet.
3:0 – ein schönes Tor von Aílton. Wie er den Ball annahm, wie er guckte und wie er jetzt schon wieder unterwegs ist, gegen Jeremies, auf der rechten Seite ... Oh, der Schiedsrichterassistent hat auf Ausball gegeben. Na, dann wird er wohl auch über die Außenlinie gerollt sein, der Ball. Und so gibt es Einwurf für den FC Bayern München.

Ganz ruhig sind sie auf der Bremer Bank. Sie wissen, dass sie es heute perfekt machen können. Noch nie waren sie so nah dran, zum vierten Mal deutscher Fußballmeister zu werden. Thomas Schaaf zum ersten Mal in seiner Karriere als Trainer. Morgen auf den Tag genau ist er fünf Jahre Trainer bei Werder Bremen. Und ich weiß noch ganz genau, wie er damals von Platz 11 herübergeschritten kam, Richtung Geschäftsstelle, und ich ihn sah und ihn fragte, ob er es wird und er nickte ganz kurz mit dem Kopf, und ich muss ganz ehrlich sein, ich habe es ihm damals nicht zugetraut, dass er eine solche Mannschaft formen kann.
Also Hut ab vor diesem Trainer, Hut ab vor Klaus Allofs, was sie hier mit Werder gemacht haben, wie sie diese Mannschaft geformt haben, wie sie sie langsam haben wachsen und gedeihen lassen. Und vor allem einen Teamgeist erzeugt haben, den es bundesweit so nicht gibt, in

keiner anderen Mannschaft. Spielerisch sind sie super, aber vom Zusammenhalt auch allererste Klasse.
…

Oliver Kahn, ich sehe ihn gar nicht mehr. Die Schultern hängen runter bei ihm. Was ist das für ein Zeichen bei Kahn? Mensch, keine Regung beim Keeper der deutschen Nationalmannschaft, der sonst auch immer so tönt und den Mund ganz voll nimmt und jetzt mucksmäuschenstill ist. Nichts hört man von Kahn, und die ganze Haltung von ihm, sein Habitus, signalisiert in keinster Weise, dass es da noch mal wieder ein Aufbäumen geben könnte beim derzeitigen Tabellenzweiten der Fußball-Bundesliga. Und wenn es ganz schlecht läuft für diese Mannschaft, dann werden sie nicht einmal Zweiter.
Die Bremer Fans haben die Arme alle nach oben gerissen, einige in dem ganzen Freudentaumel schon ihre Trikots ausgezogen. In freien Oberkörpern stehen sie da, und sie blitzen immer noch, die Meisterschalen.
…

Und jetzt sind die ersten fünfundvierzig Minuten rum.
3:0 für Werder Bremen beim FC Bayern München.
Wer jetzt erst das Radiogerät eingeschaltet hat, sagt sich vielleicht: Der Vogt ist verrückt und erzählt uns Unsinn aus dem Olympiastadion. Nein, das macht er nicht. Es steht 3:0. Klasnic – Micoud – Aílton … neunzehnte, sechsundzwanzigste und sechsunddreißigste Minute. Und Werder ist ganz nah dran am vierten deutschen Meistertitel.

Glaubt jetzt noch einer an eine Korrektur dieses Ergebnisses, hier im Münchner Olympiastadion, in der zweiten Halbzeit? Ich kann es mir eigentlich nicht vorstellen, dass die Bremer hier diesen souveränen und sehr komfortablen Vorsprung noch aus der Hand geben. Sie dominieren hier eindeutig in diesem fremden Stadion. Sie waren ja auch so cool, so gelassen vor der Partie, fast schon zu ruhig, dass man das Gefühl hatte: Mensch, Jungs, wacht auf! Nehmt es nicht zu einfach, nicht zu leicht, hier zu spielen. Auch im Gefühl, vielleicht mit einer Niederlage nach Hause zu fahren, dass noch alles offen ist. Dann könnte vielleicht noch ein Zitterspiel gegen Leverkusen und gegen Rostock anstehen. Aber sie waren gar nicht zu ruhig. Sie waren einfach nur hoch konzentriert.
Um auf Uli Hoeneß zu kommen: Wie sehr hat er gewettert am vergangenen Wochenende, ist über den HSV hergezogen, sie hätten sich abschlachten lassen gegen Werder Bremen. Und heute liegen sie ebenfalls hinten mit 0:3. Und das kann ja noch schlimmer kommen für Bayern München, hier im eigenen Stadion. Aber ein 0:3 zu Hause, und dann mit dieser großen Erwartung gegen Werder angetreten – da muss man dieses 0:3 schon wie ein 0:6 empfinden.
Und für Werder wird es nicht nur ein Sieg, glaube ich, heute hier in diesem Stadion, sondern ein Triumphmarsch sondergleichen, wenn sie es tatsächlich packen sollten, dieses Resultat aufrechtzuerhalten oder zumindest auch einen Sieg hier davonzutragen.
...

Also 3:0. Ich habe eigentlich keine Zweifel, aber man darf das Fell des Bären eben nicht schon eher verteilen …
Und Makaay ist unterwegs … Und er hat die Möglichkeit … Und er verschießt.
Wow, wow, wow, wow, wow, Abwehrpatzer bei Werder. Ismaël und Krstajic waren sich nicht einig. Und der lange Pass kam nach vorne. Und sie dachten, Edgar Steinborn würde auf Abseits pfeifen. Aber er pfiff nicht. Aber symptomatisch auch für Roy Makaay, dass er es nicht packt, alleine vor Reinke, den Ball im Tor unterzubringen.
[Makaay trifft dann doch noch, in der sechsundfünfzigsten Minute, zum 1:3]
…

Ich schaue mal auf die Uhr … siebzehn Uhr und vierzehn Minuten. Was ist da unten los auf der Bremer Bank? Jetzt kann man mal so langsam schon anfangen zu tanzen und sich zu freuen über den vierten Meistertitel. Aber sie trauen sich offensichtlich nicht. Oder es gehört ganz einfach zu ihrer Haltung, zur Haltung der Gelassenheit, ihrer Genugtuung, ihrer Ruhe und sich einfach nicht in den Vordergrund zu schieben. Na, wo ich es sage, kommen Sie jetzt so langsam zusammen. Sie umarmen sich schon dort unten auf der Bank. Ich sehe den Borel, ich sehe den Blonden, Magnin ist es. Ismaël ist aufgestanden und auch die anderen. Nur Thomas Schaaf, stoisch ruhig, genauso wie Klaus Allofs und auch Dieter Burdenski und Kalli Kamp beobachten sie das Spielgeschehen von unten. Und der

Mannschaftsbetreuer bringt gerade eben eine große Kiste, eine Pappkiste, direkt zur Trainerbank und Spielerbank. Und was glauben Sie wohl, was da drin ist? Natürlich die Meistertrikots, da bin ich mir ziemlich sicher …
Noch mal auf der rechten Seite, Roque Santa Cruz im Laufduell. Und er bringt den Ball rein … und Reinke fängt ihn ab. Im Fünfmeterraum. Mutig hat er sich da rausgestürzt, der Bremer Keeper.

Siebzehn Uhr fünfzehn. Zwei Minuten sind es jetzt noch offiziell hier in diesem Stadion. Ich glaube, wir können es sagen, dass Werder deutscher Fußballmeister des Jahres 2004 ist. Dass diese Mannschaft sich hier in diesem Stadion krönt für eine fabelhafte Saison, die sie abgeliefert hat. Sie bleiben im dreiundzwanzigsten Spiel der Fußball-Bundesliga nacheinander ungeschlagen. Das ist eine sensationelle Marke. Und zählen wir die Pokalspiele noch hinzu, dann sind es sechsundzwanzig Duelle. Kein einziges Spiel haben sie verloren und die meisten davon gewonnen.
Eine Schar von Ordnern postiert sich jetzt schon vor der großen Werder-Fanschar im weiten Rund des Olympiastadions. Weil sie vielleicht ein bisschen in Sorge sind, dass sie in der Euphorie über den Zaun hinwegklettern, um ihre Stars zu bejubeln, die da heißen: Aílton oder Johan Micoud. Und Fabian Ernst. Oder auch Valdez, der jetzt im Einsatz ist gegen Hargreaves, der diesen Ball auch gewinnt und den Zweikampf, der Ball aber über die Torauslinie geht. Und es gibt Abstoß vom Gehäuse des FC Bayern München.

Und da ist einer in sich zusammengesackt, zusammengesunken. Der heißt Oliver Kahn. Sonst ja eigentlich die Verkörperung des Siegeswillens. Aber heute ist nichts von ihm zu sehen, wie von all den anderen Münchnern auch nicht. Weil Werder, man muss es so klar sagen, Bayern München im eigenen Stadion hier, im Olympiastadion von München, die Grenzen aufgezeigt hat.
Jetzt gibt es schon mal die ersten Bilder der tänzelnden Spieler unten auf der Trainerbank. Na endlich, Jungs, nun kommt mal aus euch raus! Nun freut euch darüber, was ihr hier auf die Reihe gekriegt habt. Nicht nur in diesem Stadion, sondern insgesamt in dieser Saison. Das sind sie doch, die herrlichen, die schönen Bilder, die wir sehen möchten.
...

[Siebzehn Uhr siebzehn:]
Das Spiel ist aus! Und Werder Bremen zum vierten Male deutscher Fußballmeister. Der deutsche Meister 2003/2004 heißt Werder Bremen. Und es ist ein unbeschreiblicher Jubel jetzt in diesem Stadion. Alle Spieler sind zu einem Knäuel zusammengeeilt, und sie bejubeln den Meistertitel.
Und der Baumeister, der Architekt – es sind im Grunde genommen zwei, sie umarmen sich innigst vor der Trainerbank: Klaus Allofs und Thomas Schaaf. Eng zusammengerückt, eng umeinandergeschlungen, und die Freude steht ihnen ins Gesicht geschrieben. Sie haben hier, beim Klassenprimus, beim FC Bayern München, den Titelgewinn vorzeitig perfekt gemacht. Sie haben sich hier schon an dieser

Stelle die Schale geholt, zwei Spieltage vor Saisonende. Und das hatte ihnen keiner zugetraut. Weil sie alle glaubten, dass sie noch Nervenflattern kriegen. Aber Werder hat Bayern München, hier im Olympiastadion, vor 63.000 Zuschauern, die Grenzen aufgezeigt. Sie sind alle in die Fankurve geeilt, die Spieler …

Und wie einst Franz Beckenbauer beim Titelgewinn 1990 der deutschen Mannschaft in Rom, so schreitet Thomas Schaaf über den Rasen des Olympiastadions. So, als wollte er sagen: Hier ist meine große Triumphstätte.

Aílton kommt auf Schaaf zugelaufen.

Ach, ist das ein schönes Bild.

Sie herzen sich, sie umarmen sich. Aílton bedankt sich bei Schaaf, und der wiederum bei seinem Torjäger, der heute seinen siebenundzwanzigsten Treffer erzielt hat. Die beiden haben manche Sträuße miteinander ausgefochten, aber dies alles zum Wohle des Vereins. Zum Wohle des SV Werder Bremen. Und für einen ganz großen Erfolg.

Aílton kniet nieder, küsst den Rasen des Olympiastadions. Schaaf traut sich nicht in die Fankurve. Steht mit weitem Abstand zu seinen Spielern jetzt im Sechzehnmeterraum der Münchner Bayern und schaut sich das Spektakel, die Hände hinten zusammen, verschränkt hinter dem Körper, an. Er darf sich freuen. Und er darf zufrieden und stolz sein auf die Leistung seiner Mannschaft, auf das, was er mit diesem Team hingekriegt hat.

PARA SEMPRE

Für die Ewigkeit

Und hier ist sie, unsere Meistermannschaft von 2004. Wir waren wie eine Familie in jener Saison, eine Einheit. Ich zähle alle noch einmal auf – zum Erinnern. Und für die Ewigkeit.

Andreas Reinke
Paul Stalteri
Valerien Ismaël
Pekka Lagerbloom
Mladen Krstajic
Christian Schulz
Viktor Skripnik
Ludovic Magnin
Fabian Ernst
Frank Baumann
Johan Micoud
Krisztián Lisztes
Tim Borowski
Ümit Davala
Ailton
Ivan Klasnic
Angelos Charisteas
Nelson Valdez

Holger Wehlage
Markus Daun
Pascal Borel

Und:
Thomas Schaaf
„Kalli“ Kamp
Dieter Burdenski

Und:
Klaus Allofs

Muito obrigado, amigos!
Lebenslang Grün-Weiß.

MINHA PÁTRIA

Meine Heimat

Mogeiro.

Hier fing alles an.

In diesem kleinen Ort im Nordosten von Brasilien, den kaum einer kennt. Rund neunzig Kilometer vom Meer entfernt. Atlantischer Ozean. Bundesstaat Paraíba.

Mogeiro ist aber nicht nur dieser eine Ort, sondern eine Gemeinde – *um município*, wie wir in unserer Landessprache sagen, auf Portugiesisch. Diese *município* besteht aus mehreren kleinen Siedlungen. Manchmal sind es nur ein paar Häuser, die sich an zwei oder drei kurzen Straßen entlangreihen. Oder ganz für sich allein stehende Gehöfte mit eingezäunten Grundstücken, irgendwo in der Pampa. Da führt dann nur ein Sandweg hin, so schmal, dass man ganz an den Rand fahren und warten muss, wenn einem jemand entgegenkommt.

Die gesamte Fläche von Mogeiro, dem Hauptort, in dem unsere Familie ansässig ist, und allem, was drumherum liegt, also die gesamte Gemeinde, ist rund zweihundert Quadratkilometer groß. Das wäre genug Platz für ungefähr 28.000 Fußballfelder, wobei man sich auch das nicht viel besser vorstellen kann. Auf jeden Fall ist das gar nicht so klein für die paar Leute, die hier leben. Nämlich etwas mehr als 13.000, alle zusammengenommen.

Die Landschaft hier ist flach bis hügelig. Sanft geschwungen kann man sagen. Keine steilen Erhebungen, senkrechten Felswände oder so was. Erst ein Stück weiter im Norden trifft man auf Berge. Gewaltig sind die aber auch nicht, mal zweihundert, mal vierhundert Meter hoch, kaum darüber. Sonst Wiesen wo man hinschaut. Und Felder. Braune Erde, fast ein bisschen rötlich, wenn sie frisch gepflügt ist und noch nichts darauf wächst.

Richtiger Wald, wie es ihn früher gegeben haben soll, ist kaum noch zu finden. Der wurde gerodet, damit mehr Felder entstehen konnten. Und weil das Holz der Bäume zum Bauen gebraucht wurde. Heute gibt es nur noch ein paar größere Flächen mit Sträuchern, meistens Dornenbüsche. Oder mit niedrigen Bäumen, die nur ein bisschen höher als die Büsche sind. Manche Arten, ob Sträucher oder Bäume, werfen während der Trockenzeit ihre Blätter ab, damit sie mit wenig Wasser auskommen.

Hier und da ragen auch Palmen in die Höhe, einzelne Exemplare oder mal zwei, drei auf einem Fleck – in Gärten, irgendwo am Straßenrand oder auf dem freien Feld. Das sind aber nicht viele. Als wären es die letzten Vertreter einer aussterbenden Spezies. Aber das täuscht. Weiter zum Meer hin gibt es mehr davon. Auch in anderen Gegenden.

Ansonsten wäre noch der Riacho de Mogeiro zu erwähnen, der sich durchs Gelände schlängelt, auch ein Stück durch den Hauptort. Er ist kaum mehr als ein Flüsschen, ein Bach. Und zeitweise, wenn länger kein Regen fällt, auch nur ein trockenes Flussbett. Nach diesem Flüsschen wurde die Gemeinde benannt. Und der Ort, der wahrscheinlich zuerst.

Wobei nicht ganz klar ist, woher das Wort Mogeiro stammt und was es bedeutet oder mal bedeutet hat. Es gibt verschiedene Theorien. Eine besagt, es könnte eine Ableitung des Begriffs *mong-eir* sein, den die Indianer, die das Gebiet früher bevölkerten, als Bezeichnung für klebrigen Honig benutzten. Eine andere Theorie bezieht sich auf Mönche, die sich später in der Region ansiedelten. Auch das ist ewig her. Einige von denen sollen in der Nähe eines Felsvorsprungs gelebt haben. Den nannten die Einheimischen damals *Lajeiro*. So könnte aus *Monge*, dem portugiesischen Wort für Mönch, und *Lajeiro* der Begriff *Mongeiro* gebildet worden sein, aus dem dann irgendwann Mogeiro wurde.

Aber das erzähle ich nur, damit man eine Vorstellung davon bekommt, wo ich aufgewachsen bin, was das für ein Ort ist. Schließlich liegt Mogeiro weit ab vom Schuss im Hinterland, es dürfte in keinem Reiseführer erwähnt werden. Wer zum ersten Mal herkommt, aus Deutschland oder so, denkt wahrscheinlich, dieser ganze Landstrich, der muss irgendwie vergessen worden sein. Als hätte jemand die Zeit zurückgedreht. Dabei hat selbst hier mittlerweile der Fortschritt Einzug gehalten.

Natürlich in anderen Dimensionen, als man das in größeren Städten sehen kann. Zum Beispiel in Campina Grande, wo Marcelinho herkommt. Das liegt im gleichen Bundesstaat, nur sechzig Kilometer entfernt. Oder in João Pessoa, der Hauptstadt von Paraíba, direkt am Ozean. Bis dahin fährt man mit dem Auto zwar nur eineinhalb Stunden, doch die Uhren ticken dort ganz anders. Mit Rio oder São Paulo will ich gar nicht erst anfangen, das kann man nicht vergleichen.

In Mogeiro erkennt man den Fortschritt am ehesten an den neueren Modellen der Autos, die hier herumfahren. Und dass es überhaupt mehr geworden sind. Oder an den moderneren Landmaschinen, mit denen die Felder bearbeitet werden. Obwohl manche der Bauern, die nur kleine Felder haben, vieles noch auf die traditionelle Art und Weise erledigen, mit Pferden oder Rindern, so wie ich das aus meiner Kindheit kenne.

Das Internet ist auch so ein Zeichen des Fortschritts, wie überall, wo man hinkommt auf der Welt. Smartphones und Tablets und diese ganzen Erfindungen, ohne die die Kids heutzutage nicht mehr auskommen – ich sehe das doch auch an meinen eigenen. Was soll man dazu sagen? Am besten gar nichts. Sonst verdrehen die jungen Leute sowieso bloß die Augen und denken sich, dass die Alten eben alt sind und sowieso keine Ahnung haben. Andererseits, was hätte ich gemacht, wenn es das alles schon in meiner Jugend gegeben hätte? Wahrscheinlich hätte ich auch ständig mit den Augen am Display geklebt und mich nicht darum geschert, was meine Eltern davon halten.

Ob ich dann Fußballer geworden wäre? Gute Frage.

Aber was die Eltern angeht: Wir wurden noch anders erzogen, zu mehr Respekt den Erwachsenen gegenüber. Wie es in der Bibel steht, im vierten Gebot: Du sollst Vater und Mutter ehren. Vater und Mutter zuallererst, aber auch die anderen, Großeltern, Onkel, Tanten. Ehren und achten und schätzen.

Was Vater und Mutter sagten, war in unserer Familie Gesetz ... und Punkt! Da wurde nicht herumdiskutiert oder irgendetwas infrage gestellt.

Vater sprach nicht viel mit uns. Nicht auf die Art, dass längere Dialoge daraus entstanden wären. Er arbeitete hart, von morgens bis abends, sodass wir ihn sowieso kaum zu sehen bekamen. Außer an den Wochenenden, aber da schwang er auch keine großen Reden. Wenn er etwas sagte, dann meistens, um uns Kindern Anweisungen zu erteilen, was wir zu tun hatten oder wie wir uns benehmen sollten. Kurz und bündig, ohne ewige Erläuterungen, fast wie Befehle. Und dann erwartete er, dass wir seine Worte befolgten. Das taten wir besser auch. Sonst konnte es passieren, dass er Argumente nachlieferte, für die er keine Worte benutzte und die wir so schnell nicht vergaßen – handfeste sozusagen. Doch meistens erinnerte uns vorher schon sein strenger Blick daran, wie viel Respekt wir vor ihm hatten und dass wir besser auf ihn hörten. Dieser Blick konnte einem Angst machen.

Oft sagte er auch einfach nur: „Schaut mich an, dann wisst ihr, wie ihr es machen, wie ihr leben sollt." Er meinte damit, dass man alles, was man erreichen will, nicht mit viel Gerede, sondern mit Arbeit schafft. Man muss nur fleißig sein. Und sich als Mensch korrekt verhalten, die Regeln beachten. Das war seine Art, uns die Werte zu vermitteln, die er für wichtig hielt. Das meiste davon ist auch angekommen, nicht unbedingt direkt in dem Moment, aber mit der Zeit. Was nicht heißt, dass wir nicht trotzdem manchen Blödsinn anstellten.

Jedenfalls muss man sich dieses moderne Zeug wegdenken, komplett, um in die Zeit meiner Kindheit einzutauchen. In das Mogeiro vor vierzig Jahren. Man muss sich so ziemlich alles wegdenken, was anderswo zum normalen Leben gehörte: Wir hatten ein Dach über dem Kopf, das schon, aber kein fließendes Wasser und dementsprechend bloß ein Plumpsklo. Nur als Beispiel. Wir hatten am Anfang auch kein Auto, nicht einmal Fahrräder. Der erste motorisierte fahrbare Untersatz, den Vater sich zulegte, war ein Motorrad. Eine alte Maschine, die ihm jemand für wenig Geld überließ. Vielleicht hat er auch irgendetwas gegen sie eingetauscht oder den vereinbarten Preis abgearbeitet.

Was wir hatten, also unser Vater, war ein Pferdewagen. Und ein Pferd. Beides brauchte er für die Arbeit auf dem Feld. Um den Boden zu pflügen und zu eggen und was noch alles gemacht werden musste. Natürlich auch, um später die Ernte einzubringen.

Soviel ich weiß, hatte er bereits ein Pferd, als ich geboren wurde. Es können auch zwei oder drei gewesen sein. In meiner Erinnerung waren jedenfalls schon immer Pferde da.

Wenn Vater eins kaufte, auch später, dann immer eine Stute. Heute ist das anders, aber damals kostete so ein Pferd nicht viel. Trotzdem ließ er die Stute, sobald die richtige Zeit gekommen war, von einem Hengst decken, damit Nachwuchs gezeugt wurde. So kam er zu einem neuen Pferd, das noch günstiger war, ihn praktisch gar nichts kostete. Den Hengst, den er für die Begattung brauchte, lieh er sich von einem Bekannten. Er hatte viele Freunde, und alle, die Pferde hielten, machten es genauso.

Die Felder, auf denen Vater arbeitete, gehörten uns nicht. Sie wurden ihm von Farmern, die Ländereien besaßen, für drei oder vier Jahre verpachtet, auch mal für länger. In dieser Zeit konnte er sie nutzen, um Geld zu verdienen und damit seine Familie zu ernähren. Er pflanzte und säte, hier Mais, dort Bohnen, hauptsächlich aber baute er Erdnüsse und Ananas an. *Senhor* Pedro da Cruz Silva aus Mogeiro – unser Vater – war bekannt dafür, von allen Landarbeitern in der Region die meisten Erdnüsse zu liefern. Den größten Teil der Ernte verkaufte er an Geschäfte oder an Betriebe, die sie weiterverarbeiteten.

Eigentlich hätte Vater nicht Pedro, sondern *Trabalho* heißen sollen – Arbeit. Das wäre passender gewesen. Kaum ein Tag, an dem er nicht mit dem ersten Hahnenschrei aus dem Bett stieg. Meistens war es noch gar nicht richtig hell. Er ging in die Küche, trank einen starken Kaffee und steckte sich eine seiner geliebten *Cigarros de palha* an, bei denen der Tabak in ein getrocknetes Maisblatt gerollt war, ohne Filter. Dann machte er sich auf den Weg, zu Fuß oder mit dem Pferdewagen, je nachdem, wie weit das Feld entfernt war, welche Arbeiten er für den Tag geplant hatte und was er dafür dorthin transportieren musste, welche Gerätschaften und so. Später nahm er auch das Motorrad. Und noch später einen alten Pickup, den er von irgendwem günstig bekommen hatte. Ich glaube, es war ein Fiat. Fiorini oder wie das Modell hieß. Dieser Kleine, der in Brasilien gebaut wurde, unten im Südosten, in der Nähe von Belo Horizonte.

Mittags kehrte Vater vom Feld zurück, aber nur, um rasch das Essen hinunterzuschlingen, das Mutter ihm zubereitete, uns allen. Es kamen einfache Sachen auf den Tisch, was man auf dem Land so aß, hauptsächlich Reis, Bohnen und Fleisch – Hähnchen, Rind, Schaf oder Schwein, das variierte. Manchmal gab es auch Fisch. Und abends häufiger Couscous, die brasilianische Variante, die im Unterschied zur afrikanischen gelblich aussieht, weil sie aus Maismehl gemacht wird. Doch vorher war Vater längst wieder auf dem Feld. Es kam selten vor, fast nie, dass er sich eine längere Mittagsruhe gönnte. Ich sehe ihn noch vor mir: Nach dem Essen genüsslich eine *Cigarro* und schon stiefelte er los, arbeitete weiter, bis die Sonne unterging.

Nur an den Wochenenden, da ging er nicht aufs Feld. Das machte keiner, also machte er es auch nicht. Stattdessen suchte er sich zu Hause eine Beschäftigung, räumte den Hof auf, fegte den Boden, strich Wände, reparierte etwas. Oder er ging mit seiner Schrotflinte auf die Jagd, um Lambús zu schießen, die wir dann aßen. Lambús sind eine spezielle Art von Steißhühnern, die in der Gegend stark verbreitet waren. Ich glaube, die stammen noch von irgendwelchen Urvögeln ab. Braun-graues Gefieder, die beste Tarnung. Sehen konnte man die Viecher tatsächlich nur schwer, dafür machten sie immer ordentlich Musik. Die Laute klangen wie Flötentöne, mal höher, mal tiefer, und waren weit zu hören.

Außer der Schrotflinte besaß Vater auch einen Revolver, Kaliber .38 oder so. Aber damit ging er nicht jagen. Der Revolver war eher so ein Cowboyding, um im Notfall die Familie verteidigen zu können. Waffen sind gerade mal wieder ein großes Thema in Brasilien. Bolsonaro, der ehemalige Präsident, hatte das entsprechende Gesetz gelockert. Man bekam leichter eine Erlaubnis und durfte mehr Waffen besitzen, sechs oder so. Sportschützen sogar noch mehr, ich glaube, bis zu dreißig. Lula, einer von Bolsonaros Vorgängern, der aktuell wieder am Ruder ist, steuert genau in die entgegengesetzte Richtung. Er will, dass weniger Waffen im Umlauf sind. Jeder kann dazu seine Meinung haben. Fakt ist, dass die Kriminalität in den letzten Jahren zugenommen hat. Viele Leute, normale Bürger, beschaffen sich Waffen, auch illegal, weil sie sich damit sicherer fühlen. Mein Ding ist das nicht, aber wer seine Knarre richtig beherrscht, hat im Ernstfall wahrscheinlich schon einen Vorteil. Ich weiß, in Deutschland wird das Thema anders gesehen. Die Gesetze sind viel strenger. Aber die Verhältnisse sind auch ganz anders als in Brasilien.

Obwohl er so fleißig war, häufte Vater mit seiner Schufterei keine Reichtümer an. Nicht einmal von bescheidenem Wohlstand kann man sprechen. Wir waren nicht arm – nicht wie andere Familien in unserer Nachbarschaft, die oft nicht wussten, wie sie die Kinder satt bekommen sollten oder denen der Strom abgedreht wurde, weil sie ihn nicht mehr bezahlen konnten. Überfluss herrschte bei uns wie gesagt auch nicht. Für große Reisen oder so etwas war nie genug Geld da. Es gab zum Geburtstag oder zu Weihnachten auch keine teuren Geschenke. Aber wir kamen über die Runden. Irgendwie schafften es unsere Eltern, dass wir eine schöne Kindheit hatten. Ich war zufrieden und glücklich, hatte viel Spaß mit meinen Freunden, zumindest die meiste Zeit.

Das Schicksal – oder war es der liebe Gott? – hatte es so vorherbestimmt, dass ich in der Provinz, auf dem Land aufwachsen sollte. Noch dazu in einer der ärmsten Regionen des Landes. Aber dachte ich darüber jemals nach? Oder wünschte ich mir, woanders zu leben? Nicht, dass ich mich erinnern könnte. Es war gut so, wie es war. Ich kannte nichts anderes. Die Welt war für einen Jungen wie mich ein überschaubarer Ort. Es gab Mogeiro – und sonst erst mal nichts weiter.

HERÓIS E LIÇÕES

Helden und Lektionen

Den Mittelpunkt meiner kleinen Welt bildete das Haus unserer Familie. Ein einfacher Steinbau mit Ziegeldach und glatt verputzten Wänden. Wohnzimmer, Küche, Bad, Schlafzimmer der Eltern, zwei Kinderzimmer – eins für die Mädchen, eins für die Jungs, wir waren sieben Geschwister. Das Haus stand am Ortseingang. Es war das erste auf der linken Seite, wenn man auf der Landstraße von Osten kam – aus der Richtung, in die es erst zum Nachbarort Itabaiana geht, und von dort weiter nach João Pessoa. Und zum Meer.

Direkt neben unserem Haus lag eine Wiese. Die gehörte einem Farmer, der sie aber so gut wie nie nutzte, weder als Weide, noch um Heu zu machen. Dadurch war es eigentlich keine richtige Wiese. Ich würde sie eher als Brachland bezeichnen. Was wuchs, das wuchs, niemanden schien zu interessieren, ob Gräser aus dem Boden sprossen oder Unkräuter. An manchen Stellen wuchsen nicht einmal die. Da war nur blanke Erde, festgetreten und knochenhart. Von solchen Stellen sollte es bald immer mehr geben – nachdem wir den Platz für uns entdeckten, um darauf Fußball zu spielen.

Mit wir meine ich meinen Bruder Aderaldo und unsere Freunde, Jungs aus der Nachbarschaft. Als ich das erste Mal mitmachte, dürfte ich sechs oder sieben gewesen sein.

Aderaldo spielte schon länger, er war fünf Jahre älter als ich. Und noch vor ihm hatte Antonio mit dem Fußballspielen angefangen, unser ältester Bruder. Er war nicht so talentiert wie Aderaldo, hatte aber einen richtig starken Schuss. Die Torhüter hätten sich am liebsten aus dem Staub gemacht, wenn er vor ihnen auftauchte und mit voller Wucht abzog. Antonio spielte aber kaum mit uns Kleinen, dafür war der Altersunterschied zu groß. Er wurde zehn Jahre vor mir geboren.

Fehlt noch der Vierte, unser jüngster Bruder: Alexandre. Er schlug etwas aus der Art, damals schon. Ein paarmal probierte er es, aber einem Ball hinterherzulaufen und dabei womöglich noch gefoult zu werden und mit dem Gesicht im Dreck zu landen, machte ihm keinen besonderen Spaß. Lieber blieb er zu Hause und steckte seinen Kopf zwischen die Seiten der Schulbücher. Er ging gern zur Schule, konnte stundenlang dasitzen, lesen und lernen. Noch etwas, das ihn von uns unterschied. Kein Wunder, dass er später Lehrer wurde. Alexandre war einfach nicht so wild wie wir. Allerdings auch nicht so robust. Er war oft krank. Dann behütete Mutter ihn immer wie eine Glucke.

Da ich gerade dabei bin, stelle ich gleich noch meine Schwestern vor: Angela, Adriana und Ana Maria. In der Reihenfolge wurden sie auch geboren. Mit Fußball hatten alle drei nichts am Hut. Mädchen durften in Brasilien lange kein Fußball spielen. Das hatte die Regierung verboten. Erst als das Militär nicht mehr an der Macht war, bekamen Frauen mehr Rechte. Meine Schwestern spielten mit Puppen oder irgendwelches Mädchenzeug. Und sie halfen Mutter bei der Hausarbeit – in der Küche, beim Saubermachen oder mit der Wäsche. Adriana zum Beispiel, die Zweitälteste, kochte oft die Mahlzeiten für unsere Familie, als sie etwas größer war.

Unsere Mutter, sie hieß Maria – Maria Gonçalves de Lima –, arbeitete als Krankenschwester. Zu der Zeit gab es in Mogeiro kein Krankenhaus wie heute, sondern nur eine medizinische Versorgungsstation. Dort kamen die Leute hin, wenn sie sich verletzt oder gesundheitliche Beschwerden hatten. Entweder konnte ihnen geholfen werden, oder es wurde ein Transport zu einem Krankenhaus in der nächsten Stadt organisiert.

Solange wir noch klein waren, kümmerte sich Mutter vor allem um uns. Ihre Arbeit erledigte sie aber trotzdem. Sie war eine Seele von Mensch, hilfsbereit und warmherzig. Auch wenn jemand zu Hause Hilfe brauchte, egal zu welcher Uhrzeit, machte sie sich gleich auf den Weg. Die Leute in Mogeiro mochten sie wirklich gern. Und sie liebte es, anderen zu helfen. Ich glaube, das war ihre Bestimmung. Darin ging sie auf. Ein guter Samariter, immer für andere da. Sogar dann noch, als ihr selbst übel mitgespielt wurde – vom Leben, wenn man das so sagen will, sie bekam eine schlimme Krankheit. Und leider auch von jemandem, den sie sehr liebte. Aber das kommt später.

Für mich war diese Maria Gonçalves de Lima eine Heilige. Das mag pathetisch klingen – ist mir egal. Ich weiß, dass meine Geschwister sie genauso verehrten. Das tun wir heute noch. Man hätte sich keine bessere Mutter wünschen können. Ich bin sehr dankbar, dass ich sie hatte. Ohne sie wäre mein Leben anders verlaufen, ganz anders.

Was mich in die Kindheit zurückbringt, zu der Wiese neben unserem Haus. Zu dieser und zu anderen, auf denen ich mich mit Aderaldo und unseren Freunden austobte. Das konnte praktisch jede sein, Hauptsache sie war einigermaßen eben und nicht allzu hoch bewuchert. Wobei unsere Ansprüche so gering waren, dass man es heute kaum jemandem erklären kann. Vor frisch gepflügtem Boden mit tiefen Furchen, wie Vater sie auf den Feldern zog, wären wir vermutlich zurückgeschreckt. Ansonsten aber konnte uns kaum etwas stoppen. Ob kleinere Erdhügel oder hochstehende Grasnarben, das eine wie das andere umkurvten wir einfach. Versprang der Ball dabei, flitzen wir hinterher, um ihn wieder unter Kontrolle zu bringen. Und keine Sekunde dachte einer von uns, diese Art Fußball zu spielen sei ungewöhnlich oder zu beschwerlich. Es machte viel zu viel Spaß, um sich von solchen Kleinigkeiten ablenken zu lassen.

Dieser Spaß war manchmal im halben Ort zu hören. Fußball ist Emotion, ist Leidenschaft, ob man als Profi vor Zehntausenden in einem Stadion spielt oder als kleiner Junge mit seinen Amigos auf einer rumpeligen Wiese. Adrenalin rauscht durch den Körper, es wird hitzig und noch hitziger und dann fallen Worte, die einem im Eifer des Gefechts etwas lauter über die Lippen kommen und vielleicht nicht ganz jugendfrei sind. Jedenfalls war das bei uns so. Es wurde geschrien und gelacht und geflucht – was nur bewies, dass wir mit Herzblut bei der Sache waren. Oft merkten wir gar nicht, wie sich das hochschaukelte. Ein Wort ergab das nächste, und jeder versuchte, den anderen zu übertönen. Bis plötzlich jemand aus der Nachbarschaft aufkreuzte, ein Erwachsener, der sich vom Lärm gestört fühlte und meinte, wir sollten unsere Schnäbel halten und nicht mit solchen *palavrões* – Schimpfwörtern – um uns werfen. Dazu ein strenger Blick. Mancher fuchtelte auch mit den Armen, um seinen Worten Nachdruck zu verleihen. Wir gehorchten natürlich sofort, schon aus Respekt. Und um uns zu ersparen, dass er sich bei unseren Eltern beschwerte. Trotzdem konnte es beim nächsten Mal wieder laut werden – wurde es meistens auch. Tja, *temperamento brasileiro,* was soll man da machen?

Hatte ich schon erwähnt, dass wir barfuß spielten? Wir kamen alle aus ähnlichen Verhältnissen. Jungs in unserem Alter besaßen für gewöhnlich nur ein Paar Schuhe, oft übernommen von älteren Geschwistern, die aus der Größe herausgewachsen waren. Diese Schuhe zog man an, um in die Schule zu gehen. Oder sonntags zum Gottesdienst in die Kirche. Oder wenn die Familie einen Ausflug in die Stadt machte. Manche hatten vielleicht noch ein zweites Paar, das etwas schicker aussah – für feierliche Anlässe, Geburtstage, Hochzeiten und so. Aber ob es die einen oder die anderen waren, zum Fußball durfte man die Schuhe natürlich nicht anziehen. Mein Vater hätte mir die Ohren langgezogen. Abgesehen davon wären sie schnell hinüber gewesen, dann hätte man gar keine mehr gehabt. Und für richtige Fußballschuhe hatten unsere Eltern kein Geld übrig.

Da wir alle barfuß durchs Gras flitzten, war das überhaupt kein Problem – es war normal. Pelé hatte früher auch ohne Schuhe gespielt, das wusste bei uns jedes Kind. Noch dazu auf der Straße, auf steinhartem Boden. Nicht auf solchen Wiesen wie bei uns, wo man auch mal stürzen konnte, ohne sich gleich die Knie aufzuschlagen.

Wobei ich nicht glaube, dass man ein besserer Fußballer wird, nur weil man barfuß mit dem Kicken anfängt. So wird es gern erzählt. Ich halte das für einen Mythos, entstanden, um ein Phänomen zu erklären. Und weil es sich – zumindest für europäische Ohren – so schön romantisch anhört: Der brasilianische Junge aus dem Armenviertel, der dem Ball hinterherjagt (oder wie bei Pelé: einem Knäuel alter Socken), bis seine Füße wund sind, der nie aufgibt, und wenn es noch so schmerzt – was ihn zu einem solch guten und geschickten Spieler macht, dass er eines Tages in den Olymp der Fußballgötter aufsteigt.

Hübsche Geschichte. In Wahrheit ist es jedoch ein bisschen anders. Keiner von uns, auch nicht Pelé – oder Zico oder Romário, um noch zwei Große zu nennen, die das Fußballspielen ohne Schuhe lernten –, hätte freiwillig barfuß gespielt, wenn sich ihm eine andere Option geboten hätte. Denn es ist in der Tat so: Barfuß verletzt man sich schneller, auch häufiger, die Füße tun ständig weh. Das wird niemanden überraschen. Dafür muss man es nicht erst selbst probieren. Ob es dazu beiträgt, besonderes Geschick und eine spezielle Technik im Umgang mit dem Ball zu entwickeln? Aus meiner Sicht eher nicht. Ich glaube, dieses Talent muss man schon mit auf die Welt bringen. Das ist angeboren – oder eben nicht. Sonst hätte es noch mehr Genies wie Pelé geben müssen, in meiner Heimat oder in anderen südamerikanischen Ländern, in denen Tag für Tag Tausende von Kindern auf Straßen herumbolzten.

Nehmen wir Ronaldo, den brasilianischen, *Ronaldo Fenômeno*: Zwei Weltmeistertitel, dreimal Weltfußballer, WM-

Torschützenkönig, überhaupt einer der Besten aller Zeiten, technisch brillant, in seinen genialsten Momenten beinahe außergalaktisch – er hat nie barfuß gespielt. Weil er es nicht musste. Seine Familie, die im Norden von Rio de Janeiro lebte, gehörte der Mittelschicht an. Er und seine Geschwister konnten sogar eine Privatschule besuchen. Ronaldo fing auch nicht auf der Straße mit dem Ballspielen an, oder auf holprigem Brachland, sondern beim Futsal. Also in einer Halle, mit halbwegs gepflegtem Boden, ohne irgendwelche Hindernisse, die im Weg gewesen wären.

Deswegen: Wenn man wie wir barfuß spielte, sagte das erst einmal nichts über unsere Begabung aus oder über unsere Fähigkeiten. Aber es verriet sehr viel über unsere Motivation. Wir wollten unbedingt spielen. Nichts konnte uns davon abhalten. Der erste Ball war das beste Geschenk. Mehr brauchten wir nicht, einen Ball und eine Wiese. Später kamen Tore hinzu. Die zimmerten wir aus Holzbalken zusammen. Und irgendwann hatten wir sogar Netze.

Zwischen diesen Toren eiferten wir unseren Vorbildern nach, die wir aus dem Fernsehen kannten. Unsere größten Helden waren natürlich die Spieler, die für unser Land antraten, in der Seleção, dem Nationalteam. Und von ihnen wiederum jene, die die meisten Tore schossen. Tore entschieden ein Spiel. Und Torschützen wurden bejubelt wie sonst niemand auf dem Platz. Ein einziges Tor, erzielt im richtigen Moment, im entscheidenden Spiel, etwa bei einer Weltmeisterschaft, konnte Millionen von Menschen in Ekstase versetzen. Was das für ein Zauber war! Dieser Ruhm. Der Ball schlug ein und die Welt war von einer Sekunde auf die nächste nicht mehr dieselbe. In unseren kühnsten Träumen konnten wir uns nicht vorstellen, wie sich der Schütze nach solch einem Treffer fühlen musste.

Standen wir dann selbst auf dem Rasen, vielmehr auf der Wiese, schmückten wir uns mit den Namen unserer Heroes, spiegelten uns sozusagen in ihnen. Schon lief es viel besser, die Pässe landeten auf einmal punktgenau beim Mitspieler, der nächste Torschuss traf prompt ins Ziel, alles gelang wie von Zauberhand. Oder wir träumten uns nur hinein in solche Vorstellungen, während wir nicht anders spielten als sonst – so wird es wohl eher gewesen sein. Es fühlte sich nur anders an.

Es fühlte sich großartig an, etwa als Careca über das Gras zu preschen, den Ball zugespielt zu bekommen und weiterzustürmen Richtung Tor. Careca, der damals beim SSC Neapel neben seiner Heiligkeit Maradona glänzte, bevor der dem Teufel Kokain verfiel. Und Careca, der mit unserer Seleção an zwei Weltmeisterschaften teilnahm. Unvergessen das Jahrhundertspiel bei der WM 1986 in Mexiko. Viertelfinale gegen Frankreich. Wer da alles mit ihm auf dem Platz stand! Júlio César, Edinho, Sócrates, Júnior, Branco, Alemão, Zico ... jeder einzelne eine Legende. Auch auf der anderen Seite, beim Kontrahenten aus Europa, unsterbliche Namen. Battiston, Giresse, Tigana und Platini fallen mir sofort ein. Aber Careca war es, der an diesem Tag das erste Tor schoss, die Führung für uns. Etwa nach einer Viertelstunde. Wir kamen über die rechte Seite. Kurz vor dem Strafraum ein Doppelpass, von Júnior zu Müller zu Júnior. Währenddessen lief sich Careca in der Mitte frei, ungefähr fünfzehn Meter vorm Tor. Júnior schob ihm den Ball zu. Und Careca fackelte nicht lange, zog ab … und Tor.

Schade nur, dass Müller bei der nächsten Großchance den Pfosten traf, Platini kurz vor der Pause ausglich und in der zweiten Hälfte partout kein Ball mehr ins Tor gehen wollte, zum Glück auch nicht in unseres. Dabei hatten wir super Chancen, sogar einen Elfmeter, den Zico leider verschoss. Allerdings hatten auch die Franzosen genug Torchancen, um uns bezwingen zu können. Das gelang ihnen jedoch erst nach der Verlängerung, die auch torlos blieb, beim Elfmeterschießen. Aber was für ein Spektakel! Die neunzig Minuten. Und alles, was danach kam. Vor lauter Aufregung konnte einem das Herz stehenbleiben. Mit solchen Spielen wird man nur selten im Leben beschenkt. Ob als Akteur auf dem Spielfeld oder als Zuschauer. Das kann ich heute, nach so vielen Jahren, mit Gewissheit sagen. Aber auch: Was für eine Enttäuschung! Für die Seleção bedeutete dieser Auftritt im Estadio Jalisco in Guadalajara das Ende einer Ära.

Doch viele der Spieler blieben in unseren Köpfen, in unseren Herzen. Einige machten auch weiter. So wie Müller, der bei den nächsten zwei Weltmeisterschaften wieder mit dabei war und 1994 in den USA mit unserer Mannschaft den Titel holte. Wobei er dort nur ein einziges Mal zum Einsatz kam. Im Mittelpunkt des Interesses stand sowieso jemand anderes: Romário, der fünf Tore schoss und am Ende als bester Spieler des Turniers geehrt wurde. Völlig zu Recht, ohne ihn wären wir wohl kaum Weltmeister geworden. Romários Zimmergenosse war dort übrigens ein achtzehnjähriger

WM-Neuling, der keine einzige Sekunde Spielzeit bekam – sein Name: Ronaldo.

Aber das lag alles in der Zukunft. Noch war es Müller, der zu jenen Spielern gehörte, die wir uns vorstellten zu sein, während wir auf der Wiese unsere eigenen Spiele austrugen und dabei versuchten, Szenen nachzuspielen, die wir gesehen hatten. Ich war mal Müller, mal Careca. Oder ein anderer. Je nachdem, wer mich gerade im Fernsehen am meisten begeistert hatte. Aber immer war ich Stürmer, einer der Tore schoss und jubeln konnte. Kein Torwart, kein Verteidiger. Das lag mir anscheinend im Blut.

Wer es nicht weiß und sich vielleicht schon wundert: Müller war natürlich nicht der echte Name dieses famosen Fußballers, der die meiste Zeit bei brasilianischen Klubs spielte, lange in São Paulo, zwischenzeitlich aber auch mal in Italien und Japan. In Wirklichkeit heißt er Luís Antônio Corrêa da Costa. Dazu muss man wissen, dass da Costa als Familienname in Brasilien noch häufiger vorkommt als Schmidt, Müller oder Meier in Deutschland. Was meinen Namen angeht, da Silva, da ist es genauso. Und weil Luís auch nicht gerade selten ist, legte er sich einen Künstlernamen zu. Das kennt man von vielen brasilianischen Fußballstars. Careca heißt auch anders. Bei ihm geht der Name vermutlich auf einen Spaß zurück, den irgendwer mal gemacht hatte. *Careca* steht übersetzt für kahl oder glatzköpfig. Dabei war die üppige Haarpracht, die damals seinen Kopf zierte, exakt das Gegenteil. Die meisten denken sich Spitznamen aus, oder sie nehmen einfach nur ihren Vornamen, so wie ich. Auf Müller kam Luís Antônio – das ist nicht erfunden – tatsächlich wegen

Gerd Müller, den „Bomber der Nation", der einer seiner großen Idole war. Er verwendete dessen Namen sogar mit den Ü-Strichen, obwohl es die im Portugiesischen nicht gibt. So unterschrieb er dann auch auf seinen Autogrammkarten.

Wenn alle von uns Jungs zusammenkamen, waren wir etwa fünfzehn Leute – gute Freunde, fast wie Brüder. Aderaldo ausgenommen. Der war mehr als ein Bruder für mich: ein Seelenverwandter. Wir spielten nicht jedes Mal Fußball, aber ehrlich gesagt kann ich mich an nicht so viel anderes erinnern. Vielleicht stromerten wir mal durch die Gegend oder hockten einfach irgendwo und quatschten. Heute würde man sagen: Wir hingen ab, chillten. Aber dafür war ich eigentlich viel zu unruhig. Stillsitzen – nee, das konnte ich noch nie gut. Ailton musste immer in Bewegung sein, sonst wurde ihm schnell langweilig. Und Spaß haben musste er, darum ging es vor allem. Am besten beides zusammen, das waren dann die schönsten Stunden.

So heckten wir manche Dummheit aus. Kinderstreiche. Was sollten wir auch tun, wenn uns die reifen Mangos auf dem Baum beim Nachbarn so verlockend anstrahlten, dass einem das Wasser im Mund zusammenlief? Schwuppdiwupp, schon hatten wir den Zaun überwunden. Dann hoch auf den Baum, ein paar der Früchte geschnappt, und weg waren wir wieder. Das Gleiche beim Bäcker. Nur dass es da eine Mauer gab, über die wir drüber mussten – und die Beute nicht süß und saftig, sondern warm und knusprig. Aber der Duft von frischen Backwaren war nicht weniger verführerisch.

Solche Aktionen gingen immer schnell, nur manchmal leider nicht so schnell, dass es der Betreffende nicht mitbekam.

Dann rückte er bei Vater an ... den Rest kann man sich ausmalen. Stehlen stand bei *Senhor* da Cruz Silva ganz oben auf der Liste dessen, was verboten war. Wie oft bläute er uns ein: „*Não fume, não beba, não roube!*" – Rauch nicht, trink nicht, klau nicht! Dass er selbst seine *Cigarros de palha* qualmte, stand dazu nicht mal in Widerspruch. Nicht für ihn und auch nicht für uns, seine Kinder: Wenn er Fehler machte, mussten wir ja nicht dieselben machen. Er wollte uns davor bewahren. So selbstkritisch hätte er es zwar nicht gesagt, aber das musste er auch nicht, darauf kamen wir von allein.

Zu Vaters spezieller Art von Pädagogik fällt mir eine andere Geschichte ein. Es gab eine Zeit, da wollte ich unbedingt ein Kampfhuhn haben. Einige meiner Freunde hatten welche, so kam ich darauf. In Brasilien waren Hahnenkämpfe ganz normal. *Tradição* – Tradition. Auf dem Land sowieso. Keiner machte sich Gedanken über Tierschutz. Schließlich landeten Hühner am Ende immer im Kochtopf, dazu waren sie bestimmt, egal ob sie vorher gegen ihre Artgenossen kämpfen oder fleißig Eier legen mussten. Darum geht's auch nicht. Nur damit sich niemand empört. Die Menschen sind so empfindlich geworden. Man kann das nicht mit dem Hier und Jetzt vergleichen.

Ich hatte mir also in den Kopf gesetzt, auch so ein Huhn zu besitzen. Ich bekam einen Tipp und fand jemanden, der mir eins verkaufte. Das war nicht bei uns im Ort, sondern ein Stück weiter weg, in einer der abgelegenen Siedlungen. Da ich knapp bei Kasse war, vereinbarten wir, dass ich den Rest später bezahle. Darauf ließ sich der Verkäufer, der Hühner züchtete, aber nur ein, weil er meinen Vater kannte. Dem erzählte ich von unserem Geschäft allerdings nichts, aus gutem Grund.

Stolz wie eine Trophäe trug ich das Kampfhuhn nach Hause und führte es meinen Freunden vor. Ein paar Tage vergingen. Es können auch zwei oder drei Wochen gewesen sein, vielleicht sogar ein Monat. In dem Alter hat man nicht unbedingt das beste Zeitgefühl. Am Morgen erscheint einem der Tag noch unendlich lang, abends dann irgendwie zu kurz. Einen Kalender oder so etwas hatte ich damals nicht.

Dann, eines Tages, empfing mich Vater mit einem Gesichtsausdruck, den er immer aufsetzte, wenn ich etwas ausgefressen hatte. Die Lippen dünn und gerade wie ein Strich. Zornesfalten auf der Stirn. Und ein Blick ... na ja, der lässt sich kaum beschreiben, finster eben. Es muss an einem Wochenende oder Feiertag gewesen sein, sonst hätte er noch auf dem Feld gearbeitet. In meiner Abwesenheit war unverhofft jemand zu Besuch gekommen – nämlich jener Mann, der mir das Kampfhuhn verkauft hatte. Nun wusste Vater also von unserem Deal. Und er wusste natürlich auch, dass ich diesem Mann Geld schuldete. Keine große Summe, doch ihm ging es ums Prinzip. Noch etwas, das verboten war, wie er uns öfter predigte: Kaufe nichts, wenn du es nicht bezahlen kannst!

Aber es ging noch weiter: Vater verlangte, dass ich dem Verkäufer das Huhn umgehend zurückbringe. Und: Ich sollte die ganze Strecke laufen. Er wusste, dass ich lange Fußmärsche hasste. Und der war lang, mindestens eine Stunde. Normalerweise hätte ich den Pferdewagen genommen oder wäre geritten. Es war mühsam, schweißtreibend, wirklich kein Vergnügen. Zumal ich das schlechte Gewissen wie einen schweren Rucksack mitschleppte. Aber noch unangenehmer war der Moment, als ich bei dem Mann ankam. Er hatte seine ganze Familie um sich versammelt. Das könnte purer Zufall gewesen sein. Mir kam es jedoch so vor, als sollte keiner von ihnen das Schauspiel verpassen, wie sich dieser kleine Dummkopf aus Mogeiro selbst demütigte. Ich muss dagestanden haben wie ein geprügelter Hund. Wie peinlich, furchtbar.

Doch auch damit war Vaters Lektion noch nicht beendet. Am nächsten Tag offenbarte er mir, er habe das Huhn sofort bezahlt, als der Mann bei ihm gewesen sei.

„Aber warum sollte ich es dann zurückbringen", fragte ich ihn erstaunt.

Seine Antwort: „Damit du so etwas nie wieder machst."

ESCOLA, FESTAS E AMOR

Schule, Feste und die Liebe

Zufällig telefonierte ich vorhin mit Aldo. Er gehörte damals mit zu unserer Clique. Manchmal trügt die Erinnerung, aber nein, er bestätigte sofort, dass ich ein unruhiger Geist war. Womöglich der unruhigste von uns. Aldo wohnte in derselben Straße, ein paar Häuser weiter. Wir sind ein Jahrgang, nur drei oder vier Monate auseinander. Von all meinen Amigos kennt er mich am längsten. In der Zeit, als das mit dem Fußballspielen auf der Wiese anfing, gingen wir zusammen zur Schule. Morgens hin, nachmittags zurück, pro Strecke geschätzt ein Kilometer. Zu Fuß, er hatte auch kein Fahrrad. Nach dem Unterricht musste jeder bei sich zu Hause irgendwelche Aufgaben erledigen. Nicht für die Schule, Hausaufgaben gab es nicht. Oder ich verdrängte das immer. Gemacht habe ich nie welche, nicht dass ich mich erinnern könnte. Sobald ich aus dem Schulgebäude heraus war, schwirrte mir alles Mögliche durch den Kopf, aber nichts, was mit Lernen zu tun hatte. Na ja, um die ganze Wahrheit zu sagen: Im Unterricht war es eigentlich auch nicht viel anders.

Aber ich meine Aufgaben, zu denen wir von unseren Eltern verdonnert wurden. Manchmal musste ich Vater auf dem Feld helfen, aber längst nicht so oft wie Antonio oder Aderaldo. Das Schicksal der früher Geborenen. Ich hatte dafür andere Pflichten. Eine war, Wasser für die Familie heranzuschaffen. Das musste ich im Schnitt zweimal die Woche erledigen. In welchem Alter sie mich das erste Mal losschickten, weiß ich nicht mehr. Ich schätze, ich war zwölf oder dreizehn. Davor werde ich Vater ein paar Mal begleitet haben, um die Strecke kennenzulernen. Oder einen meiner Brüder. Schwer, sich so genau daran zu erinnern. Jedenfalls musste ich mit dem Pferdewagen und einer großen Tonne hinten drauf ein ordentliches Stück fahren, bis zu einem kleinen See, einer Art Speicherbecken. Dort füllte ich die Tonne bis oben an den Rand und zuckelte wieder zurück. Alle in Mogeiro versorgten sich auf diese Weise mit frischem Wasser. Zu Hause kam es dann in eine Zisterne, die neben dem Haus stand. Der Vorrat reichte etwa eine halbe Woche, dann musste ich wieder los.

Erst wenn wir unsere Pflichten erledigt hatten, konnten wir uns zum Fußballspielen treffen.

Aber noch mal zum Thema Schule: Was soll ich groß darüber erzählen? Wie man lesen und schreiben und rechnen lernt, weiß jeder. Und dass das nicht besonders gut klappen kann, wenn man selten im Unterricht erscheint, nun ja, das dürfte auch kein Geheimnis sein. Ebenso, wenn man zwar körperlich da ist, aber nicht mit dem Kopf. Weil dem langweilig ist, beschäftigt er sich lieber mit anderen Dingen. Etwa so kann man sich das beim Schüler Ailton vorstellen. Mit sechs Jahren eingeschult, aber nie gern hingegangen. Und nie ein Erfolgserlebnis gehabt. Das ist die Kurzversion.

Für mich war es purer Stress, stundenlang auf dem Hosenboden zu sitzen und den Lehrern zuhören zu müssen.

Eine einzige Qual. Und das jeden Tag aufs Neue. Da half nur, wenn ich es gar nicht mehr aushielt, mich heimlich zu verdrücken. Oder gar nicht erst hinzugehen. Meine Schwester Angela sagt, ich hätte den Lehrern viel Arbeit gemacht und eine Menge Kummer bereitet, weil ich mich nie konzentriert hätte. Als wäre das meine Entscheidung gewesen, es ging einfach nicht. Was hätte ich tun sollen, wenn der Kopf nicht mitmachte? Die ganze Schule, sagt Angela, hätte ich manchmal – angeblich recht oft – aufgebracht mit meiner Unruhe und dem Chaos, das ich verbreitete. Offenbar kann sie sich besser an diese Zeit erinnern als ich. In meinem Gehirn ist das Kapitel weit nach hinten gerutscht. Ein verdrängtes Trauma, das ist wohl die Erklärung.

Dass ich die Schule besuchen musste wie meine Geschwister und so ziemlich alle Kinder im Ort, hatte aber auch seine guten Seiten. Das fing damit an, dass der Hin- und Rückweg immer recht vergnüglich war. Meistens ging ich zusammen mit drei oder vier anderen Jungs zur Schule. Wir machten unsere Späßchen, alberten herum, lachten viel. Aldo hatte ich schon erwähnt. Ein anderes Mitglied dieser kleinen Wandergruppe war Alexandre, nicht zu verwechseln mit meinem jüngeren Bruder. Alexandre, den Schulfreund, nannten wir Nana. So steht er bis heute unter meinen Kontakten im Smartphone. Für seinen Spitzname gibt es keine besondere Erklärung. Der war irgendwann einfach da. Wie Kinder sich untereinander eben solche Namen geben, oft um den richtigen abzukürzen, oder weil sie irgendeinen anderen passend und lustig finden. Manche dieser Spitznamen verschwinden wieder, andere bleiben wie Tattoos fürs Leben.

Mir verpassten sie keinen. Im Gegensatz zu einigen meiner Geschwister. Antonio wird seit seiner Kindheit Toin genannt, Angela Zinha, Alexandre Xande, und Aderaldo, unser lieber Aderaldo, war für uns immer Lau.

Für fremde Leute mögen solche Spitznamen keine Bedeutung haben, aber für uns, die wir alle im selben Ort aufgewachsen sind und eine gemeinsame Geschichte haben, verbinden sie irgendwie noch mehr. Fast wie ein Geheimcode. Da hängen Erinnerungen dran, gemeinsame Erlebnisse. Und mit den Erinnerungen auch Emotionen, positive und nicht ganz so freudige.

Eine andere Sache, die den Schulbesuch, bei allem Verdruss, den er mir sonst bereitete, ab einem gewissen Alter durchaus lohnenswert machte, waren die Mädchen. In einem überschaubar kleinen Ort wie Mogeiro hatten die Eltern ein Auge darauf, mit wem ihre Prinzessinnen Umgang hatten. Und nicht nur die Eltern, die ganze Sippe: Brüder, Onkel, Tanten, Großmütter und Großväter, gefühlt eine kleine Armee, eine Wachmannschaft.

Das Kirchliche, die Religion, mag dabei auch eine Rolle gespielt haben. Die meisten Familien sind katholisch, unsere auch. Ohne dass wir nun jeden Sonntag in der Kirche saßen und den Worten des Priesters lauschten. Aber wir glaubten an Gott und dass es wichtig war, Gutes im Herzen zu tragen, ein ehrenhafter und sittsamer Mensch zu sein, mit allem, was die Kirche darunter verstand.

Sich also einfach mal mit seiner Angebeteten zu verabreden, war nahezu unmöglich. Abgesehen davon gab es keinen Ort, zu dem man mit ihr hätte gehen können – kein

Kino, keine Diskothek oder wohin sonst Mädchen in einer Stadt beim Date normalerweise ausgeführt wurden. Die ersehnten Momente der Zweisamkeit, sie blieben erst einmal ein Wunschtraum. Aber dass solche Träume überhaupt aufkamen, war der Schule zu verdanken. Dort traf man die Mädchen, konnte Kontakt zu ihnen knüpfen, ohne dass die strengen Aufpasser der Familie über sich wachten. In der Schule war sogar noch mehr möglich: Heimliches Händchenhalten oder ein erstes verstohlenes Küsschen, schüchtern auf die Wange gehaucht, in einer stillen Ecke, wo es niemand sah. Ach, wie unschuldig wir doch waren.

Dann entdeckte ich sie, meine erste Liebe. Wir gingen in dieselbe Klasse. Als mein Herz anfing, beim Gedanken an sie Purzelbäume zu schlagen, waren wir in Stufe fünf oder sechs und erlebten all das, was ich beschrieb. Um ihr näher zu kommen, ein bisschen näher, musste ich warten, bis ein Fest anstand, weil man da mehr Gelegenheiten hatte. Je größer das Fest, umso besser. Am besten war es, wenn der ganze Ort feierte. Wie beim *Festa Junina*.

Dieses Fest zieht sich über den gesamten Juni hin, mit drei Höhepunkten – den Tagen, die dem Heiligen Antonius, dem Heiligen Johannes und dem Heiligen Petrus gewidmet sind. Gefeiert wird es überall im Land, doch nirgendwo so groß wie bei uns im Nordosten. Hier ist es so beliebt wie Karneval. Sagen die Leute. Ich mag es sogar noch lieber. Mit Karneval konnte ich noch nie viel anfangen. Wobei das größte *Festa Junina* von allen, das in Campina Grande zelebriert wird, mit etwa einer Million Besuchern, zahlreichen Touristen, zig Bühnenshows und vielen Feuerwerken, mittlerweile auch ziemlich karnevalsartig ist. Überhaupt ging der ursprünglich christliche Anlass, die drei Heiligen zu ehren, ihnen zu danken, etwas verloren. Jetzt ist es vor allem ein buntes Volksfest, bei dem getanzt, gefuttert und gebechert wird.

Um dort standesgemäß aufzulaufen, kleiden sich die Männer und auch die Jungs so, wie man sich Cowboys vorstellt: Lederhose oder Jeans mit kariertem Hemd. Und Strohhut. Der ist zwar nicht cowboy-like, nicht wie in den coolen amerikanischen Western, er wird aber traditionell von der Landbevölkerung getragen, die auf den Feldern arbeitet wie mein Vater früher. Die Frauen und Mädchen erscheinen festlich in bunten Rüschenkleidern, die die meisten einzig für diesen Anlass aus dem Schrank holen. In diesen Kleidern sahen die hübschen Mädchen, nach denen wir jungen Kerle Ausschau hielten, und wovon es selbst im kleinen Mogeiro eine ganze Reihe gab, noch ein bisschen hübscher aus. Dazu der Trubel und alle in ausgelassener Stimmung – es waren immer schöne Abende.

Aber das hätte ich ihr natürlich niemals verraten. Ein Mann zeigt keine Gefühle, zumindest keine romantischen. Ein Mann verkörpert Stärke. Er trägt das, was er im Herzen fühlt, nicht nach außen. Ein Sonnenuntergang am Meer, die Liebste im Arm – das ist was für Schauspieler. Ich mag nicht, wenn Paare solch ein Theater um ihre Liebe machen. Herzchen und Blümchen und kitschige Treueschwüre, damit es die ganze Welt erfährt. Dabei ist es eine Sache, die nur die beiden betrifft.

Mein Vater brachte meiner Mutter niemals Blumen mit nach Hause. Trotzdem liebte er sie. Wer ihn kannte, konnte das sehen. Gut, irgendwann liebte er sie nicht mehr, aber das ist eine andere Geschichte. Was ich sagen will: In der Hinsicht bin ich eine Kopie meines Vaters. In seiner Generation mussten die Männer Machos sein. Sonst hätte man sie nicht akzeptiert. Zumindest dachten sie das. Im Nordosten, auf dem Land, wo die Menschen sehr temperamentvoll und sehr traditionsverbunden sind, war es wahrscheinlich sogar so. Eine Generation gab es an die nächste weiter. Oder die übernahm es von sich aus, weil es selbstverständlich war, die Väter als Vorbilder zu betrachten – so als wäre es Teil der DNA eines jeden Jungen.

Aber ich war noch nicht fertig mit dem Festa Junina. Getanzt wird dabei seit jeher zum *Forró* und seinen verschiedenen Varianten wie *Xote* und *Baião*. Eine Art Volksmusik, die einst im Nordosten entstand, aber längst im ganzen Land populär ist. Sie macht einfach gute Laune. Der Rhythmus geht vom Ohr direkt in die Beine. Die Texte erzählen vom Leben, der Liebe und den Sehnsüchten einfacher Leute auf dem Land. Es sind also unsere Geschichten.

Mit dieser Musik wuchs ich auf. Wir hörten eigentlich nur *Forró*, schon als Kinder. Erst die traditionelle Version, die mit Akkordeon, Zabumba und Triangel gespielt wird. Seit der Jugend dann eher die moderne Variante, *Forró electrônico*, bei der – wie es der Name sagt – elektronische Instrumente eingesetzt werden: Keyboard, Gitarre, Bass, aber auch Saxofon und Schlagzeug. Die besten Bands aus dieser Zeit, Mastruz com Leite, Banda Magníficos und Calcinha Preta, gibt es heute noch.

Dieses hübsche junge Mädchen in der Schule, es erwiderte meine Zuneigung, wir wurden ein Paar und blieben lange zusammen. Irgendwann erwarteten alle, uns eines Tages in die Kirche, zur Trauung vor dem Altar zu begleiten, aber das Schicksal hatte etwas anderes vor. In Brasilien sagen wir: *O destino vem e muda isso* – Das Schicksal kommt und ändert es.

An der Stelle wird es Zeit, die dritte Sache ins Spiel zu bringen, die ich gut fand an der Schule. Sie hatte mit Fußball zu tun. Ab und zu wurden Schulturniere organisiert, meist von anderen Schulen, die uns dann einluden – also eine Mannschaft von uns. Diese Mannschaft stellten wir Schüler selbst zusammen, da unsere Sportlehrer von Fußball nicht viel verstanden. Einer der älteren Schüler, der in der Amateurmannschaft eines kleinen Klubs spielte, übernahm das Kommando. Wir wussten selbst, wer gut am Ball war und wen wir besser nicht mit ins Team aufnahmen. Dann trainierten wir einige Male, bekamen einheitliche Trikots und mussten auch in Schuhen spielen.

Das hatte ich vergessen: Zu dieser Zeit, ich dürfte sechzehn oder siebzehn gewesen sein, machten meine Füße zum ersten Mal Bekanntschaft mit Fußballschuhen. Die hatte ich mir von jemanden ausgeborgt. Genau weiß ich es nicht mehr, aber es könnte Aderaldo gewesen sein. Er hatte zwar größere Füße, aber das konnte ich etwas ausgleichen, indem ich die Schuhe fester schnürte. Am Anfang fühlte es sich seltsam an. Wegen der Stollen unter den Sohlen. Und weil ich den Ball nicht mehr direkt an der Haut spürte. Aber ein Riesenunterschied war es dann auch wieder nicht. Nach ein paar Runden auf dem Platz und einigen Ballkontakten, gewöhnte ich mich schnell daran.

Ob die Premiere mit den Fußballschuhen vor dem ersten dieser Schulturniere war, kann ich nicht mit Sicherheit sagen. Es gab auch andere Turniere, bei denen ich mitspielte. Da standen sich Mannschaften aus verschiedenen Orten gegenüber, ohne dass sie einem bestimmten Klub angehörten. Es ist etwas kompliziert, das zu erklären. Die meisten kennen nur den organisierten Vereinsfußball. Man tritt einem Klub bei, es gibt feste Mannschaften, regelmäßiges Training, Punktspiele und so weiter. So war es bei Aderaldo. Er spielte inzwischen bei einem richtigen Verein, rund fünfzig Kilometer von Mogeiro entfernt. Das wollte ich gar nicht. Ich wollte mit meinen Freunden zusammen sein und Spaß haben – klar, am liebsten mit einem Ball. Aber ohne feste Strukturen und strenge Regeln, nichts Organisiertes. Einfach verabreden und los geht's. Spontan. Dafür brauchten wir auch keinen Trainer. Wir waren unsere eigenen Trainer.

Irgendwie sprach sich aber herum, dass einige von uns ganz gut spielten. Der Buschfunk funktionierte über Mogeiro hinaus. Einer erzählte es dem anderen, bis die Nachricht bei jemandem im Nachbarort oder noch weiter weg ankam. Aldo sagt, ich hätte schon damals mit meinen Fähigkeiten aus unserer Gruppe herausgestochen. Schnelligkeit, ein geschickter linker Fuß, ein gutes Auge und ein kräftiger Schuss. Er selbst war aber auch nicht schlecht.

Auf jeden Fall tauchte immer mal wieder jemand von auswärts auf, der gerade eine Mannschaft zusammenstellte – meistens für irgendwelche Turniere, die an den Wochenenden stattfanden – und nach guten Spielern Ausschau hielt. Oder es kam jemand, der gezielt einen ganz bestimmten

Spieler suchte, von dem er gehört hatte, dass er besonders talentiert sei. Kannte er dessen Namen, klingelte er direkt bei der Familie. Wenn nicht, fragte er mit den Informationen, über die er verfügte, solange im Ort herum, bis ihn jemand auf die richtige Spur brachte.

So kam es, dass bei uns zu Hause solche Späher aufkreuzten, um mich in ihre Mannschaft zu holen. Ich dachte: Warum nicht? Wenn die meinen, dass ich eine Verstärkung für ihre Truppe bin. Das konnte man ja als Kompliment verstehen. Also spielte ich mal für den einen, mal für einen anderen Ort. Allerdings nur, wenn kein Heimteam aus Mogeiro bei dem Turnier dabei war. Sonst unterstützte ich natürlich unsere Mannschaft. Und der Ort, für dessen Team ich auflaufen sollte, mit dem ich vorher auch trainierte, durfte nicht mehr als zwanzig Kilometer entfernt sein. Weiter ließ mich mein Vater nicht weg.

Schöner Nebeneffekt dabei: Man bekam ein bisschen Geld für jeden Einsatz. Handgeld sozusagen. Oder Antrittsprämie. Und manchmal konnte ich sogar ein Paar Fußballschuhe abstauben. Aber dafür musste man richtig gut sein.

Da fällt mir ein: Meine allerersten eigenen Fußballschuhe kaufte mir mein Cousin Claudio. Sonst hatte ich mir für solche Turniere immer welche geliehen. Oder die Mannschaft stellte sie zusammen mit den Trikots und Stutzen zur Verfügung, die gab es immer. Claudio war der Sohn meines Onkels Luiz Gonçalves de Lima, einem Bruder meiner Mutter, der schon lange nicht mehr lebt. *Tio* Lula, wie wir Kinder den Onkel nannten, kannte jeder in Mogeiro. Er war Farmer, züchtete Rinder und besaß ungefähr tausend Hektar Land, hauptsächlich Weiden und Felder. Die Leute haben ihn sehr geschätzt. Dreimal wählten sie ihn zum Bürgermeister.

Der Familie ging es finanziell also ganz gut, wesentlich besser als unserer. Claudio, fünfzehn Jahre älter als ich, wusste, wie gern ich Fußball spielte, und bemerkte wohl auch mein Talent. Eines Tages kam er und brachte mir die Schuhe, einfach so, als Geschenk, um mich zu unterstützen. Für ihn war es vielleicht nur eine kleine Geste, aber mir hat das viel bedeutet. Weil er damit zeigte, dass er an mich und meine Fähigkeiten glaubte. Leider starb Claudio vor fast genau einem Jahr, völlig überraschend – Herzinfarkt. Zwei Monate später wäre er fünfundsechzig geworden, das sollte groß gefeiert werden. Die Erinnerung an mein erstes Spiel in den Schuhen und an das erste Tor, das ich mit ihnen schoss, wird für immer mit ihm verbunden bleiben. Und damit auch irgendwie der Anfang meiner Karriere. Obwohl ich damals noch gar nicht wusste, wohin mich mein Weg einmal führen wird. Ich wette, wenn er das lesen könnte, würde er noch einmal lächeln, wie damals, als er mir die Schuhe überreichte und ich mit großen Augen vor ihm stand.

Was die Schuhe, der Fußball und das alles mit dem Schicksal zu tun haben, das kam und verhinderte, dass meine erste Freundin und ich heirateten? Auf den ersten Blick nichts. Zu dem Zeitpunkt waren wir aber auch noch keine sechs Jahre zusammen. Es geht darum, was sich aus all dem entwickelte. Ich spielte nun also mehr Fußball, auch etwas organisierter, wenn ich bei den besagten Mannschaften mitmachte. Damit hatte ich eine neue Stufe erklommen. Die Schuhe, die Trikots und die Spiele, bei denen es um etwas ging, auch wenn es keine großen Meisterschaften waren. Auf einer Wiese gegen seine Schulfreunde Tore zu schießen oder bei solchen Partien, das machte schon einen Unterschied. Hinzu kam, dass offenbar nicht nur Claudio, sondern auch andere Leute glaubten, dass ich auf dem Spielfeld nicht die schlechteste Figur abgab. Es kam nicht selten vor, dass ich für Mannschaften angeheuert wurde, in denen die anderen Spieler fünf, sechs Jahre älter waren, also schon richtig erwachsen. Das muss dann wohl für meine Qualität gesprochen haben.

Angesicht dieser Entwicklung könnte man annehmen, ich hätte spätestens zu dieser Zeit angefangen, munter Pläne zu schmieden, wie ich es anstellen könnte, ein *jogador de futebol* zu werden – ein richtiger Fußballer. Die Wahrheit ist: Das war überhaupt kein Thema für mich. Die Spiele für solche Mannschaften betrachtete ich als nette Abwechslung. Fürs Ego waren sie sicherlich auch nicht verkehrt. Aber das brachte mich nicht dazu, zu glauben, dass eines Tages jemand in unser Dorf kommen könnte, um mich zu einem richtigen Fußballklub zu holen. Und dass ich einmal woanders leben würde als dort, wo ich und meine Familie schon immer gelebt haben. Hätte mich jemand gefragt, wie ich mir die Zukunft vorstelle, hätte ich wohl etwas gesagt wie: Vielleicht arbeite ich später für die Stadtverwaltung, zum Beispiel als Fahrer, wie mein Bruder Antonio. Oder ich kümmere mich um eine Farm, am liebsten mit Pferden, aber nur als Verwalter für den Besitzer. Wie Vater tagein, tagaus auf dem Feld schuften, für das bisschen Geld, das dabei herauskam, so sollte mein Leben nicht aussehen. Dass ich in Mogeiro bleiben würde, hätte ich wahrscheinlich nicht einmal extra erwähnt. Weil es für mich, genauso wie für meine Freunde, selbstverständlich war. Etwas anderes konnte ich mir gar nicht vorstellen. Ein Gedanke, den man nicht denkt – also kein Gedanke. Nicht einmal eine Fantasie oder ein Traum. Warum auch? Die Gonçalves da Silvas lebten hier, wie schon ihre Vorfahren. Das war ihr Platz auf dieser Welt, also auch meiner, für alle Ewigkeit – und Amen.

OUTRO AMOR

Eine andere Liebe

Kurze Rückblende in die Zeit, als ich zwölf war, vielleicht dreizehn. Meinem Vater war nicht verborgen geblieben, dass ich Pferde liebte. Das musste ich ihm nicht erst sagen, das sah er selbst. Vor allem daran, wie ich mit den Tieren umging. Und was es mit mir machte, wenn ich sie versorgte oder auf ihnen ritt. Lässt man sich auf diese wunderbaren Geschöpfe ein, können sie einem so viel geben. Sie sind intelligent und hochsensibel, spüren sehr genau, wie es dem Menschen geht, der bei ihnen ist. Angeblich nehmen sie seine Gefühle sogar dann wahr, wenn er sie unterdrückt.

Das wusste ich damals alles noch nicht. Ich merkte aber, dass es mir gut ging, sobald ich auf einem Pferd saß. Plötzlich war alles so friedlich. Und falls ich gerade trübe Gedanken hatte, waren die mit einem Mal wie weggeweht.

Und eben zu dieser Zeit kam der Tag, als mir mein Vater mit einem Schmunzeln mitteilte, er hätte noch ein Pferd gekauft – für mich.

In dem Moment war ich der glücklichste Mensch auf Erden. Ich hätte ihn umarmen können, vor lauter Freude und Dankbarkeit. Aber solche Gefühlsausbrüche waren in unserer Familie nicht üblich. Nicht, dass man das falsch versteht. Er liebte seine Kinder, und wir liebten ihn. Nur war er keiner von diesen Vätern, die einem sanft das Köpfchen streichelten und großzügig Schokolade verteilten. Die Männer seiner Generation machten das nicht. Um seine Liebe zu fühlen, musste man ihn gut kennen.

Oder ein Pferd geschenkt bekommen.

Ich war happy, einfach nur überglücklich. Als wären Weihnachten, Ostern und mein Geburtstag auf ein und denselben Tag gefallen. In diesem plötzlichen Glückstaumel hätte ich beinahe seinen nächsten Satz überhört. Er sagte, er habe das Pferd zwar gekauft, aber holen müsse ich sie selbst – es war eine Stute.

Und das bedeutete: hin laufen, zurück reiten.

Es war ein langer Fußmarsch. Eine Stunde? Kann sein. Vielleicht auch zwei. Wie ich schon erwähnte: Ausgedehnte Fußmärsche waren normalerweise nicht mein Ding. Doch diesmal ging es darum, mein Pferd nach Hause zu holen. Da bewegten sich die Beine wie von allein, machten einen Schritt nach dem anderen, geradezu beschwingt. Dass mir irgendwann der Schweiß nur so aus den Poren rann, wen scherte das?

Mit demselben Elan trat ich später den Rückweg an, auf dem Rücken der Stute – meiner Stute. Ganz der stolze Reiter. Für zwei Wesen, die sich eben noch wildfremd gewesen waren, verstanden wir uns auf Anhieb ausgesprochen gut. Ich saß dort oben, flüsterte ihr zu, was sie doch für ein hübsches Tier sei, und strahlte bis über beide Ohren. Am Anfang, auf dem ersten Stück.

Dann wurde das Vergnügen zunehmend geringer. Das selige Lächeln war aus dem Gesicht des eben noch so stolzen

Reiters verschwunden. Wofür die Stute nichts konnte, ich aber auch nicht. Es lag einzig und allein am Sattel. Besser gesagt daran, dass ich keinen unter meinem Allerwertesten hatte, sondern nur ein Handtuch, so dünn, dass ich es kaum spürte.

Als ich endlich zu Hause ankam und abstieg, konnte ich mich kaum noch bewegen. Sämtliche Knochen taten weh. Und alle möglichen Muskeln. Als wäre ich tagelang ohne Pause durch die Prärie geritten.

Vater nutzte das Pferd dann auch für die Arbeit auf dem Feld. Dafür war so ein Tier schließlich da. Das sah nicht nur er so. Und das war auch nicht nur in Mogeiro so, damals. Die meiste Zeit aber stand es auf einer Koppel, wie die anderen Pferde auch. Nicht weit von unserem Haus. Dort konnten sie frei herumlaufen und sich am Gras satt futtern. Ab und zu ging jemand von uns hinüber, um zu sehen, ob alles in Ordnung war. Ansonsten musste man sich nicht weiter um sie kümmern.

Nun steckte ich manchmal ganz schön in der Zwickmühle: Reiten oder Fußball spielen? Deswegen die kleine Rückschau. Bisher ging es immer darum, wie gern ich mit meinen Freunden auf der Wiese einem Ball hinterherjagte. Und dann die Spiele mit den Mannschaften der anderen Orte. Dabei lockte mich das Reiten kaum weniger, nachdem ich einmal damit angefangen hatte. In bestimmten Phasen sogar mehr. Wobei es nicht ums Reiten allein ging. Es waren die Pferde und alles drumherum – ich wollte ein *Vaqueiro* sein, ein Cowboy.

Alexandre, also mein Schulfreund „Nana“, teilte diese Leidenschaft mit mir. Er gehörte zu den wenigen von meinen

Amigos, die sich nicht fürs Fußballspielen begeisterten. Wie mein kleiner Bruder. Nanas Familie besaß eine Farm mit Rindern und einigen Pferden. Ich glaube, sie stammte noch von seinem Großvater, der nicht mehr lebte. Oder von dessen Vorfahren. Nanas Vater war allerdings kein *Vaqueiro*, sondern Lastwagenfahrer. Um die Farm kümmerte sich einer seiner Brüder. Die Großmutter wohnte auch dort. Da sein Vater oft weg war, hin und wieder auch für längere Zeit, je nachdem, wohin er fahren musste, verbrachte Nana viel Zeit bei seinem Onkel und der Großmutter. Ich besuchte ihn häufig, weil wir dort zusammen reiten konnten. Manchmal gingen wir auch an einem kleinen See angeln. Mir gefiel das Cowboyleben auf der Farm so gut, dass ich meistens gar nicht merkte, wie schnell die Stunden vergingen.

Die Pferde, das Reiten ... so kam eins zum anderen. Ich spielte weiterhin Fußball, verzichtete aber auch nicht auf die Zeit hoch zu Ross. Und jetzt wird's schwierig. Ich kann die Kritiker schon hören. Aber soll ich es deswegen verschweigen? Es gehört zu meinem Leben, ist sogar ein wichtiger Teil davon, eine große Leidenschaft von mir – bis heute. Also erzähle ich es einfach, am besten von Anfang an:

Etwa zwei, drei Jahre vergingen, dann fühlte ich mich im Sattel sicher genug, um mich beim *Vaquejada* zu versuchen. In Deutschland wird *Vaquejada* manchmal als Rodeo bezeichnet, dabei lässt sich das nicht damit vergleichen. Es ist eine ganz eigene Form von Wettkampf, die im brasilianischen Nordosten entstanden sein soll und hier auch hauptsächlich praktiziert wird. Als eine der Hochburgen gilt Paraíba, unser Bundesstaat, wo kaum ein Wochenende vergeht, ohne dass irgendwo ein *Vaquejada* stattfindet. Zu den größten, die organisiert sind wie Festivals, mit Showprogramm und allen möglichen Verkaufsständen, strömen Tausende von Zuschauern. Heute, damals hatte das noch nicht diese Dimensionen.

Man muss sich eine eher langgestreckte als runde oder ovale Arena vorstellen. In der Mitte eine Rennstrecke mit feinem weichen Sand als Bodenbelag. Der Startpunkt ist auf einer der schmalen Seiten, am Kopfende. Dort postieren sich zwei Reiter neben einer Luke, einer rechts davon, einer links. Die Luke wird geöffnet, ein Rind, ein Bulle, drängt ins Freie und galoppiert los. Genau wie die beiden Reiter, die den Bullen sofort in die Mitte nehmen, zwischen ihre Pferde, um ihn so schnell es geht zum Ziel zu dirigieren. Das befindet sich am anderen Ende der Sandpiste, markiert durch zwei Querlinien im Abstand von neun Metern. In diesem Bereich muss der Bulle von einem der Reiter zu Boden gerissen werden. Dafür schnappt er sich auf dem Weg dorthin dessen Schwanz. Und dann kommt es auf Geschick und Kraft an. Auf die richtige Technik. Und auf den richtigen Moment. Er zerrt ruckartig am Schwanz des Bullen, und zwar so, dass er ihn in Seitenlage auf den Boden zwingt.

Das Ganze geschieht in einem Höllentempo. Ein Lauf dauert nur wenige Sekunden. Die Zeit wird gestoppt. Am Ende vergibt ein Kampfgericht Punkte, je nachdem, wo und wie der Bulle fällt und wie schnell man im Ziel ist. Die Anzahl der Teams, die gegeneinander antreten, hängt von der Größe der Veranstaltung ab. Sechzig Teams – jeweils zwei Reiter, zwei Pferde – sind nicht ungewöhnlich. Es fängt mit einem Quali-Durchgang an, nur die Besten kommen ins Finale.

Außerdem gibt es bei den Rindern verschiedene Gewichtskategorien, bis zu fünfhundert Kilo. Aber zu kompliziert will ich es jetzt auch nicht machen. Ich glaube, das Prinzip versteht man.

Nun werden manche toben: Was für eine Tierquälerei! Die armen Rinder, die armen Pferde. Selbst in Brasilien gibt es inzwischen eine Menge Leute, die das nicht gut finden. Vor einigen Jahren sollte *Vaquejada* verboten werden. Die Sache ging bis zum *Supremo Tribunal Federal*, dem höchsten Gericht, zog sich ein Jahr oder noch länger hin, ohne dass eine Entscheidung gefällt wurde, die fürs gesamte Land gilt. Die meisten Bundesstaaten regeln selbst, wie sie mit den Rodeos umgehen. In einigen wurden sie tatsächlich verboten, in anderen stärker reglementiert, zum Schutz der Tiere, was teils soweit geht, dass die Verwendung eines künstlichen Schwanzes verlangt wird, damit der echte keinen Schaden nimmt.

Im Nordosten wird *Vaquejada* als Teil des kulturellen Erbes gesehen. Als Tradition. Bei uns in Paraíba ist es darüber hinaus als Sportart anerkannt, per Gesetz, also hochamtlich. Die Reiter können ihren Job als legalen Beruf ausüben. Aber auch hier wurden die Regeln nachgeschärft, um Verletzungen der Rinder und der Pferde möglichst zu verhindern.

Das wird die Kritiker kaum verstummen lassen, schon klar. Ich will auch niemanden überzeugen. Aber das mit der Tradition stimmt wirklich. Was die Reiter in der Arena mit den Bullen anstellen, ist ein Teil von dem, was *Vaqueiros* früher machen mussten. Vor hundert Jahren oder so, als Rinder noch auf Weiden getrieben wurden, die nicht eingezäunt waren. Dabei vermischten sich oft die Tiere verschiedener

Herden. Und da kamen die *Vaqueiros* ins Spiel. Die Besitzer der Herden engagierten sie, damit sie alle Tiere zusammenzutrieben und wieder den einzelnen Herden zuordneten. Das passierte ein oder zwei Mal im Jahr. Dabei wurden sie auch gleich markiert, geimpft und behandelt, falls Verletzungen festgestellt wurden. Da Rinder störrisch sein können, besonders junge Bullen, mussten manche dafür eingefangen und mit Gewalt auf den Boden gedrückt werden, damit sie stillhielten. Solche Szenen kann man in vielen Western sehen.

Aber okay, wer es verurteilen will. Das ist Brasilien, nicht Deutschland – ein anderes Land mit einer anderen Geschichte.

Ich liebe *Vaquejada* jedenfalls. Für mich ist es ein toller Sport. Und eine Tradition, die an unsere Vorfahren erinnert. Also beides. Und irgendwie auch ein Stück Heimat. Wenn ich nicht dort bin, vermisse ich das eine wie das andere. Die Pferde natürlich auch, die am allermeisten.

Was in den paar Sekunden passiert, wenn ich auf dem Pferd sitze, durch die Arena galoppiere wie ein Wirbelwind, dabei gleichzeitig den Bullen in Schach halte und mein Pferd auf Kurs ... das ist Adrenalin pur – fantastisch! Allein die Körperbeherrschung, um nicht vom Pferd zu fallen. Das verlangt Kraft und grenzt manchmal fast an Akrobatik. Und dazu die Konzentration. Man muss mit dem Kopf zu hundert Prozent bei der Sache sein. Kein anderer Gedanke, nicht die allerkleinste Ablenkung, fokussiert wie bei einem Elfmeter – noch mehr. Dann erreicht man die Ziellinie und es ist plötzlich vorbei. Wie ein kurzer Rausch.

Der Moment, auf den dabei alles hinausläuft, die Sekunden, in denen ich das Rind umwerfe, ist ähnlich wie wenn ich ein Tor schieße – das ist auch wie ein Rausch. Diese Millisekunde, in der man begreift, dass der Torhüter bezwungen ist, der Ball tatsächlich in den Maschen landet. Und der Moment hinterher, der Freudenspurt über den Rasen und das Bad in der Traube der Mitspieler, diese Euphorie – alles wunderschön, keine Frage, aber anders.

Damals, als ich meine ersten Versuche beim *Vaquejada* unternahm, hatte niemand etwas daran auszusetzen. Im Gegenteil: Wenn man gut war, wurde man von Leuten in Mogeiro besonders geachtet. Auch ich hatte nicht den geringsten Gedanken daran, dass etwas daran falsch sein könnte. Ich stellte mich nicht ungeschickt an. Und schnell war ich sowieso schon immer, nun auch auf dem Pferd. Mit dem Pferd. Man muss eine Passion für diese Tiere haben, sonst funktioniert das nicht. Wie ich schon sagte, es sind äußerst sensible Wesen, die lassen sich nicht austricksen.

Dieser Passion verdanke ich viele schöne Erlebnisse. Ich wurde immer besser und gewann eine ganze Reihe von Pokalen, die irgendwann auch mit Geldprämien verbunden waren. Am Anfang handelte es sich um eher bescheidene Summen, nicht vergleichbar mit heute, wenn man eine große *Vaquejada* gewinnt. Das darf man nämlich auch nicht vergessen: Über die Jahre hat sich das zu einem richtigen Wirtschaftszweig entwickelt, in dem sich in manchen Regionen nicht wenige Menschen den Lebensunterhalt verdienen. Allein in Paraíba gibt es über hundert Arenen, größere und kleinere, in denen *Vaquejadas* ausgetragen werden. Aufs gesamte Land gerechnet, hängen Zigtausende von Arbeitsplätzen daran.

Aber zurück in Ailtons kleine Welt: Für mich erfüllte sich beim *Vaquejada* vor allem der Traum, Cowboy zu sein. Ich war mit Pferden zusammen, konnte mit ihnen trainieren. Die Momente in der Arena waren dann noch das i-Tüpfelchen. Und so war es nur logisch, dass ich mir später, viel später, einen anderen Traum, der damit zusammenhing, erfüllte – vielmehr: uns. Denn alles, was ich dazu über mich geschrieben habe, traf genauso für meinen Bruder Aderaldo zu. Lau, der Ältere, ging immer einen Schritt voraus. Zeigte mir den Weg. Leitete mich an. War für mich da. Fast wie ein zweiter Vater. Und irgendwie auch mehr als das.

BOAS PALAVRAS DA MÃE

Mutters gute Worte

Wir sind im Jahr 1992. Das Leben, mein Leben, plätscherte vor sich hin. Die Schule war Vergangenheit – abgehakt für alle Zeiten, das hatte ich mir geschworen. Ich machte verschiedene Jobs, unter anderem erledigte ich Kurierdienste für die Stadtverwaltung. Auch das war ein bisschen Cowboyleben – Ailton, der reitende Bote. Jungen Leuten in Mogeiro boten sich beruflich nicht viele Optionen. Manche Familien, die finanziell besser aufgestellt waren, schickten ihre Kinder zu einer höheren Schule oder zu einer Universität in eine Stadt, nach Campina Grande oder noch weiter weg. Doch die meisten meiner Freunde suchten sich erst mal eine Beschäftigung bei der Stadtverwaltung und machten später eine Ausbildung. Aldo zum Beispiel, der sehr intelligent ist, wurde Architekt. Eine Alternative wäre die Arbeit auf den Feldern der Landbesitzer gewesen, Vaters Weg, aber das wollte kaum einer von uns.

Ich will nicht behaupten, dass ich einen richtigen Plan hatte. Das wäre übertrieben. Ich hatte höchstens eine Ahnung von einem Plan, eine vage Vorstellung. Wie ein unscharfes Bild, von dem ich annahm, dass es mit der Zeit klarer werden würde. Zu erkennen war auf diesem Bild immerhin schon eine Farm. Ungefähr so eine, wie die von Nanas Familie:

Pferde, Rinder, Felder und Wiesen. Oder die von *Tio* Lula, meinem Onkel, der Bürgermeister war. Ich glaube, er machte das insgesamt acht oder neun Jahre. Gerade gestern musste ich an ihn denken – es war sein Todestag. Er starb vor neunundzwanzig Jahren. Die Zeit, an die ich mich hier zu erinnern versuche, da lebte er noch. Es ist wichtig, die Verstorbenen zu ehren, ihnen immer wieder zu gedenken. So bleiben sie stets bei uns, im Herzen.

Aber die Farm, das unscharfe Bild, meine Zukunft: Es gab da jemanden, der sich offenbar ernsthaft Sorgen machte, aus all dem könnte nichts werden, aus mir könnte nichts werden – meine Mutter. Das drückte sich darin aus, dass sie mit Aderaldo einen Pakt schloss, allerdings hinter meinem Rücken. Ich hatte keinen blassen Schimmer, was die beiden ausheckten.

Lau war nur noch selten zu Hause, mal am Wochenende, meistens sonntags, sonst kaum. Er hatte voll auf Fußball gesetzt, spielte inzwischen bei *Estudantes Sport Clube*, einem kleinen Verein in Timbaúba, der eine Profimannschaft auf die Beine gestellt hatte. Die Stadt liegt gut fünfzig Kilometer südlich von Mogeiro. Südwestlich, um genau zu sein. Im benachbarten Bundesstaat Pernambuco. Dessen bekannteste Stadt ist Recife, die Hauptstadt – nur zur Orientierung. Für unsere Verhältnisse war das schon eine ziemlich große Entfernung, auch wenn die Straße von unserem Haus direkt dorthin führte, nach Timbaúba meine ich. Mit einem Auto wäre das keine Weltreise gewesen, aber dafür musste man erst mal eins haben.

Ich freute mich für meinen Bruder. Im Vergleich zu den Möglichkeiten als *Fußballspieler* in Mogeiro war es auf jeden Fall ein Aufstieg. Das Profiteam von Estudantes spielte in der obersten Liga des Bundesstaates. Außerdem, zumindest kurzzeitig, in der zweithöchsten Spielklasse des Landes, der Série B des Campeonato Brasileiro. Das Spielsystem in Brasilien ist etwas komplizierter beziehungsweise umfangreicher als in Deutschland oder anderen europäischen Staaten. Allein wegen der Größe des Landes und der riesigen Entfernungen. Früher, ganz am Anfang, gab es nur regionale Wettbewerbe. Kein Verein konnte sich ständig teure Flüge leisten. Erst später kam eine nationale Meisterschaft hinzu. Hier wie da wurden die Austragungsmodalitäten immer wieder geändert. Man blickte gar nicht mehr durch, wer da alles seine Interessen durchzusetzen versuchte. Zu der Zeit, als Lau für Timbaúba spielte, war es aber schon wie heute: In den ersten Monaten des Jahres wurden die Meisterschaften der einzelnen Bundesstaaten ausgetragen, von April bis Dezember das nationale *Campeonato*, in verschiedenklassigen Serien, vergleichbar mit Bundesliga, zweiter und dritter Liga. Zusätzlich gab es noch verschiedene Pokalwettbewerbe.

Eines Tages, Lau war gerade mal wieder zu Hause und wir redeten über Gott und die Welt – wahrscheinlich eher über Fußball oder Pferde, ich weiß es nicht mehr –, sagte er auf einmal: „Ailton, du könntest doch auch versuchen, bei Estudantes aufgenommen zu werden."

Mag sein, dass ich selbst schon daran gedacht hatte. Lau war besser als ich, ohne Zweifel. Er war richtig gut. Auch sehr schnell und wahrscheinlich der komplettere Spieler. So richtig konnte man uns aber nicht vergleichen. Er spielte schon länger, hatte mehr Erfahrung und trainierte regelmäßig. Das heißt, er lernte permanent hinzu und verbesserte sich, seine Technik, sein taktische Verständnis, alles. Ich dagegen spielte aus reiner Freude. Daran hatte sich nichts geändert. Training? Musste nicht sein, wenn es sich vermeiden ließ. Aber da waren auch die Signale, die ich von den Mannschaften bekam, für die ich manchmal spielte, in Mogeiro oder anderswo. Es hieß immer, der Junge, der kann was, der hat Potenzial. Und er ist schnell – *muito rápido*. Das hatte sich sogar bis zu meiner Mutter herumgesprochen, die sich nie ein Spiel von mir ansah. Fußball schien sie nicht besonders zu interessieren. Wahrscheinlich hatte sie auch keine Zeit dafür.

Und trotzdem: Falls ich tatsächlich überlegt haben sollte, dem Beispiel meines Bruders zu folgen, um als Fußballer voranzukommen, muss ich diesen Gedanken auf der Stelle wieder verworfen haben. Nein, das kam überhaupt nicht infrage! Ich wollte nicht weg aus Mogeiro, nicht weg von meinen Freunden. Und ich wollte schon gar nicht in eine Stadt ziehen. Timbaúba hatte damals fast sechzigtausend Einwohner. Erschreckend viele für einen Jungen vom Land.

Ganz so ausführlich fiel meine Antwort an Lau nicht aus. Ich sagte so etwas wie: „Nein, lass mal, Bruder, ich bin zufrieden. Hier habe ich meine Freunde. Und meine Pferde. Mehr will ich nicht."

Doch mein lieber Bruder ließ nicht locker: „Du kannst es dir wenigstens mal anschauen, einfach mal ein Probetraining machen. Dann wird man ja sehen."

Was ich zu dem Zeitpunkt nicht wusste: Auch Mutter wollte unbedingt, dass ich es versuche. Wer von den beiden ursprünglich die Idee hatte, mir das Fußballspielen in Timbaúba schmackhaft zu machen, weiß ich bis heute nicht genau. Vermutlich kamen sie gemeinsam darauf. Mutter wird Lau ihre Sorgen anvertraut haben: Was soll aus dem Jungen bloß werden? In der Schule schlecht, keine Ausbildung, und das einzige Talent, das ihm der liebe Gott geschenkt hat, das will er nicht nutzen.

Es ging noch ein Weilchen hin und her. Irgendwann sagte ich: „Ich bin kein Fußballer. Ich will mit Pferden arbeiten." Woraufhin er seinen Vorschlag mit dem Probetraining wiederholte. Wir drehten uns im Kreis.

Meine Mutter war bei dem Gespräch nicht dabei. Ich vermute, das hatten sie vorher ausgemacht. Nur wir beide, von Bruder zu Bruder. Doch am Ende war sie es, die ein Machtwort sprach, nachdem Lau bei mir auf taube Ohren stieß. Ihr konnte ich nicht widersprechen, schon aus Respekt. Das war damals einfach so. Und, ganz ehrlich, ich war ihr später unendlich dankbar dafür. Das bin ich immer noch. Ohne meine Mutter hätte es den Fußballer Ailton nicht gegeben. Das ist eine Tatsache. Ich hätte ihr das nur öfter sagen sollen.

Also ging es nach Timbaúba. Zum Probetraining, für das ein Termin vereinbart war. Lau hatte mit den Klubchefs von Estudantes gesprochen. Er muss einen guten Stand bei ihnen gehabt haben, denn solche Extrawürste brieten sie nicht jedem. Sie machten alle möglichen Tests mit mir. Ich versuchte, mein Bestes zu geben, obwohl ich mich innerlich dagegen sträubte, überhaupt dort zu sein. Zumindest bis ich einen Ball vor meinen Füßen hatte. In dem Moment verflüchtigte sich jeder Widerwillen. Dagegen konnte ich gar nichts machen. Der Zauber des Fußballs.

Sie zeigten mir auch das Stadion, in dem die Heimspiele der Profimannschaft ausgetragen wurden. Fünftausend Leute passten da rein. Für jemanden, der wie ich aus einem kleinen Dorf kam, eine beeindruckende Kulisse. Danach ging es wieder heim. Von der Stadt selbst bekam ich kaum etwas mit. Ich war heilfroh, wieder zu Hause zu sei.

Ein paar Tage vergingen, nicht viele, keine Woche, dann erhielt ich die Nachricht: Estudantes will mich haben. Kurz darauf bemühte sich der Präsident des Klubs höchstpersönlich nach Mogeiro. Vermutlich dachte er, ich würde ihm um den Hals fallen. Oder auf der Stelle meine Siebensachen packen, um direkt mit ihm zurückzufahren. Es lief ein bisschen anders.

Als ich hörte, dass er zusammen mit Lau im Anmarsch war, machte ich mich schleunigst aus dem Staub. Man könnte eine lustige Filmszene daraus machen. Wie ich versuchte, mich unbemerkt aus dem Haus zu schleichen, zur Koppel flitzte, auf der die Pferde standen, mir eins schnappte und davonritt. Falls ich es noch nicht erwähnte: Vater hatte inzwischen ein paar Kühe, die am Ortsrand auf einer Weide standen. Dorthin ritt ich. Und dann tat ich so, als hätte *Vaqueiro* Ailton eine äußerst wichtige Aufgabe zu erfüllen, für die seine Anwesenheit vor Ort unverzichtbar war.

Es nützte nur nichts. Noch am selben Tag, spätabends, fand ich mich in Timbaúba wieder. Wie mit einem Lasso hatten sie mich eingefangen. Ich sollte sofort als Spieler registriert werden. Angeblich lief irgendeine Meldefrist ab.

Und so war ich plötzlich ein richtiger Fußballer. Es ging so schnell, dass ich es selbst erst gar nicht richtig begreifen konnte. Das brauchte ein paar Wochen. Nicht, weil die Tatsache an sich so schwer zu verstehen war. Ich brauchte die Zeit, um mich an das neue Leben zu gewöhnen, an die täglichen Trainingseinheiten –in der Regel waren es zwei, vormittags und am frühen Abend. Vor allem musste ich Spaß daran finden, sonst wäre das nichts geworden. Bisher hatte ich immer nur gespielt. Ein Ball, zwei Mannschaften, zwei Tore – das war für mich Fußball. Nicht Ausdauer- oder Krafttraining, auch keine taktischen Überlegungen, bestimmte Spielzüge und was man alles macht, wenn man es professionell angeht.

Das war der andere Punkt: Fußball sollte nun mein Beruf sein, musste aber trotzdem Spaß machen, wenn ich gut sein wollte. Beruf beziehungsweise Arbeit und Spaß schienen mir Gegensätze zu sein. Arbeit war anstrengend, Spaß eigentlich nicht. Doch jetzt merkte ich, dass es auch anders sein kann: So anstrengend es war, es machte mir Spaß, zu trainieren.

Ich bekam einen Amateurvertrag. Die Bezahlung war mehr als bescheiden, nicht der Rede wert. Dafür stellte mir der Klub kostenfrei eine Unterkunft zur Verfügung, ein Zimmer, das ich mir mit einem anderen Spieler teilte. Lau wohnte ganz in der Nähe. Er kümmerte sich gut um seinen kleinen Bruder. Das hatte er unserer Mutter versprochen. Ohne ihn wäre ich oft mit knurrendem Magen ins Bett gegangen.

Lau war jemand, der schnell Freundschaften schloss. Er hatte ein sehr gewinnendes Wesen. Wenn er irgendwohin kam, ein paar Worte sagte und dabei lächelte, oder bloß einen Joke machte, mochten ihn die Leute gleich. Auf diese

Weise schaffte er es immer wieder, selbst dann etwas zu essen für uns aufzutreiben, wenn wir gerade kein Geld hatten, was nicht so selten vorkam. In der Nähe des Klubs gab es einen Imbiss, in dem wir Stammkunden wurden. Der Besitzer war so jemand, den Lau mit seinem Charme für sich eingenommen hatte. Wenn wir nach einem Spiel dorthin kamen, hungrig wie die Bären, aber knapp bei Kasse, beköstigte er uns trotzdem. Wir mussten hinterher nur beim Abwaschen helfen oder den Laden aufräumen. Manchmal zahlten wir auch einfach später, sobald wir wieder Geld im Portemonnaie hatten.

Die Zeit in Timbaúba war alles andere als ein Zuckerschlecken. Das ungewohnte harte Training, die Trennung von zu Hause, das erste Mal, und von meiner Freundin, den Pferden – ich vermisste mein altes Leben. Doch es war nichts im Vergleich zu der Tragödie, die sich in Mogeiro abspielte.

Es ist schwer für mich, darüber zu sprechen. Solche Erinnerungen verdrängt man lieber.

Bei Mutter war einige Zeit nach der Geburt von Ana, meiner jüngsten Schwester, ein Tumor entdeckt worden. Ein bösartiger, wie sich herausstellte – Krebs. Sie wurde behandelt, und danach schien der Tumor verschwunden zu sein. Aber wenn du solch eine Krankheit einmal hast, schwebt immer eine dunkle Wolke über dir.

Mutter lebte nun schon seit dreizehn oder vierzehn Jahren damit. Als wäre das nicht belastend genug, ließ Vater sie jetzt im Stich. Er zog aus, um mit einer anderen Frau zusammenzuleben. Die beiden wohnten dann auf einem Gehöft mit etwas Land ein Stück außerhalb von Mogeiro, heirateten bald und bekamen zwei Kinder. Diese Nähe, es waren kaum mehr als fünf, sechs Kilometer, muss es für Mutter noch schwerer gemacht haben. Man kann sich gar nicht vorstellen, wie sie das ertrug.

Wie sie überhaupt alles ertrug. Denn es war nicht das erste Mal, dass Vater auf Abwege geriet. Meine Geschwister und ich, wir hatten mittlerweile vier Halbbrüder. Zumindest vier, von denen wir wussten. Die zwei mit seiner neuen Frau nicht mitgerechnet, die kamen erst später zur Welt. Die anderen lebten alle in nächster Nachbarschaft, nur wenige Straßen weiter, was ziemlich verrückt war. Noch etwas, wo man sich fragt, wie Mutter damit klarkam. Sie war wirklich eine Heilige. Es brauchte einige Zeit, aber dann schaffte sie es irgendwie, die fremden Kinder zu akzeptieren. Sie ließ es sogar zu, dass sie in unser Haus kamen, um ihren Vater zu sehen. Und irgendwann waren sie dann nicht mehr fremd, selbst für sie nicht.

Auch von uns, ihren leiblichen Kindern, war keiner glücklich über Vaters Amouren. Vor allem Angela und Adriana ließen ihn spüren, wie enttäuscht und wütend sie waren. Jetzt, nach der Trennung, brachen sie den Kontakt zu ihm für einige Zeit komplett ab, versöhnten sich später aber wieder mit ihm. Wir Jungs konnten irgendwie verstehen, dass er ein Mann mit Bedürfnissen war. Doch Mutter wehzutun, nein, damit waren auch wir nicht einverstanden. Doch diese kleinen Geschöpfe konnten ja nichts dafür. In ihren Adern floss unser Blut. Wir hatten alle denselben Vater. Wie hätten wir sie da ignorieren können? Es waren unsere Geschwister. So gingen wir schließlich auch mit ihnen um, freundlich und warmherzig.

Selbst Mutter, die trotz all ihres Leids die Stärkste von uns allen war. Sie hatte auch das größte Herz.

So heftig diese familiären Probleme waren, irgendwie gelang es mir, sie nicht mit aufs Spielfeld zu nehmen. Jedenfalls nicht so, dass ich den Kopf nicht frei genug gehabt hätte, um mich davon nicht beeinträchtigen zu lassen und meine Leistungen zu bringen. Jetzt, da ich meine Aufgabe angenommen hatte, ein guter Fußballer zu werden, um in Zukunft davon leben zu können, wollte ich natürlich schnell Fortschritte machen. Wie ein neugieriges Fohlen, das auch jeden Tag dazulernt. Der Trainer setzte mich meistens als Zehner ein, im offensiven Mittelfeld also, zentrale Position. Vor allem wegen meiner Schnelligkeit. Die Laufwege der Stürmer erahnen, sie mit guten Pässen versorgen und dabei fleißig die gegnerische Abwehr beschäftigen – so etwa sah die klassische Rollenbeschreibung für mich aus. Wenn ich dann auch noch selbst den Weg nach vorn suchte, zu Torschüssen kam und traf, umso besser.

Das gelang mir nicht oft, hin und wieder aber schon. Wobei ich nicht so sehr der Typ Spieler war, der hauptsächlich Pässe verteilte und ansonsten alles im Blick behielt. Wenn ich den Ball einmal hatte und der Weg war frei, zog ich gern selbst damit los. Ein Tor zu schießen, war natürlich das Größte. Das wird kein Spieler anders empfinden. Aber ich wollte nicht nur Tore machen, sondern insgesamt gut spielen und helfen, dass wir gewinnen. Das stand noch mal eine Stufe darüber.

Meine Fortschritte können so schlecht nicht gewesen sein. Ich war ungefähr ein halbes Jahr bei Estudantes, als wir nach Recife fuhren, um gegen Santa Cruz anzutreten, einem dort ansässigen Klub, der in den Siebzigerjahren seine größten Erfolge gefeiert hatte. Sicher bin ich mir nicht, aber ich glaube, es war ein Freundschaftsspiel. Das änderte nichts an meiner Motivation, das Beste zu geben. Schon um dem Trainer zu beweisen, dass es eine richtige Entscheidung war, Ailton aufs Spielfeld zu schicken. Ich hatte mich noch nicht etabliert, war kein Stammspieler. Jede Minute auf dem Platz war für mich wie ein Bewerbungsschreiben.

Was ich nicht wusste: Auf der Tribüne sah sich jemand das Spiel an, der das offenbar genauso wahrnahm.

MUITO LONGE

Weit weg

Ich musste wieder zur Schule gehen. Das war die schlechte Nachricht. Wir trainierten zweimal am Tag. Die erste Einheit von neun bis elf Uhr dreißig, die zweite am Nachmittag ab fünfzehn Uhr dreißig. In der Regel anderthalb Stunden. Es konnten aber auch zweieinhalb werden. Danach hieß es: Ab zur Schule, pauken! Mathematik, Geschichte, Portugiesisch, Geografie, Englisch – kann sein, dass ich ein oder zwei Fächer vergessen habe. Es waren auf jeden Fall genug, um den Rest des Tages mit Unterricht zu füllen, sodass wir abends todmüde ins Bett fielen. Hier wehte ein anderer Wind.

Die jungen Spieler, die wie ich nicht verheiratet waren und auch nicht von hier kamen, wohnten im Internat. Vier Mann teilten sich ein Zimmer. Zwei Doppelstockbetten, Kleiderschränke, ein Tisch, vier Stühle – viel mehr stand nicht drin. Aber die Möbel waren in einem guten Zustand und alles war sauber. Man konnte sich wohlfühlen. Das Internat befand sich neben dem Stadion des Klubs, in dem wir Jungspunde allerdings selten spielten. Es war für die erste Mannschaft reserviert. Wir gehörten der zweiten an, dem Nachwuchsteam. Aber Profiverträge hatten sie auch uns gegeben. Deshalb sage ich immer: Das war mein erster richtiger Verein.

Zu verdanken hatte ich das jenem Mann, der bei dem Spiel in Recife auf der Tribüne saß, um nach neuen Talenten Ausschau zu halten. Und den mein Auftritt an diesem Tag wohl derart beeindruckt haben musste, dass er seine Entdeckung nicht für sich behielt. Dieser Mann war Unternehmer in der Pharmabranche, mit Fußballverstand gesegnet und – was in dem Fall das Entscheidende war – einer der besten Freunde von Wilson Fernandes de Barros, dem Präsidenten von Mogi Mirim Esporte Clube.

Der Fußballklub, auch *Sapão* genannt, wegen seines Maskottchens, einer Kröte, trägt denselben Namen wie die Stadt, in der nun meine Profikarriere beginnen sollte. Sie liegt im Bundesstaat São Paulo, etwa hundertfünfzig Kilometer nördlich der gleichnamigen Hauptstadt und größten Stadt Brasiliens mit über zwölf Millionen Einwohnern. Dagegen war Mogi Mirim mit rund neunzigtausend die reinste Provinz – und de Barros, der Alleinherrscher im Klub, so etwas wie der Provinzfürst. Eine schillernde Persönlichkeit, ein Mann der Tat, der bereits mit zehn Jahren einen beachtlichen Geschäftssinn bewiesen hatte, indem er in der Tankstelle seines Vaters auf eigene Rechnung Ersatzteile für Autos verkaufte. Daraus entstand eines der größten Vertriebsunternehmen Brasiliens. De Barros wurde ein reicher Mann, ein Wohltäter für die Stadt und ein Förderer des Sports – speziell des Fußballs. Anfang der Achtzigerjahre übernahm er Mogi, pumpte Millionen in den Verein, ließ zwei Trainingszentren bauen, auch das Internat und machte aus dem vereinseigenen Stadion eines der modernsten im Bundesstaat.

Er war aber auch jemand, der dabei nicht vergaß, sich für sein umtriebiges Engagement selbst gebührend zu ehren. Dem aufpolierten, nun 20.000 Zuschauer fassende Stadion hatte er gerade erst einen neuen Namen gegeben – seinen eigenen.

Sportlich verfolgte der Klubpräsident nicht weniger ambitionierte Ziele als im Geschäftsleben. Unter seiner Führung stieg Mogi in die höchste Spielklasse der Campeonato Paulista auf, der Meisterschaft des Bundesstaats. Diese Meisterschaft besitzt eine lange Tradition, sie ist nicht nur der älteste Fußballwettbewerb Brasiliens, sondern auch der mit dem höchsten sportlichen Niveau. Außerdem der bekannteste, auch in anderen Ländern. Wofür nicht zuletzt Pelé gesorgt hatte, der seinerzeit als Spieler von Santos Jahr für Jahr das Publikum regelrecht verzauberte und Tore wie am Fließband schoss. Elfmal Torschützenkönig, davon neunmal hintereinander. Das hat auf der ganzen Welt noch kein anderer geschafft. In einer Saison erzielte er einmal achtundfünfzig Tore.

Für de Barros sollte es mit Mogi immer weiter aufwärts gehen, in die Campeonato Brasileiro, Série B, vielleicht sogar A, ganz nach oben, irgendwann. Er engagierte erfahrene Trainer, investierte in gute Spieler und setzte gleichzeitig auf vielversprechende junge Talente, die sich im Klub weiterentwickeln sollten. Die Infrastruktur, die er geschaffen hatte, war für Jungs wie mich geradezu ideal, um gute Startbedingungen zu haben und sich zugleich auf größere Aufgaben vorzubereiten.

Mogi hatte also einen guten Ruf, der auch bis zu mir gedrungen war. Alles andere war dann, nach dem Spiel in Recife, ziemlich schnell gegangen. Eine kurze Nachricht, direkt dazu ein Flugticket, das auf meinen Namen ausgestellt war. Flog ich damals das erste Mal? Kann sein. Wahrscheinlich ging es nach Campinas. Die Stadt liegt dichter dran als São

Paulo, etwa auf halber Strecke. Vielleicht flog ich aber auch nach São Paulo. Auf solche Kleinigkeiten achtete man nicht, wenn einem viel wichtigere Dinge durch den Kopf schwirrten. Auf jeden Fall wurde ich am Flughafen abgeholt. Dann ging es direkt ins Internat und am nächsten Morgen auf den Trainingsplatz. Ein Monat Probezeit. Es gab mehrere Kandidaten wie mich, eine Handvoll oder so. Von der Schule erwähnten sie nichts. Oder ich muss es überhört haben.

Nach dem Monat freudige Gesichter, auf beiden Seiten. Sie hatten sich für mich entschieden. Schnell eine kurze Botschaft nach Timbaúba: Ich komme nicht zurück. Lau spielte dort noch einige Zeit weiter, in der ersten Mannschaft, wechselte dann zu verschiedenen kleineren Vereinen, aber nie in den Süden, bis er irgendwann aufhörte. Keine spektakuläre Karriere, aber er war mit sich im Reinen. Jedenfalls glaube ich das. Wir sahen uns nun seltener, eine Zeit lang gar nicht. Doch das änderte nichts an unserer engen Verbindung. Er war eine der wichtigsten Personen in meinem Leben und blieb es auch.

Dann also mein erster Profivertrag. Ich setzte schwungvoll ein Autogramm darunter, ohne ihn zu lesen. Mir war egal, was auf den Seiten stand – Hauptsache ich war Profi, einzig und allein das zählte.

Beruf: Fußballer.

JOGADOR DE FUTEBOL ..., wie gut das klang! Ich hätte es den ganzen Tag vor mir her trällern können.

Für mich, den Fast-Schulverweigerer, war das ein Riesensache – wie ein Diplom an der Universität. Da spielte es auch keine Rolle, wie viel Geld sie mir zahlten. Drei- oder vierhundert Real müssten es gewesen sein, wenn ich mich recht erinnere. Cruzeiro real, so hieß die Währung in jenem Jahr. Das wechselte damals ständig, alle paar Jahre wurde anderes Geld gedruckt, wegen der Inflation.

Für meine Verhältnisse war das nicht wenig. In Mogeiro wären eine Menge Leute glücklich gewesen, jeden Monat so viel Geld zu haben, für die ganze Familie. Dabei war mein Leben jetzt so organisiert, dass ich kaum welches brauchte. Das Zimmer im Internat kostete keinen Centavo. Verpflegt wurden wir auch umsonst, dreimal am Tag, nicht zu knapp, niemand musste Hunger schieben. Selbst um die Wäsche kümmerten sich Leute vom Klub, ohne dass wir dafür zahlen mussten. Ich brauchte eigentlich nur etwas, um mir neue Klamotten zu kaufen.

Aber das war nicht der Grund, warum ich den größten Teil des Geldes nach Hause schickte zu Mutter. Wenn man sein Dorf verließ und in die Stadt zog, war man einfach in der Verantwortung, seine Familie zu unterstützen. Das war wie eine moralische Pflicht – zumindest empfand ich es so. Erst recht, da ich wusste, dass sie zu Hause das Geld brauchten, um halbwegs über die Runden zu kommen. Meine Mutter hatte all die Jahre so viel für mich getan. Abgesehen davon, dass ich ohne ihr strenges Machtwort jetzt gar nicht in dieser komfortablen Situation gewesen wäre. Selbstverständlich musste ich ihr helfen. Sonst hätte ich nicht mehr in den Spiegel schauen können, ohne mich zu verachten.

So groß die Euphorie bei mir war und die Motivation, mein neues Dasein als Fußballer hatte wie alles im Leben zwei Seiten. Es war hart, von der Familie getrennt zu sein. Im Vergleich zu Mogi Mirim, der Stadt, lag Timbaúba quasi in der Nachbarschaft von Mogeiro. Lau und ich, wir hatten uns an den Wochenenden schnell Heimfahrten organisieren können, wenn kein Spiel anstand. Oder nach einem Spiel. Jetzt trennten mich zweitausendsechshundert Kilometer von zu Hause. Von Mutter, von meinen Geschwistern, von meiner Liebsten. Von meinen Freunden. Auch von Vater. Doch, er fehlte mir, trotz allem, sehr sogar, er war nun mal mein Vater. Es fühlte sich an, als hätte ich meine Familie verloren.

Noch nie war ich so weit weg gewesen. Wie in einer anderen Welt. Das ist keine Übertreibung. Für jemanden aus dem Norden war der Süden ein fremdes Land. Ich kannte niemanden. Und die, die ich kennenlernte, waren anders als die Leute in der Heimat. Wie sie sprachen, wie sie sich verhielten, sich kleideten – das alles war für mich eine gewaltige Umstellung. Die ersten drei Monate hatte ich echt zu kämpfen, um damit klarzukommen. Besonders an den Wochenenden, sonntags, wenn wir nicht spielten und nicht trainierten, wenn jede Ablenkung fehlte. Die Einsamkeit holte mich manchmal ein wie der Schwarze Mann in bösen Träumen. Dann kamen die trüben Gedanken und die bange Frage, ob das alles nicht vielleicht ein großer Fehler war und ich doch nicht dorthin gehörte. Wie oft wünschte ich mir, einfach zum nächsten Flughafen fahren zu können, um alles hinter mir zu lassen. Zurückzufliegen in meine vertraute Welt.

Aber es gab auch die guten Momente, in denen ich träumte, mich als Spieler durchzusetzen, bei Mogi und in anderen Klubs. Und dann verstand ich, dass allein ich es sein würde, der das entschied. Ich musste durchhalten, wenn ich mein Ziel erreichen wollte. Nur so würden noch mehr Träume wahr werden können. Vielleicht sogar der, eines Tages eine eigenen Farm zu besitzen, mit Pferden und Rindern – um ein richtiges Cowboyleben zu führen.

Am Anfang bestand die einzige Verbindung in die Heimat aus Briefen und Karten, die wir uns gegenseitig schickten, vor allem meine Freundin und ich. Wobei ich derjenige war, der eher die Variante Karte wählte. Zwei Sätze und allerliebste Grüße. Was hätte ich auch schreiben sollen? Mit Jammern beeindruckte man kein Mädchen. Und überhaupt, diese mühsame Krakelei, darauf hatte ich in der Schule schon keine Lust. Sobald es ging, kaufte ich ein Telefon und schickte es nach Hause. Es war das einzige in der Straße, im ganzen Ort hatten nur wenige Leute eins.

Das Telefon erleichterte den Kontakt. Ich rief fast jeden Tag an, abends, vorm Schlafengehen, um eine vertraute Stimme zu hören. Manchmal half es, manchmal machte es die Sehnsucht umso schlimmer. Ein einziges Mal flog ich nach Hause, über Weihnachten und Silvester.

Doch mit der Zeit gewöhnte ich mich bei Mogi ein. Nachdem wir uns besser kennengelernt hatten, entpuppten sich die Jungs aus meinem Zimmer als angenehme Typen. Der Traum vom sportlichen Erfolg verband uns, genauso wie uns die Pflichten verbanden, das Training, der Unterricht, die strengen Regeln im Internat. Der Spaß sollte aber auch nicht zu kurz kommen. Ich meine, vier junge Männer, Brasilianer – was muss man da groß erklären? Wir wollten Party machen. Das lag uns im Blut, wir brauchten das. Natürlich ging das nur am Wochenende und nur bis Mitternacht, dann mussten wir wieder in unserem Quartier sein.

Das Trainingsgelände befand sich etwas außerhalb, vierzig Minuten mit dem Bus. Einer unserer Trainer hieß Jessinho. Er war sehr wichtig für mich, in der Zeit bei Mogi, aber auch für meine weitere Karriere. Er sprach sehr viel mit mir, machte mich mit verschiedenen Spielsystemen vertraut, brachte mir eine Menge bei. Ich war als klassische Zehn von Estudantes gekommen. Nachdem Jessinho mich ein paar Mal spielen sah, meinte er, ich sollte mir weiter vorn eine Position suchen, die es leichter mache, Tore zu schießen. So wurde ich zum Stürmer.

Jessinho war es auch, der mich dabei unterstützte, den Sprung in die erste Mannschaft zu schaffen. Die spielte in jener Saison in der Série A der Campeonato Paulista. Jessinho empfahl mich dem Coach Oswaldo Fumeiro Alvarez, die beiden arbeiteten eng zusammen. *Vadão,* wie *Senhor* Alvarez genannt wurde, hatte früher selbst gespielt und anschließend Sportwissenschaften studiert, Mogi war sein erster Trainerposten. Er trimmte das Team kompromisslos auf Offensivfußball, mit drei Stürmern. Dabei orientierte er sich an der atemberaubenden Spielweise, die die niederländische Nationalmannschaft mit dem genialen Johan Cruyff bei der WM 1974 bis ins Finale brachte. Damals galt das 3–5–2-System als revolutionär. So erzählten es die Leute, die etwas länger auf der Welt waren als ich. Vielleicht sagte mir der Name Cruyff schon etwas, aber die WM 74, in Deutschland? – da war ich gerade ein Jahr alt.

Auch Vadão förderte mich. Er war ein Trainer, wie man ihn sich nur wünschen konnte. Gelassen und ruhig, doch in der Sache unerbittlich – auf eine gute Art, die uns motivierte.

Wir hatten großen Respekt vor ihm. Manche seiner Spieler, die er später trainierte, bei anderen Vereinen, nannten ihn Professor. Das passte perfekt. Er hatte immer eine Idee vom Spiel und einen genauen Plan, wie sie umgesetzt werden konnte. Die Bausteine sozusagen. Viel mehr kann dir ein Trainer nicht mitgeben. Zusammenfügen musst du sie dann selbst auf dem Platz.

Es kommt nicht selten vor, dass man erst später merkt, wann im Leben bestimmte Weichen gestellt wurden. Oder wer einen beeinflusste, diesen und keinen anderen Weg zu wählen. Es muss gar nicht immer die berühmte Kreuzung sein, an der man sich zwangsläufig für rechts oder links entscheiden muss, weil es sonst nicht weitergeht. Manchmal wird man in eine Richtung geschoben, ohne dass man den neuen Kurs als große Veränderung wahrnimmt. So in etwa kann man sich meine Zeit unter den beiden Trainern bei Mogi vorstellen. Die neue Position im Angriff, mein Spielverständnis, der Blick aufs Tor – das alles änderte sich, ohne dass ich das Gefühl hatte, ich würde das Fußballspielen neu lernen. Deshalb denke ich, sowohl die Lektionen von Jessinho als auch die von Vadão waren entscheidend für das, was danach kam. Aber hätte ich das damals schon so gesehen? Vermutlich nicht.

Erst viel später, nachdem Vadão das brasilianische Frauennationalteam übernahm und Journalisten mich nach meinen Erfahrungen mit ihm fragten, fing ich an, über seinen und Jessinhos Einfluss auf meinen Werdegang nachzudenken. Als junger Bursche, mit dem ersten Profivertrag in der Tasche, war ich viel zu sehr mit mir selbst beschäftigt. Nach dem Motto: Weiter, immer weiter. Im Rückblick, mit dem

Abstand der Jahre, erscheint einem vieles klarer. Er war ein außergewöhnlicher Trainer, daran besteht kein Zweifel. Nach seiner Zeit bei Mogi heuerten ihn noch mindestens zwanzig andere Klubs an, die seinen Fähigkeiten vertrauten. Bis ihn der Fußballverband für die Frauenmannschaft verpflichtete, mit der er an Olympischen Spielen und Weltmeisterschaften teilnahm und zweimal die Copa América gewann.

Unter Vadão spielte ich, als ich zur ersten Mannschaft kam, mit Rivaldo zusammen. Er war ein Jahr vor mir zu Mogi gekommen. Später, 2002 wurde er mit unserer Seleção Weltmeister. Yokohama, das Finale gegen Deutschland, Oliver Kahns ewiger Alptraum. Schon bei Mogi gehörte Rivaldo zu den Besten, schoss mit die meisten Tore. Er war aber noch kein Superstar, nicht berühmt, stand noch am Anfang seiner Karriere. Vadão erkannte sein Talent und schob ihn aufs richtige Gleis. Wie noch andere aus der nächsten Generation, die er beim FC São Paulo unter seine Fittiche nahm. Auch von ihnen schafften es manche ganz nach oben, in unsere Seleção.

Ach, die Seleção – die Wunde meiner Karriere. Es wurmt mich noch heute, wenn ich daran denke. Das wird wohl ewig so bleiben. Ein unerfüllter Traum, aber dazu später.

Seit einem Jahr spielte ich schon bei Mogi. Inzwischen hatte ich mich daran gewöhnt, weit weg von zu Hause zu sein. Nicht, dass mir das nichts mehr ausgemacht hätte. Die Sehnsucht nach der Heimat war immer noch da. Es gelang mir nur besser, sie zu verdrängen. Sobald ich merkte, dass sie sich wieder in meinen Kopf schleichen wollte wie eine hinterhältige Schlange, steuerte ich dagegen. Lenkte mich ab, indem ich meinen Fokus noch stärker aufs Fußballspielen richtete.

Ärgerlicherweise lief die Saison nicht besonders gut. Sie lief sogar richtig schlecht. Vor allem für die erste Mannschaft, wir stiegen ab in die Série B des Campeonato Paulista. Aus Sicht des Klubpräsidenten eine Katastrophe. Nun zeigte er sein anderes Gesicht. So schnell er sich für etwas begeisterte, so schnell konnte seine Stimmung auch ins Gegenteil umschlagen. In seiner Enttäuschung setzte er sich hin und stellte eine Liste mit Spielern auf, die er nicht mehr haben wollte. Nach welchen Kriterien er dabei vorging? Keine Ahnung. Mir verriet er es nicht. Ich war auch gar nicht dabei, als über das Papier gesprochen wurde. Abgesehen vom Jahreswechsel war nach der Saison die einzige Möglichkeit, für einen kurzen Urlaub in die Heimat zu fliegen.

Ich war also in Mogeiro, völlig ahnungslos, was sich in meinem Klub gerade zusammenbraute. Bis eines Tages das Telefon klingelte. Ein gewisser Jorge Machado war dran. Er stellte sich als Spielerberater vor. Gut möglich, dass ich vorher schon von ihm gehört hatte. Er vertrat einige Spieler von Mogi, unter anderem Rivaldo. Jorge, der dann auch mein Berater wurde, berichtete mir von der Streichliste des Präsidenten – und dass der Name Ailton darauf stand.

Meinen Schock kann man sich vorstellen. Sollte meine Profikarriere so schnell vorbei sein? War alles umsonst?

Eine bittere Lektion. Dadurch lernte ich aber, was es bedeutete, auf das Wohlwollen anderer angewiesen zu sein. Ich konnte mein Bestes geben und trotzdem aussortiert werden. Also musste ich versuchen, noch besser zu werden, mich unverzichtbar zu machen für die Mannschaft, in der ich spielte. Doch dafür brauchte ich erst mal wieder eine.

Jorge wäre nicht Jorge gewesen, hätte er nicht schon eine Idee gehabt. Das war sein Geschäft. Es kann sein, dass er meine Art zu spielen mochte, meine Schnelligkeit, meinen linken Fuß. Und dass er das Potenzial in mir sah, mich weiterentwickeln, noch mehr aus mir herausholen zu können. Vor allem aber muss er daran geglaubt haben, dass andere es genauso sehen würden. Sonst hätte er sich kaum für den Spieler Ailton interessiert. Am Ende musste für ihn etwas dabei herausspringen, so läuft das nun mal. Was auch in Ordnung ist. Man muss das ohne Emotionen betrachten, ganz nüchtern. Business ist Business. Sage ich heute. Damals hoffte ich einfach nur, jemand wie er könnte dafür sorgen, dass meine Reise noch nicht zu Ende war.

Jorge streckte seine Fühler aus. Er war gut vernetzt, schien bei vielen Klubs jemanden zu kennen. Es dauerte nicht lange, dann hatte er einen neuen Vertrag für mich an Land gezogen. Die Konditionen waren nicht schlechter, soweit ich mich erinnere. Selbst wenn, das wäre mir egal gewesen, Hauptsache ich bekam noch eine Chance. Ich wollte spielen, das war das Einzige, was zählte. Dafür nahm ich auch in Kauf, dass der neue Klub noch einmal tausend Kilometer weiter weg war, im südlichen Zipfel des Landes, nahe Uruguay.

Das Abenteuer ging also weiter.

O CAMINHO PARA CIMA

Der Weg nach oben

Next stop: Erechim.

Das war die Stadt, in die es mich verschlug. Weit im Süden. Gut hunderttausend Einwohner. Bundesstaat Rio Grande do Sul, Hauptstadt: Porto Alegre. Noch mal eine andere Welt. Europäisch angehaucht, durch die vielen Einwanderer, die einst aus Italien, Polen, Deutschland und so weiter dorthin kamen. Viele der Straßen im Stadtzentrum sind schachbrettartig angeordnet und werden diagonal von breiten Straßen gekreuzt, die an Alleen erinnern, nur mit weniger Bäumen. Nicht gerade typisch für das Brasilien, das ich kannte.

Jorge hatte mich dort bei Ypiranga untergebracht, Ypiranga Futebol Clube. Mein Vertrag lief über ein Jahr. Es gab nur eine Männermannschaft. Die spielte seit einigen Jahren in der ersten Liga des Campeonato Gaúcho, wie die Meisterschaft des Bundesstaates heißt. Gaúcho, das gefiel mir – Cowboyleben. In der vorherigen Saison hatte sie den größten Erfolg der Vereinsgeschichte errungen: Platz drei in der Meisterschaft. Außerdem war ihr bester Stürmer Torschützenkönig geworden. Ich kam also in ein aufstrebendes Team. Auf nationaler Ebene, im Campeonato Brasileiro, war Ypiranga allerdings noch nie in Erscheinung getreten.

Die neue Saison begann Anfang des Jahres. 1995. Ich hatte nicht viel Zeit, mich in die Mannschaft zu integrieren. Es war schwer, neue Umgebung, neue Leute, aber irgendwie fuchste ich mich rein. Konzentriert, fokussiert. Und dann lief es immer besser. Wir trainierten viel, spielten relativ erfolgreich – und ich machte bald mein erstes Tor. Jessinho hatte es vollkommen richtig erkannt: Als Stürmer konnte ich meine Fähigkeiten viel besser entfalten. Ein gelungenes Anspiel und ich startete sofort den Turbo, ab Richtung Tor.

Später wurde ich oft gefragt, wie ich mir die Schnelligkeit antrainierte. Meine Antwort war immer: „Das lernt man nicht. Das kann man auch nicht kaufen. Das ist ein Geschenk von Gott." Ich war schon immer schnell. Das muss in meiner DNA liegen. Spezialtraining oder so was habe ich dafür jedenfalls nie gemacht, ich schwöre es. Aber dank Jessinhos Lektionen versuchte ich nun, die Schnelligkeit noch besser zu meinem Vorteil zu nutzen. Das hatte mehr mit Taktik zu tun. Sich gut zu positionieren – für die Mitspieler und für den nächsten Spielzug, den man am besten schon vorausahnte. Antizipation. So könnte es gehen. So könnte etwas draus werden.

Anders verhielt es sich mit der Schusstechnik. Die musste man trainieren. Hunderte Varianten, unzählige Wiederholungen, bis es wie von selbst klappte, wie ein Automatismus. Aber damit hatte man nur das Grundgerüst, um im Spiel verschiedene Visionen entwickeln zu können, je nach Situation. Ein Beispiel: Man ist mit dem Ball auf der rechten Seite, will mit links schießen. Weil das der besserer Fuß ist, oder weil es für den Torhüter die größere Überraschung wäre. Dann muss man, erstens, die Entscheidung treffen, es mit links zu machen, auch wenn das die schwierigere Variante sein sollte. Und man muss, zweitens, die entsprechende Schusstechnik abrufen. Wobei für beides nur Bruchteile einer Sekunde bleiben.

Mir gelang das meistens ganz gut. Sechzehn Tore hatte ich am Ende auf meinem Konto. Für einen Neuzugang keine schlechte Ausbeute. Es gab niemanden, der öfter traf, nicht bei Ypiranga und auch bei keinem anderen Klub. Torschützenkönig, gleich in der Premierensaison! – so machte ich mir einen Namen. Eben noch der Nobody aus dem Provinznest im Norden, jetzt kannte jeder in der Liga Ailton. Was ein paar Tore doch verändern konnten.

Und dann ging es ganz schnell. Obwohl ich noch für ein halbes Jahr einen Vertrag bei Ypiranga hatte, wechselte ich nach Porto Alegre. Jorge erledigte die Feinheiten. Das Angebot konnte ich unmöglich ausschlagen. Nicht so sehr wegen des Geldes, die sportlichen Aufstiegschancen waren es, die mir die Entscheidung geradezu aufdrängten.

In Porto Alegre, der Millionenstadt am Meer, gibt es zwei Fußballklubs, die seit Jahrzehnten auf der großen Bühne mitspielen. Einer davon wollte mich haben, der SC Internacional, ein Traditionsverein mit großer Fangemeinde und einem guten Stadion, über 50.000 Zuschauer passen da rein. Seriensieger des Campeonato Gaúcho und auch in der nationalen Meisterschaft oft unter den vorderen Plätzen, ein paar Mal ganz vorn. Den bisher größten Erfolg sollte Internacional später mit dem Titelgewinn bei der Klub-Weltmeisterschaft 2006 in Japan feiern. 1:0 im Finale gegen das Star-Ensemble des FC Barcelona.

Trainer war damals Abel Braga. Wieder, muss man sagen. Das war sein großes Comeback bei Internacional. Zweimal war er dort vorher schon Cheftrainer. Das zweite Mal genau zu der Zeit, als ich kam.

Für mich ging ein Traum in Erfüllung. Ein großer Klub aus der höchsten Liga. Zur Mannschaft gehörten Nationalspieler, nicht nur brasilianische. Als Innenverteidiger hatten sie den Paraguayer Carlos Gamarra geholt, der mit seiner Nationalmannschaft an drei Weltmeisterschaften teilgenommen hatte und Vize-Olympiasieger geworden war.

Und mit Sergio Goycochea stand Argentiniens Nationalkeeper im Tor, der als Elfmeterkiller galt. Allein bei der WM 1990 in Italien hatte er vier Strafstöße gehalten. Den entscheidenden im Finale gegen Deutschland allerdings nicht: Andy Brehme, 85. Minute, links unten, eiskalt.

Und nun kam ich, der kleine Ailton aus Mogeiro – 1,77 Meter, 76 Kilo, kein Gramm zu viel. Man sieht das auf den alten Fotos, alles Muskeln, ehrlich.

Ich hatte großen Respekt vor den anderen, war vielleicht sogar ein bisschen eingeschüchtert am Anfang. Umso mehr freute ich mich, mit Válber einen Vertrauten wiederzutreffen – Válber da Silva Costa, auch ein Stürmer. Wir hatten uns bei Mogi angefreundet, waren dort in unserer Freizeit viel zusammen, gingen öfter essen und am Wochenende auch mal in einen Klub, ein bisschen Party machen. Natürlich alles diszipliniert. Glaube ich zumindest, ist schon lange her. Doch, das war so. Vaters Erziehung hat viel bewirkt, seine drei Regeln, nicht rauchen, nicht saufen, nicht klauen – und dass er da immer so streng war, uns nichts durchgehen ließ. Das war seitdem fest in meinem Kopf gespeichert. In Timbaúba gab es diese Verlockungen im Grunde nicht, oder kaum, in Mogi Mirim dann schon, da fing es an. Im Internat war Alkohol strikt verboten, das war die oberste Regel. Reingeschmuggelt wurde er trotzdem. Manche rauchten sogar Marihuana oder irgendein anderes Kraut. Wer dabei erwischt wurde, flog raus, selbst wenn es einer der besten Spieler war. Da kannte Klubpräsident de Barros kein Pardon. Disziplin war ihm heilig. Wenn er einmal eine Entscheidung gefällt hatte, dann war das Gesetz, ohne Wenn und Aber.

Ich hatte ehrlich gesagt immer Schiss, dass ich mir alles versaue, wenn ich nicht stark bleibe und Vaters Worte beherzige. Deswegen hielt ich lieber Abstand zu den Leuten, die mich überreden wollten, mitzumachen. Beim Training und auf dem Platz konnte man sich ja trotzdem gut verstehen.

Abel Braga, unser Coach, war auch so jemand, dem Disziplin über alles ging. Alte Schule. Wie ein Kommandant beim Militär. Wenn er redete, hatten alle ihre Klappe zu halten. Und wehe, er musste etwas zweimal oder sogar dreimal sagen. Für ihn ein klares Zeichen, dass man nicht bei der Sache war, also undiszipliniert, nicht fokussiert, respektlos. Das konnte ihn richtig sauer machen. Manchmal dachten wir, er explodiert gleich.

Ich mochte ihn trotzdem. Das alles zeigte ja nur, dass er seinen Job mit Leidenschaft machte, dass ihm nichts egal war – dass wir ihm nicht egal waren. Mir ist selten ein Mensch begegnet, der sich so hingebungsvoll einer Sache verschrieben hatte. Wahrscheinlich war er sogar der einzige.

Was meine Entwicklung als Spieler betrifft, dürfte er nach Vadão der zweite Trainer gewesen sein, der mich nachhaltig prägte. Von ihm habe ich zum Beispiel gelernt, als Sieger auf den Platz zu gehen. *Atitude positiva,* sagt man im Portugiesischen. Die Siegermentalität. An seine Fähigkeiten glauben und verinnerlichen, dass man gewinnen kann – dass man gewinnen wird. Und sich dann einzig und allein aufs Spiel konzentrieren, alles andere ausblenden, komplett. So habe ich es während meiner Karriere bei jedem Spiel versucht. Na gut, bei fast jedem – bei den meisten. Doch, der Wille war da. Es hat nur nicht immer funktioniert. Niemand ist perfekt. Man kann es nur versuchen.

Abel Braga erkannte aber noch etwas anderes. Eines Tages sagte er: „Ailton, du musst Spaß haben beim Fußballspielen. Sonst funktioniert das nicht. Du bist so ein Typ." Und das aus dem Mund dieses strengen Lehrmeisters. Da musste ja etwas Wahres dran sein.

Die wichtigste Voraussetzung, damit ich Spaß hatte, war, dass ich spielte. Wenn ich nur auf der Bank saß, bekam ich schlechte Laune. Das war damals schon so. Die Höchststrafe. Nicht nur, weil ich dann weniger Geld bekam. Bei den Prämien war es so geregelt, dass die, die in der Aufstellung standen, aber nicht eingesetzt wurden, nur die Hälfte erhielten.

Noch schlimmer war aber, dass ich nicht zeigen konnte, was Ailton kann. Niemand konnte das sehen, wenn ich auf der Bank schmoren musste. Damit meine ich nicht nur die normalen Zuschauer. Eine Mannschaft wie Internacional wurde von wichtigen Leuten beobachtet, von Trainern und Funktionären, die entschieden, wer in der Seleção eine Chance bekam. Dort, bei Internacional, das war die Zeit, als ich davon zu träumen begann, eines Tages für unser Land zu spielen, in der der Nationalmannschaft.

Zum Glück saß ich nur selten auf der Bank. Ich machte zwar nicht viele Tore, vier oder so, durfte aber oft spielen – als Stürmer, auf der linken Seite. Linker Fuß, linke Seite. Trotzdem war die Zeit bei Internacional schnell vorbei. Eine Saison in der Campeonato Brasileiro, dann ging es für mich schon wieder weiter.

In Brasilien war das normal. Viele Spieler wechselten häufig den Verein. Sie verließen den einen, gingen zum nächsten, manche kehrten wieder zurück und gingen wieder weg. Und das zehn, fünfzehn Jahre lang, bis sie mit dem Fußball aufhörten. Blieb man zwei oder drei Jahre bei einem Klub, war das lange. Nicht so wie in Europa. Mit den Trainern lief das genauso. Abel Braga war bestimmt schon bei zwanzig Vereinen, bei manchen davon zwei- oder dreimal. Ich glaube, Internacional hat ihn mittlerweile sogar schon fünfmal verpflichtet.

Ob sich die Spieler das immer so wünschten, dieses ständige Umherziehen, ist eine andere Frage. Als Fußballprofi war man ein Produkt, eine Ware. Das lernte ich schnell. Und der Fußball war ein Geschäft, das ständig in Bewegung sein und brummen musste, nur so floss Geld für alle Beteiligten. Man konnte sich bei einem Klub wohlfühlen und gut klarkommen mit dem Präsidenten, den Trainern und allen Leuten. Wenn ein anderer Klub mit einem guten Angebot kam, wurde verhandelt. Mich fragten sie dann zwar auch, aber ein echtes Mitspracherecht hatte ich am Ende nicht.

So wechselte ich wieder den Bundesstaat, blieb aber im Süden, kam nach Campinas, auch eine Millionenstadt. Die kannte ich ein bisschen aus der Zeit in Mogi Mirim. Beide Städte liegen nur sechzig Kilometer auseinander. Der Verein dort heißt Guarani Futebol Clube. Eine gute Adresse. Die erste Mannschaft spielte sowohl in der Campeonato Paulista als auch in der Série A der brasilianischen Meisterschaft.

Dass ich ausgerechnet bei dem Klub landete, bei dem Careca, einer meiner Kindheitshelden, seine Karriere begann, hatte ich einer Empfehlung von Jessinho zu verdanken, meinem früheren Trainer bei Mogi. Er stand als Mitglied des Trainerteams mittlerweile in Diensten von Guarani. Als der Chefcoach einen neuen Stürmer suchte, hatte Jessinho ihn auf mich aufmerksam gemacht. Der Deal selbst war dann über Jorge und die Leute bei Internacional gelaufen.

Die Branche der Spielerberater genießt nicht gerade den allerbesten Ruf. Ich sollte später selbst einige dieser Experten kennenlernen, die einen – ich sag' mal – komischen Eindruck auf mich machten, irgendwie zwielichtig, verschlagen. Oder sie kamen mit Dollarnoten in den Augen daher marschiert, sodass man sofort spürte, die sind bloß aufs Geld aus. Auf Jorge Machado lasse ich jedoch nichts kommen. Er ist ein guter Mann, absolut korrekt. Ich vertraute ihm damals und all die Jahre danach. Wir sind bis heute befreundet. Und natürlich weiß ich, dass es außer ihm auch andere Berater gibt, die ihren Job seriös machen. Wie überall, wo es viel Geld zu holen gibt, werden eben solche und solche Typen angezogen. Da bildet der Fußball keine Ausnahme.

Bei Guarani bekam ich das Trikot mit der Nummer neun – Mittelstürmer. Und ich bedankte mich, indem ich – nach einer gewissen Eingewöhnungsphase – fleißig Tore schoss. Erst waren es fünf, dann zehn, bis irgendwann „20 *gols*" hinter meinem Namen stand. Im Durchschnitt traf ich in fast jedem zweiten Spiel, bei dem ich zum Einsatz kam. Der Klubpräsident war zufrieden, der Trainer auch, ich fühlte mich wohl. Wieder lernte ich einiges und entwickelte mich weiter. Zuerst trainierte uns Carlos Alberto Silva, der eine Legende im Klub war, seit er neunzehn Jahre zuvor das damalige Team zum bisher einzigen Titel in der brasilianischen Meisterschaft geführt hatte. Nach ihm übernahm Lula Pereira das Amt. Eine brasilianische Zeitung schrieb irgendwann, in dieser Zeit hätte bei mir eine *explosão* – eine Explosion – stattgefunden, die zu meinem Durchbruch führte.

Um es zeitlich einzuordnen: Ich war im Jahr 1996 nach Campinas gewechselt. Inzwischen waren wir eins weiter. Die Campeonato Paulista war gespielt, jetzt nahmen wir gerade an der ersten Runde der nationalen Meisterschaft teil. Die wurde im zweiten Halbjahr ausgetragen. Um sich für die nächste zu qualifizieren, musste man in seiner Gruppe unter die ersten Acht kommen. Es sah nicht gut aus für uns. Zwar schoss ich wieder die meisten Tore, nur waren es am Ende immer zu wenig. Anders gesagt: Zu oft landeten die Bälle bei uns im Kasten. Seit zwölf Spielen ohne Sieg. Wir lagen ziemlich hoffnungslos auf einem Abstiegsplatz.

Anfang Oktober die nächste Partie. Am 5., um genau zu sein, ein Sonntag. Im Estadio Brinco de Ouro, unserem

Heimstadion. Die Ränge waren eher spärlich gefüllt, keine viertausend Zuschauer. Etwa fünfmal so viele hätten reingepasst. Der Gegner: Internacional, mein vorheriger Klub. Die Jungs standen am anderen Ende der Tabelle, an der Spitze. Ein Sieg und sie hätten sich den Einzug in die nächste Runde gesichert, obwohl noch fünf Spiele ausstanden.

Einen Profi aus dem Team von Internacional muss ich noch erwähnen: Christian Corrêa Dionísio. Er spielte nur unter seinem Vornamen. Christian war einer der Topscorer der Liga. Im Jahr davor war er mit dreiundzwanzig Treffern Torschützenkönig geworden. Ich bin nicht sicher, ob wir bei Internacional mal zusammen auf dem Platz standen, glaube aber, dass er erst zur Mannschaft kam, als ich zu Guarani ging.

Was an dem Tag weder er noch ich wusste: Für uns beide ging es bei dem Spiel um mehr als um Sieg oder Niederlage. Man kann sagen, es ging um unsere Zukunft. Irgendwo auf der Tribüne saßen zwei Männer, die noch nie in diesem Stadion waren. Einem von ihnen steckte eine lange Flugreise in den Knochen. Er war extra aus Deutschland gekommen, um zwei brasilianische Fußballer in ihrer ganzen Pracht auf dem Spielfeld zu bewundern. Wie sie sich bewegten, was sie taktisch draufhatten, wie gut ihre Schusstechnik war, wie ausgeprägt ihr Torinstinkt. Diese beiden Spieler, das waren wir, Christian und ich. Unsere Namen standen auf einem Zettel, den er in seiner Tasche bei sich trug.

Später wurde oft geschrieben, unser Beobachter hätte nur den Torschützenkönig Christian im Visier gehabt, aber das stimmte nicht. Wie es auch nicht stimmte, was fast genauso oft zu lesen war, dass ich bei diesem Spiel zwei oder drei Tore schoss und deshalb seine Aufmerksamkeit auf mich zog. Kann sein, dass ich das mit den Toren selbst erzählte. Weil ich mich nicht genau erinnerte, oder weil ich es in dem Moment für die bessere Geschichte hielt. Man muss den Presseleuten ja etwas zum Schreiben geben. Vielleicht wurde ich aber auch nur falsch verstanden – so wird es höchstwahrscheinlich gewesen sein.

Das Spiel lief ungefähr zwanzig Minuten, als Marcelo Rosa für Internacional den Führungstreffer erzielte. Danach hatten wir auch drei gute Chancen, nutzten sie aber nicht. Einmal brachte ich den Ball über die Linie, doch der Schiedsrichter ließ das Tor nicht gelten. Er meinte, nicht mein Fuß, sondern mein Arm hätte den Ball in die Maschen befördert. Womit er nicht falsch lag, obwohl es natürlich ärgerlich war. Bestimmt flutschte mir auch noch ein Fluch über die Lippen. Mein Temperament. Jedenfalls bekam in dem Spiel auch eine Gelbe Karte.

Zum Glück gelang meinem Mitspieler Paulo Isidoro in der zweiten Hälfte ein Tor zum Ausgleich, gegen das nichts einzuwenden war. Die spannendste Szene dann drei Minuten vor dem Schlusspfiff. Ein Foul im Strafraum, dummerweise in unserem. Elfmeter. Christian legte sich den Ball zurecht, lief an, schoss ... Tor. Dann aber doch nicht. Einer von seinen Teamkameraden war zu früh in den Strafraum gelaufen. Es gab Wiederholung, und jemand ganz oben wollte, dass er diesmal den Pfosten erwischte. So kam es auch, das Spiel endete mit einem 1:1-Unentschieden. Christian und ich, wir hatten also beide kein Tor gemacht.

Nach dem Spiel tauchte jemand vom Klub in der Umkleidekabine auf. Wo ich jetzt darüber nachdenke: Es könnte

Cassus Clay da Silva gewesen sein, der Bruder von Júlio César, zu der Zeit bei Borussia Dortmund unter Vertrag. Cassus war damals schon Spielerberater und mit Guarani eng verbunden, wo er früher gespielt hatte. Jedenfalls sollte ich jemandem die Hand schütteln. Draußen wartete ein großer Kerl, schlank, blonde Haare, blasse Haut, verschmitztes Lächeln, nicht unsympathisch. Aber fremd. Er sprach kein Wort Portugiesisch. Ein Mann neben ihm übersetzte. Der hatte mir auch die Hand gegeben. Wobei wir kaum fünf Sätze miteinander wechselten. Nur so Floskeln: „Hallo wie geht's? Gut gespielt. Schade, dass es nicht zum Sieg gereicht hat." Ich, ausgelaugt vom Spiel, werde noch weniger gesagt haben. Dann wollten die beiden auch los.

Um ehrlich zu sein, kann ich mich an die Begegnung kaum erinnern. Ich musste mir gerade etwas helfen lassen. Der große Blonde konnte die Bilder von damals noch gut in seinem Gedächtnis abrufen. Nach solchen Spielen kam es öfter vor, dass man irgendwelchen Leuten die Hand schüttelte, ohne sich deren Gesicht einzuprägen oder gar den Namen. Einfach, weil man mit dem Kopf noch auf dem Platz war. So schnell konnte keiner abschalten.

Es vergingen einige Tage, dann meldete sich Jorge mit einer erfreulichen Botschaft: „Da gibt es einen Klub in Europa, der hat Interesse an Dir."

Europa! Also Italien, Spanien, Deutschland ... davon träumten viele von uns Spielern. Doch dann landete ich in Mexiko.

VISITA DA ALEMANHA

Besuch aus Deutschland

„Ich wusste in der Halbzeit, dass ich ihn haben will," sagte Wolfgang Sidka später. Er war der große Blonde, der bei Guarani auf der Tribüne das Spiel gegen Internacional verfolgt hatte. Neben ihm saß Jürgen Born, der damals in São Paulo lebte und die Niederlassung der Deutschen Bank leitete. Er hatte unseren Smalltalk nach dem Spiel übersetzt. Die Frage, die nie richtig beantwortet wurde: Wie kam dieser *Senhor* Sidka, Trainer von Werder Bremen, ausgerechnet auf Ailton im fernen Brasilien? Man glaubt kaum, was für ein Aufwand dahintersteckte.

Wolfgang Sidka hatte den Trainerposten erst im August übernommen, nachdem Dixie Dörner, sein Vorgänger, entlassen worden war. Wir sind immer noch im Jahr 1997. Nun suchte er neue Spieler, um der Mannschaft frischen Schwung zu verleihen. Nicht zuletzt einen Stürmer. Vor allem einen Stürmer. Einen, der auch wirklich Tore schoss. Idealerweise sollte das ein Mittelstürmer sein, ein Knipser. Werder dümpelte im Mittelfeld herum, womit man sich im Verein ganz und gar nicht zufrieden geben wollte. Der Anspruch war ein anderer. Es waren die goldenen Zeiten unter dem großen Otto Rehhagel mit Meistertiteln und Pokalsiegen, nach denen man sich sehnte.

Damals gab es in der Geschäftsstelle im Stadion einen kleinen Raum, eine Art Trainerkabine, in dem unter anderem ein Sideboard stand, vollgestopft mit Videokassetten. Darauf waren kurze Spielszenen aufgenommen, aber auch komplette Spiele. Meist mit dem Fokus auf einen bestimmten Spieler, der damit angepriesen werden sollte. Zu jeder Kassette gehörte ein Beipackzettel, ein Fax oder ein anderes Blatt Papier mit Erklärungen und den wichtigsten Daten des jeweiligen Profis – Alter, Position, links- oder rechtsfüßig, besondere Erfolge und so weiter. Natürlich auch, bei welchem Verein er aktuell unter Vertrag stand und wer seine Kontaktperson war.

In dieser Kabine verbrachte der neue Trainer viel Zeit, um sich diese Aufnahmen anzusehen, oft allein. Er suchte Kassetten mit Spielern auf den Positionen heraus, die er neu besetzen beziehungsweise durch zusätzliche Kräfte ergänzen wollte. Auf diese Weise wurde er zum Beispiel auf Jurij Maximow von Dynamo Kiew aufmerksam, der noch für die Rückrunde der laufenden Saison verpflichtet wurde.

Bei mir sollte es genauso laufen. Wobei er die Kassette, auf der ich in Aktion zu sehen war, erst nach dem Hinweis eines Spielerberaters aus Dortmund herauskramte. Der hatte ein Fax geschickt, dass offenbar bei Franz Böhmert aufgelaufen war, dem damaligen Werder-Präsidenten. Wie dieser Spielerberater an meine Daten kam und woher das Video stammte? Keine Ahnung. Ich kannte den Mann nicht. Möglicherweise hatte Jorge seine Finger im Spiel. Oder jemand, der auf eigene Faust versuchen wollte, ein gutes Geschäft zu machen.

Jedenfalls sah Wolfgang Sidka sich das Video an, und so kam ich auf seine Liste. Am Ende standen darauf sechs oder sieben Spieler, auch Christian. Wir beide waren diejenigen, für die er sich wohl am meisten interessierte. Die anderen Namen lieferte ihm ebenfalls dieser Spielerberater, der offenbar gute Kontakte in Brasilien hatte. Er arbeitete auf Bitten des Werder-Trainers auch gleich noch einen Reiseplan aus, damit der bei seinem Brasilien-Trip in kürzester Zeit möglichst viele Spiele der ihn interessierenden Kandidaten sehen konnte.

Wolfgang Sidka kam einen Tag vor unserem Spiel in São Paulo an. Der Spielerberater hatte jemanden organisiert, der ihn am Flughafen abholte und ins Hotel brachte. Das war kein Taxifahrer, sondern ein deutscher Fernsehkorrespondent. Daran sieht man, welche Fäden gesponnen wurden und wie viele Leute an der Mission „Wir angeln uns einen brasilianischen Stürmer“ beteiligt waren.

Als Nächster kam Jürgen Born ins Spiel, damals der vermutlich größte Werder-Fan außerhalb von Deutschland. Auf jeden Fall der, der den weitesten Weg in Kauf nahm, um fast jedes Heimspiel live im Stadion zu erleben – zehntausend Kilometer Luftlinie – eine Strecke. Hier muss nun Willi Lemke erwähnt werden, der damalige Manager des Vereins, der kürzlich leider verstorben ist. Er war natürlich auch in das Projekt involviert. Lemke kannte Born und hatte seinem Trainer vor dessen Abflug ans Herz gelegt, den Deutsche-Bank-Mann in Brasilien unbedingt zu kontaktieren. Er sei mit den Gepflogenheiten des Landes und der Südamerikaner bestens vertraut. So kam die kleine Reisegesellschaft zustande, die mich im Stadion kurz begrüßte.

Nach unserem Spiel sahen sich die beiden noch zwei andere Begegnungen an. Eine von Palmeiras, die seinerzeit von Luiz Filipe Scolari trainiert wurde. Und, nachdem sie nach Rio geflogen waren, Flamengo gegen São Paulo im Maracanã-Stadion. Anschließend kehrte Wolfgang Sidka nach Deutschland zurück. Wie gesagt, er wusste genau, wen er wollte. Sein erster Weg führte ihn ins Büro von Willi Lemke, dem er seinen Wunsch ohne Umschweife mitteilte: „Ailton, den brauchen wir, der wird uns verstärken." Vor allem hatte ihn meine Schnelligkeit beeindruckt. Und mein linker Fuß, wie ich damit schoss – „scharf und präzise", wie er sagte.

Christian war aus dem Rennen. Alle anderen Kandidaten offenbar auch. Die Gründe sind mir nicht bekannt. Überhaupt wusste ich damals von alldem nichts. Selbst die flüchtige Begegnung mit den fremden *Senhores* nach unserem Spiel war schon so gut wie vergessen, kaum dass ich das Stadion an dem Tag verlassen hatte.

Genauso bekam ich nichts von dem mit, was nach Wolfgang Sidkas Heimkehr zwischen den Leuten von Werder und Guarani lief. Erst einmal glühten die Telefone: Willi Lemke an dem einen Ende der Leitung, am anderen jemand von Guarani, vermutlich der Präsident. Aber so richtig ging es offenbar nicht voran. Irgendwann versuchte Werder, über die portugiesische Frau eines Freundes von Wolfgang Sidka direkt mit mir Kontakt aufzunehmen. Ich sollte dem Verein signalisieren, dass ich gern wechseln würde. Um Druck zu erzeugen. Auch daran kann ich mich nicht erinnern. Was nicht heißen soll, dass ein solches Gespräch nicht stattfand. Vielleicht war die Dame mit Jorge verbunden oder bei irgendwem vom Verein gelandet. Wie sollte man wissen, wen man wirklich dranhatte.

Willi Lemke jedenfalls erinnerte es so, dass er mit dem Guarani-Präsidenten telefonierte, ihn über Werders Interesse informierte und dann selbst nach Brasilien düste, um den Deal unter Dach und Fach zu bringen. Dort angekommen, teilte man ihm jedoch mit, der Verein wolle mich nicht gehen lassen. Lemke, der schon einige abenteuerliche Vertragsverhandlungen geführt hatte, dachte, das sei nur die übliche Pokerei, um den Preis hochzutreiben. Angeblich verlangte Guarani drei Millionen Dollar Ablöse. Auf jeden Fall wurden sie sich nicht einig.

Irgendwie muss die Bremer Presse Wind von der Geschichte bekommen haben, so halb jedenfalls. Amüsant, was der *Weser-Kurier* damals schrieb, einen Monat nachdem Wolfgang Sidka aus Brasilien zurück war:

> „Neuerdings sind auch zwei Brasilianer als Heilsbringer an der Weser im Gespräch: Der eine heißt Ailton Delphino (Stürmer, 27 Jahre, spielt beim FC Guarani), der andere trägt den Künstlernamen „Christian" (Goalgetter bei Porto Alegre)."

Es gab tatsächlich einen Landsmann von mir namens Ailton Delfino, der professionell Fußball spielte, auch als Stürmer. Allerdings war er fünf Jahre länger auf der Welt als ich, also neunundzwanzig. Außerdem stammte er aus Belo Horizonte und spielte meines Wissens nie bei Guarani. Zu der Zeit stand er bei Portuguesa in São Paulo unter Vertrag. In dem Artikel schrieben sie auch, dieser Delphino solle sieben Millionen D-Mark kosten, Christian fünf Millionen Dollar.

Dann plötzlich – und daran kann ich mich wiederum sehr gut erinnern – hieß es von Seiten des Vereins, also Guarani: „Ailton, du gehst nach Mexiko, zu UANL Tigres."

Es war alles unter Dach und Fach. Mir wurde das nur noch mitgeteilt. Vielleicht verpackt in eine Frage, aber die dürfte dann rein rhetorisch gewesen sein. Der Spieler – die Ware, immer das Gleiche.

Was vorher im Hintergrund lief, kann ich nicht sagen. Scheinbar hatte der Klubpräsident zweigleisig verhandelt und schließlich den Mexikanern den Zuschlag erteilt. Bei Werder fühlten sie sich ein bisschen verarscht. Willi Lemke sagte, er sei nie informiert worden, dass Guarani vorhatte, mich woandershin zu verkaufen. Obwohl er mehrmals nachgefragt hätte, auch nach seinem Besuch, sei die Antwort immer gewesen: „Nein, sorry, wir geben ihn nicht ab." Ich vermute, der Kontakt zu den Leuten von Tigres war einfach enger. Möglicherweise werden sie auch mehr geboten haben. Am Ende geht es doch immer um das liebe Geld.

Noch bevor das Jahr zu Ende war, packte ich meine Sachen und ab ging's nach Mexiko – das erste Mal ins Ausland. So richtig. Einmal waren wir kurz für ein Spiel in Kolumbien, mit einer Übernachtung oder so, aber das zählt nicht.

Ich flog nach Monterrey. Die nächste Millionenstadt. Sie liegt im Nordosten des Landes. Strenggenommen ist UANL

Tigres in der Stadt San Nicolás de los Garza beheimatet. Dort befindet sich auch die Universität, zu der der Verein ursprünglich gehörte. So wie das Estadio Universitario, in dem die Heimspiele ausgetragen werden. Das steht mitten auf dem Unigelände. Doch Monterrey hat sich mit der Zeit so sehr ausgedehnt, dass San Nicolás eher wie ein Stadtteil davon wirkt, obwohl dort fast eine halbe Million Menschen leben. Tigres spielte in der Primera División, der höchsten Spielklasse, inzwischen heißt sie Liga MX. Die neue Saison, zu der ich verpflichtet wurde, begann im Januar.

Für die ersten Wochen quartierte mich mein neuer Arbeitgeber in einem Holiday Inn ein, nicht weit vom Stadion und den Trainingsplätzen entfernt. Aber das erwähne ich nur, weil mir in dem Hotel gleich an einem der ersten Tage jemand begegnete, der mein Leben ganz schön durcheinanderbrachte – nicht sofort, sondern später. Ich spreche von Rosseli, meiner Frau. Da fällt mir ein: Wir haben dieses Jahr unseren zwanzigsten Hochzeitstag. Im Dezember. Den darf ich nicht vergessen. Rosseli arbeitete im Holiday Inn an der Rezeption. Ich konnte sie also unmöglich übersehen.

Sie war der gute Engel, der mir half, wenn ich allein nicht weiterkam. Das erste Problem: die Sprache. Portugiesisch und Spanisch liegen zwar nicht weit auseinander, trotzdem hatte ich Mühe, mich verständlich zu machen. Jeder Mensch ist mit Talenten gesegnet. Manche entwickelt er, andere werden nicht so stark ausgebildet. Ich kann Fußballspielen und ganz gut Reiten. Das Talent zum Sprachenlernen gab mir Gott leider nicht mit. Ich versuchte es mit Portuñol, einem Mischmasch aus Portugiesisch und Spanisch. Und davon mit einer speziellen Version: à la Ailton. Doch die verstand anscheinend nur einer richtig gut – ich selbst. Rosseli ist dagegen das reinste Kommunikationsgenie. Wie viel Geduld sie immer aufbrachte, um aus meinem Kauderwelsch schlau zu werden. Wenn ich irgendetwas brauchte, sie war für mich da. Sogar noch, als ich nach etwa einem Monat aus dem Hotel in eine eigene Wohnung zog. Ich konnte sie immer anrufen. Das heißt: Ich tat es einfach. Und so sind wir Freunde geworden. Nur Freunde, sonst war da nichts.

Wir gingen zusammen mit anderen Freunden aus, zum Essen oder in eine Diskothek. Wobei ich nicht der große Tänzer war. Doch ein Lächeln von ihr genügte, und ich folgte ihr brav auf die Tanzfläche, meistens. Salsa, Cumbia-Style und so was. Noch lieber verschwand ich jedoch nach nebenan. Die Disko, das war so eine Cowboydisko. Auf der einen Seite Diskjockey und Tanzfläche, auf der anderen fing um Mitternacht ein Rodeo an. Die klassische Variante: ein Rind, ein Reiter. Acht Sekunden musste er oben bleiben, sonst war er raus. Da waren nur Profis am Start. Das schaute ich mir gern an. Und danach ging die Party weiter.

Aber zwischen Rosseli und mir funkte es immer noch nicht. Vielleicht war ich ein wenig zu sehr abgelenkt. Als Fußballer hatte man gute Chancen, wenn man ausging. In Südamerika finden viele Frauen Sportler interessant. Man kann auch sagen, sie stellen ihr Visier in eine bestimmte Richtung schärfer. Wie auch immer: Hier ein Flirt, da ein Flirt, eine schöne Zeit, wir waren jung. Und dann tauchte eine hübsche *Senhora* auf, in die ich mich ein bisschen mehr verguckte.

Das mit meiner ersten Freundin zu Hause war da schon zu Ende. Kann man sich denken. Sie in Mogeiro, ich im Süden, und immer nur kurze Besuche – wie sollte das auf Dauer funktionieren? Erst glaubt man, dass man es trotzdem schafft, aber dann geht's doch nicht. Es gab keinen Krach oder so. Wir haben nicht mal richtig Schluss gemacht. Irgendwie war es uns beiden klar, ohne dass wir drüber reden mussten. Wir telefonierten weniger. Dann noch weniger. Als ob man einander langsam loslässt und jeder geht in seine Richtung, immer weiter, bis man sich nicht mehr sieht. Sie blieb in ihrem Leben, und ich hatte jetzt ein anderes.

Damit kein falscher Eindruck entsteht: Ich war natürlich in Monterrey, um Fußball zu spielen. Wie gesagt, Primera División, erste Liga. In der Stadt gibt es noch einen anderen Klub, CF Monterrey. Die Spiele gegeneinander waren Klassiker. Da kamen die meisten Zuschauer und es wurden immer heiße Duelle. Feuerwerk auf dem Platz, Feuerwerk auf den Tribünen, super Stimmung. Südamerikanische Mentalität. Beide Teams hatten etwa gleich viele Fans, aber Tigres hat inzwischen mehr Titel vorzuweisen. Und das berühmtere Stadion. Angeblich wurde darin die La-Ola-Welle erfunden, 1984, bei einem Freundschaftsspiel zwischen Mexiko und Argentinien, nachdem die Mexikaner zum 1:1 ausglichen. Ob das stimmt? Eigentlich wollen doch die US-Amerikaner immer alles erfunden haben. Egal, war es eben die mexikanische La Ola, die dort ihre Premiere hatte. Zwei Jahre später konnte sie dann die ganze Welt bestaunen, bei der Fußball-WM. In unserem Stadion spielte damals auch Deutschland.

Zweimal. Beides geschichtsträchtige Begegnungen. Die erste, gegen Marokko, Achtelfinale, gilt als das schlechteste Spiel dieser WM. Die zweite dürfte das ruppigste gewesen sein. Noch nie zuvor wurden bei einer Weltmeisterschaft so viele Karten in einem Spiel gezückt – zwei rote, acht gelbe. Tore hingegen gab es erst beim Elfmeterschießen. Das war das Viertelfinale gegen Gastgeber Mexiko. Deutschland gewann. Klaus Allofs verwandelte einen der Strafstöße. Felix Magath spielte auch im deutschen Team.

Die beiden, die für mich noch wichtig werden sollten – einer im Guten, der andere, na ja, im nicht so Guten – waren also schon da, wo ich nun meine eigenen Fußabdrücke hinterließ. Einige Male spielte ich an der Seite von Luis Hernández, der seit der Weltmeisterschaft in jenem Sommer von seinen Landsleuten als Nationalheld verehrt wurde. Okay, er schoss ein paar Tore mehr als ich. Aber wir kamen gut miteinander zurecht. Ich hatte inzwischen ein bisschen Spanisch gelernt. Luis ist ein super Typ. Auch mit Claudio Nuñez, unserem dritten Stürmer, verstand ich mich prima. Er spielte schon länger bei Tigres, die Leute liebten ihn, wurde dann aber für eine Weile ausgeliehen, zu einem Klub in seiner Heimat Chile.

Ich fühlte mich wirklich wohl. Brasilien und Mexiko haben die gleiche Kultur. Das Wetter ist gleich, das Essen ähnlich, auch die Mentalität der Leute. Wenn sie auch noch die gleiche Sprache gesprochen hätten, wäre ich mir gar nicht wie im Ausland vorgekommen.

Gut, sportlich war es nicht das allerhöchste Niveau. Unser Team natürlich ausgenommen. Die mexikanische Liga hatte nicht den Stellenwert wie die in Brasilien oder Argentinien, ganz zu schweigen von den besten Ligen in Europa. Wer sich für die Seleção empfehlen wollte, für den war die Liga in Mexiko jedenfalls nicht die perfekte Bühne.

Wir trainierten morgens ab neun Uhr. Manchmal auch zusätzlich am frühen Abend, weil es sonst zu heiß gewesen wäre. Dreißig Grad waren normal, fast angenehm, es konnten auch vierzig werden. Dann wurde das Pensum schon mal etwas reduziert. Die Trainer verlangten Disziplin, aber eher die südamerikanische Variante. Nicht die militärische, also flexibler, weniger hart und engstirnig. Als Spieler konnte man auch mit ihnen reden und erklären, warum ein bisschen weniger an dem Tag besser wäre. Gerade wenn am Wochenende ein Spiel anstand, wollten sie ihre Jungs in guter Verfassung haben und kümmerten sich entsprechend darum. Bei Pferden muss man die Zügel auch mal locker lassen.

In der Zwischenzeit waren sie bei Werder Bremen nicht untätig, ohne dass ich davon erfuhr. Da feststand, dass Bruno Labbadia nach der Saison, im Sommer, zu Arminia Bielefeld wechseln wird, verschärfte sich das Stürmerproblem. Offenbar kämpften sie an verschiedenen Fronten, um sich diesen Brasilianer doch noch zu angeln. Willi Lemke stand mittlerweile mit Tigres in Kontakt. Angeblich wurde fleißig verhandelt. Und wieder war die Sache Thema in der Bremer Lokalpresse. Es hieß, beide Seiten seien sich einig, der Deal könne kurzfristig zum Abschluss kommen. Die Ablöse: sechs Millionen D-Mark.

Das schrieben sie Ende Mai. Einen Monat später klang es plötzlich ganz anders.

Die Fußball-Weltmeisterschaft in Frankreich hatte begonnen. Wolfgang Sidka reiste nach Versailles, wo er mit Werder-Präsident Franz Böhmert verabredet war, der als Delegationsleiter des DFB die deutsche Nationalmannschaft begleitete. Böhmert wiederum hatte den Präsidenten von Tigres, der ebenfalls bei der WM vor Ort war, da sich Mexiko qualifiziert hatte, zu einem Treffen gebeten. Auch Werders Vizepräsident Klaus-Dieter Fischer sollte dazustoßen. Was das wieder für ein Aufwand war! Mit dem Ergebnis, dass mein Boss eine Stunde vorher anrief, um den Termin mit den Deutschen zu canceln. Seine Begründung: Ich sei unverkäuflich.

Wolfgang Sidkas Reise war also umsonst. Alles war umsonst. Der Bremer Presse erklärte Franz Böhmert lapidar, Werder habe sich bemüht, aber es habe eben nicht geklappt.

Irgendwann in diese Zeit, es müsste vor seinem Frankreichtrip gewesen sein, düste Wolfgang Sidka eines Tages Hals über Kopf nach Wiesbaden, zum ZDF. Ein bekannter Fußballkommentator hatte ihm am Telefon gesteckt, Mário Zagallo, der bei der WM der Coach unserer Seleção und überhaupt eine der größten Legenden des brasilianischen Fußballs war – er hatte es weltweit als Erster geschafft, sowohl als Spieler als auch als Trainer Weltmeister zu werden – käme an diesem Abend ins *Aktuelle Sportstudio.*

Für Werders Trainer muss der Druck gewaltig gewesen sein. Die neue Saison fing bald an und er hatte immer noch keinen neuen Mittelstürmer. Außerdem hing ihm Willi Lemke in den Ohren, der über die Finanzen des Klubs wachte. „Bist du dir wirklich sicher mit dem?“, fragte er nicht nur einmal. Er hat mich damit gemeint. „Wenn du dich irrst, haben wir nur noch Geld in der Portokasse.“ Das war sein Spruch. Wolfgang Sidka hat ihn bis heute nicht vergessen. Auch Willi Lemke erinnerte sich bis zuletzt noch gut daran: „Das stimmt, wir wären finanziell ans Limit gegangen.“

Dass man unter diesen Umständen unsicher wird, versteht jeder. An Wolfgang Sidkas Stelle wäre ich auch ins Grübeln geraten, klar, eine schwere Entscheidung. Deshalb seine Tour nach Wiesbaden. Er versuchte, eine Audienz beim großen Mário Zagallo zu bekommen. Der sollte gar nicht lange mit ihm schwatzen, sondern sich einfach nur die Namen auf dem Zettel anschauen, den er ihm hinhielt, als er dann tatsächlich vor ihm stand. Die einzige Frage, die Wolfgang Sidka hatte: „Wen von denen soll ich nehmen?“

Mário Zagallo, so wurde es mir erzählt, überflog die Namen und zeigte sofort auf den einzigen, der mit A begann: Ailton. Im gleichen Moment soll er gesagt haben: „Der ist gut. Nach der WM holen wir den.“

Diese Geschichte, von der ich erst viel später erfuhr, logischerweise, machte mich glücklich und traurig. Das Lob von so einem Mann und die Bestätigung, dass ich nah dran war. Auch wenn das Schicksal es dann doch nicht wollte. Vielleicht wäre es anders gekommen, hätte Mário Zagallo nach der WM weitergemacht. Aber es nützt nichts, sich im Nachhinein darüber den Kopf zu zerbrechen. Wenigstens half Zagallos Bestätigung Wolfgang Sidka, seine restlichen Zweifel auszuräumen.

Der Sommer war schwer für mich, auch für meine Geschwister. Mutters Krankheit. Der Krebs war zurückgekommen, schon vor längerer Zeit. Die Ärzte sagten, sie könne nur weiterleben, wenn wir mit ihr in die USA gehen. Dort gebe es bessere Behandlungsmöglichkeiten, wirksamere Medikamente. Ich verdiente zwar gut, aber keine Millionen. Wir konnten sie nicht nach Amerika bringen. Also versuchte ich, an die Medikamente heranzukommen, die sie ihr dort gegeben hätten. Was ziemlich schwierig war. Ich meine, die konnte man da drüben nicht im Supermarkt kaufen. Irgendwie fand ich jemanden in einer Klinik in São Paulo, der gute Kontakte hatte und das für uns organisierte. Wir besorgten Mutter einen Platz in einer Privatklinik in João Pessoa, wo ihr die Ampullen verabreicht wurden. Sie ging da aber nur zur Behandlung hin, sonst wollte sie zu Hause sein. Wahrscheinlich spürte sie, dass ihr trotz der teuren Medikamente nicht mehr viel Zeit blieb. Meine Schwestern pflegten sie, vor allem Adriana war ständig bei ihr.

Mutter so leiden zu sehen, zerriss mir das Herz. Sie sollte leben, nicht leiden, sie war erst sechzig. Vielleicht versteht man den Tod eines geliebten Menschen besser, wenn man das erlebt hat: die Erlösung, das Ende vom Leid. Trotzdem wünscht man es sich anders.

Als sie am 18. August starb, war ich in Monterrey. So schnell ich konnte, flog ich nach Hause, um bei der Beerdigung dabei zu sein. In Brasilien wartet man nur kurz, einen Tag, manchmal auch nur Stunden. Jeder kann sich bei dem Verstorbenen verabschieden. Dann wird der Sarg sieben Handflächen tief in der Erde versenkt. Mutter kam in das Grab ihrer Eltern. Viele Tränen flossen. Für einen Moment dachte ich, die Welt bleibt stehen, und alles ist schwarz. Dann erinnerte ich mich daran, wie ich meinen ersten Vertrag unterschrieb. Und an mein erstes Gehalt. Das hatte ich ihr nach Hause geschickt, die gesamte Summe. Aus Dankbarkeit. Ohne ihr strenges Wort im richtigen Moment wäre ich nicht Fußballer geworden. Das war auch ein Gedanke, der mir kam. Und zugleich ein Zeichen. Ab jetzt, dachte ich, würde ich für sie spielen. Ich wollte noch besser werden, sie sollte stolz sein auf ihren Sohn.

DUCHA FRIA

Kalte Dusche

Schwer zu sagen, wann ich das erste Mal von Werder Bremen hörte. Aus Deutschland kannte ich nur Bayern München und Dortmund. Und Stuttgart, weil dort Dunga gespielt hatte, der Kapitän unserer Weltmeistermannschaft von 1994. Ich wusste, dass es die Bundesliga gibt, hatte aber noch nie ein Spiel im Fernsehen gesehen. Aus Europa interessierten mich eher die italienischen Klubs. Ein bisschen auch die Spanier. Wolfgang Sidka wird Werder Bremen sicher erwähnt haben, als er bei Guarani aufkreuzte. Aber was habe ich da schon verstanden? Ins eine Ohr rein, zum anderen wieder raus. Kann sein, dass Jorge auch mal etwas von Bremen sagte, aber dann ist davon bei mir nicht hängengeblieben. Selbst als der Präsident von Tigres kam und meinte, ein Verein aus Deutschland wolle mich haben, war meine erste Frage nicht, wie dieser Verein heißt.

Eigentlich hatte ich gar keine Frage, denn ich wollte nicht weg, weder von Tigres noch aus Monterrey.

Im Klub lief es gut. Klar, ich hätte gerne noch mehr Tore geschossen, aber das würde schon noch werden. Eine gewisse Anlaufzeit ist normal. Man muss erst mal richtig reinkommen in ein neues Team. Dass Ailton Tore schießen konnte, hatte ich bei Guarani ja wohl bewiesen.

Zugegeben, die Trauer um Mutter bremste mich etwas. Im Training fehlte mir ein bisschen die Motivation. Dass Mutter nicht mehr da war, musste ich erst mal verkraften. Was auch normal war, denke ich. Das ist bestimmt bei jedem so. Man geht nicht einfach vom Friedhof runter, und dann ist alles wieder in Ordnung.

Das Leben in Monterrey gefiel mir. In dem Alter, ich war inzwischen fünfundzwanzig, will man die Welt umarmen. Dafür war die Stadt ideal. Sie bot viele Optionen, wenn ich nicht Fußball spielte oder trainieren musste. Ein paar Spiele, schon hatten sich die Leute meinen Namen gemerkt. Das konnte man spüren. Die Blicke, wenn ich irgendwohin kam. Mexikaner haben eine gute Art, sind freundlich und offen. Ich hatte neue Freunde gefunden. Fuhr mein erstes Auto, einen Audi A3. Und Rosseli war da. Und diese hübsche *Senhora,* die mir den Kopf verdrehte.

Also, nein, ich wollte nicht weg.

Doch dann sprach ich mit Jorge. Wir versuchten, die Gefühle beiseite zu lassen, um die Situation möglichst nüchtern zu analysieren: Wo stand ich? Wo wollte ich hin? Was wünschte ich mir als Fußballer? Und vor allem: Konnte ich das dort erreichen, wo ich gerade spielte?

Die Frage zu beantworten, war gar nicht so schwer. In Europa zu spielen, sich dort durchzusetzen, das würde mich als Spieler aufwerten. Natürlich nicht in irgendeinem Land. Es musste schon eins sein, in dem der Fußball im Fokus stand. Das Niveau der Liga musste hoch sein. Die Alternative wäre eine Topmannschaft in Brasilien gewesen. Nur gab es anscheinend gerade keine, die dringend einen Mittelstürmer wie mich brauchte. Und falls doch, wird sie bei der Suche nicht nach Monterrey geschielt haben. Das Gleiche galt für die Seleção. Ein Spieler, der nach Mexiko ging, nahm sich praktisch selbst von der Kandidatenliste. Aber das sagte ich ja schon.

So kam es also, dass Jorge dieses Werder Bremen etwas genauer unter die Lupe nahm. Aus der Ferne. Das heißt, er telefonierte ein wenig herum, was über den Verein und die Stadt herauszufinden war. Heute würde man einen Computer nehmen oder das Smartphone, ein paar Tasten drücken und schon wäre man viel schlauer. Verglichen dazu lebten wir im Mittelalter. Die Kids können sich das gar nicht vorstellen. Als Jorge nach diesen Informationen suchte, wurde Google gerade erst gegründet.

Warum ich das erzähle: Jorge fand nicht viel heraus. Eine Stadt im Norden Deutschlands mit ungefähr so vielen Einwohnern wie San Nicolás. Und dass der Verein in der Bundesliga spielte, seit ihrer Gründung, schon ewig sozusagen. Also auf hohem Niveau, so deutete ich das. Vielleicht erfuhr er auch etwas übers Wetter, dass die Sonne seltener und meistens nicht so warm schien. Aber konnte ich mir das überhaupt vorstellen: Minusgrade? Schnee? Dauerregen? – Nein, natürlich nicht. Und das war vermutlich auch gut. Wer weiß, ob ich mich sonst auf das Abenteuer eingelassen hätte.

Auf einmal ging alles so schnell, dass ich selbst kaum begriff, was gerade geschah. Als hätte jemand an der Uhr gedreht.

Angeblich hatte Willi Lemke, so erzählt er es, völlig überraschend einen Anruf erhalten. Er war gerade mit seiner

Familie im Urlaub, in Kalifornien oder Florida. Es kann auch Jamaika gewesen sein, meint er, sie machten eine größere Tour. An den Namen des Mannes, der sich meldete, erinnert er sich nicht. Wohl aber, was die fremde Stimme sinngemäß sagte: „Es geht um Ailton. Wenn Sie noch Interesse haben, kommen Sie her, ich kann alles regeln."

Dabei hatten sie bei Werder das Thema nach dem ganzen Hin und Her eigentlich abgehakt. Die neue Saison lief schon ein paar Wochen. Gerade erst war Rade Bogdanović von Atlético Madrid, der an einen niederländischen Verein ausgeliehen war, als Ersatz verpflichtet worden. Willi Lemke kam trotzdem nach Monterrey.

Am Flughafen empfing ihn ein junger Mann, der ein Hotelzimmer für den Gast aus Deutschland organisiert hatte. In diesem Hotel erschien dann jemand von Tigres. Willi Lemke ging davon aus, dass es sich um den Klubpräsidenten handelte, zumindest um einen entscheidungsbefugten Vereinsvertreter. Das klingt etwas abenteuerlich, doch Willi Lemke sagte, damals liefen solche Geschäfte häufig so ab, vor allem in den südamerikanischen Ländern und in einigen osteuropäischen. Da kam jemand, und mit dem verhandelte man dann. Aber es muss unser Präsident gewesen sein, der von ein oder zwei Tigres-Leuten begleitet wurde.

Willi Lemke wunderte sich auch nicht, dass der junge Mann ein Honorar für seine Vermittlungsdienste verlangte. Für ihn war das völlig normal. So kannte er es von anderen Deals. Er sei sogar froh gewesen, dass sich ein Einheimischer um alles kümmerte, sodass er nur noch mit dem Verein verhandeln musste. Wie viel er dem Mann zahlte, daran kann er sich nicht mehr erinnern. Es dürfte ein fünfstelliger Betrag gewesen sein, sagte er. Auf jeden Fall weniger, als später in der Presse behauptet wurde, deutlich unter hunderttausend Mark. In den Zeitungen stand was von hundertzwanzigtausend.

Bei dem Gespräch im Hotel war der junge Mann dann nicht mehr dabei. Willi Lemke sagte, es wurde ein bisschen hin und her verhandelt, aber ohne groß herumzupokern. Beide Seiten wollten das Geschäft über die Bühne bringen. Die Tigres-Leute nannten eine Zahl. Dann nannte er eine, die deutlich darunter lag. Dann kamen ihm die Tigres-Leute ein Stück entgegen. Dann er ihnen und so weiter. Am Ende einigten sie sich auf fünf Millionen Mark. Das ist ja kein Geheimnis.

So, jetzt bin ich wieder dran. Meine erste Begegnung mit Willi Lemke, damals in Monterrey. Unser Klubpräsident hatte mir ausrichten lassen, dass ich einen Termin im Holiday Inn habe, da, wo ich die ersten Wochen wohnte. Worum es ging, wusste ich natürlich. Ich sollte um dreizehn Uhr oder so dort sein, jedenfalls um die Mittagszeit herum. Es war heiß, um die vierzig Grad, ich hatte kurze Sachen an, ganz leger. Ich kam also ins Hotel und sah ihn gleich, diesen Deutschen – im Anzug, das Hemd bis oben zugeknöpft, sogar mit Krawatte. Ich fragte mich, wie man das bei den Temperaturen aushält. Aber er schwitzte auch ordentlich.

In meiner Erinnerung war zu diesem Zeitpunkt bereits alles geregelt. Jemand gab mir ein paar Blätter Papier, den Vertrag. Ich setzte mich in eine ruhige Ecke, studierte gründlich eine Seite nach der anderen, bis ich die letzte durchhatte und meine Unterschrift darunter setzte … Nein, Quatsch, so war es nicht. Das Einzige, was daran stimmt, ist die Unterschrift. Da Willi Lemke sich nicht mehr erinnerte, dass mein Berater bei den Verhandlungen dabei war, bin ich selbst etwas unsicher. So lange wie das her ist. Auch die Sache mit dem jungen Mann, dem Vermittler – keine Ahnung, wer das gewesen sein könnte. Ich weiß aber noch, dass Jorge mir grünes Licht gab und meinte, alles sei in Ordnung. Darauf vertraute ich.

Das erste Gespräch zwischen Willi Lemke und mir fiel denkbar kurz aus. Er kann kein Portugiesisch, ich verstand kein Wort Deutsch. Wir verständigten uns mehr mit den Augen: er lächelte, ich lächelte. Irgendjemand dolmetschte über drei Ecken: ein bisschen Portugiesisch, ein bisschen Spanisch, ganz, ganz wenig Englisch. Zumindest reichte es, um mir klarzumachen, dass ich schleunigst nach Hause fahren sollte, um meine Koffer zu packen. Willi Lemke wollte mich direkt nach Deutschland mitnehmen, gleich am nächsten Tag.

Dass es auf einmal so schnell gehen würde, darauf war ich nicht vorbereitet. Vielleicht hatte ich es auch verdrängt, als könnte ich es dadurch aufschieben. Ist schwer zu erklären. Herz und Verstand. Ein Teil will dableiben, der andere sagt, es ist vernünftig, diese Chance zu nutzen. Europa. Deutschland. Wie gesagt, davon träumten viele. Und dann, wer weiß, vielleicht doch die Seleção. Dieser Traum schwebte im Hintergrund immer mit.

Mir blieb kaum Zeit, mich von den Menschen zu verabschieden, die mir wichtig waren. Vor allem von Roselli.

Unser Beziehungsstatus, wie man das heute nennt, hatte sich inzwischen geändert. Aus Freundschaft war mehr geworden. Aber wie viel mehr? Wusste sie das? Sie hatte schon ein Kind, ein Tochter. Ich wusste nicht, wo wir standen. Die andere *Senhora*, nun Rosseli – es war ganz schön turbulent, gefühlsmäßig und überhaupt. Vielleicht, dachte ich, würde der Abstand auch gut sein, für die beiden Frauen ebenso wie für mich. Um unsere Gefühle sortiert zu bekommen. Als Mann sprach man darüber natürlich nicht, nicht wenn man aus Brasilien kam, aus einem kleinen Ort im Nordosten, und der Sohn von Pedro da Cruz Silva war.

Meine Habseligkeiten passten in zwei Koffer. Das war alles, was ich mitnahm. Der Flieger ging am 8. Oktober, das war ein Donnerstag. Wir sind immer noch im Jahr 1998. Am Tag darauf, nach einem Zwischenstopp irgendwo, landeten wir in Frankfurt. Von dort ging es mit der nächsten Maschine nach Bremen. Insgesamt dürften wir über zwanzig Stunden unterwegs gewesen sein.

Es war der berühmte Zwei-Worte-Flug, über den Willi Lemke und ich später immer lachten, wenn wir uns sahen. Zwei Männer, die nebeneinander saßen und sich viel hätten erzählen können – es aber nicht taten. Denn jeder Versuch scheiterte an der Erkenntnis, dass eine Verständigung aufgrund der Sprache schier unmöglich war.

Also blieb es bei freundlichen Blicken wie vorher im Hotel in Monterrey – aus denen müde Blicke wurden, je länger wir durch die Luft düsten, bis uns beiden die Augen zufielen. Nach einem kurzen Schläfchen ging es so weiter: Ein Blick, ein Lächeln, dann wendeten wir unsere Köpfe wieder voneinander ab und jeder starrte stumm vor sich hin. Nach einer Weile das Gleiche, der nächste Blick und ein nächstes Lächeln. Außer Willi Lemke unterbrach dieses merkwürdige Dauerschweigen, indem er sein Lächeln mit zwei Worten garnierte, mit „Bremen“ und „*bom*“ – Bremen gut. Er meinte später, er hätte es auf dem Flug bestimmt dreißig bis fünfzig Mal gesagt.

Manchmal wiederholte ich diese beiden Worte, wie zur Bestätigung und damit ich auch mal etwas sagte. Dabei fragte ich mich im Stillen, mit einem mulmigen Gefühl im Magen, worauf ich mich da eigentlich eingelassen hatte.

Ich flog in die Fremde, ins Ungewisse.

Und schon hörte ich es wieder: „Bremen bom.“

Zumindest kleidungsmäßig hatte ich versucht, mich dem feinen Zwirn tragenden *Senhor* aus Deutschland etwas anzupassen: Schwarze Hose, schwarzes Hemd, schwarz-weißes Jackett mit Hahnentrittmuster – ich glaube, so nennt man das hier. In Mexiko war das damals der letzte Schrei.

Am Flughafen in Bremen erwartete uns ein kleines Empfangskomitee. Einige *Senhores*, darunter der große Blonde, Wolfgang Sidka. Ansonsten nur fremde Gesichter. Leute aus dem Werder-Präsidium, was ich da natürlich noch nicht wusste. Sie alle begrüßten mich freudestrahlend, geradezu herzlich, sodass es mir wie eine warme Umarmung vorkam.

Wärme konnte ich gut gebrauchen. Draußen war keine Sonne zu sehen, aber nicht, weil es schon dunkel war. Es nieselte, und es war entsetzlich kalt, keine zehn Grad – ungefähr zwanzig weniger als beim Abflug in Monterrey.

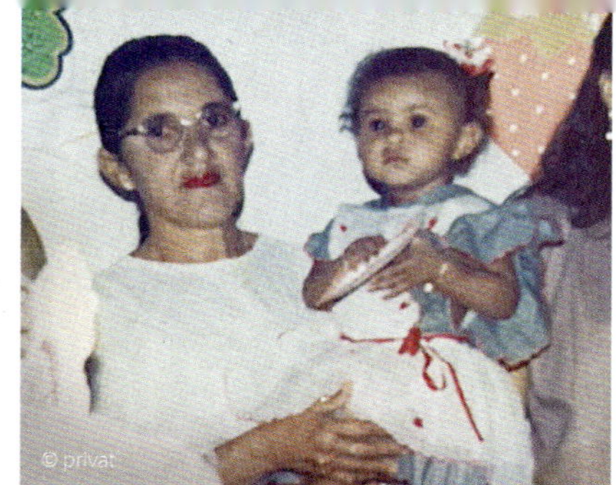

Eines der wenigen Bilder, die mir von meiner Mutter geblieben sind ...

Als glücklicher Ehemann nach der Trauung auf dem Standesamt in Mogeiro mit Rosseli, meiner hübschen Braut, und meinem Vater. Das war im Januar 2005.

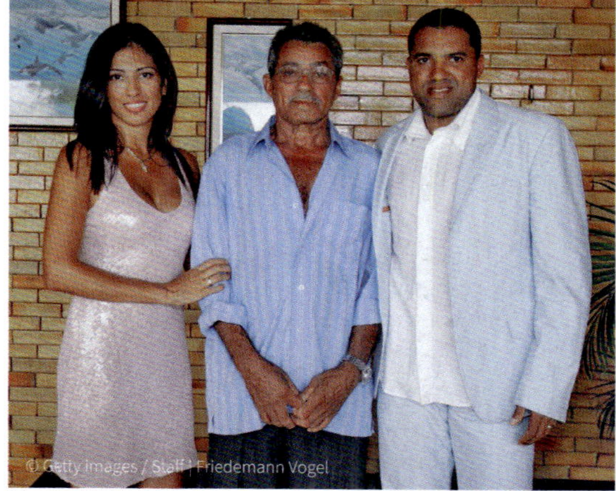

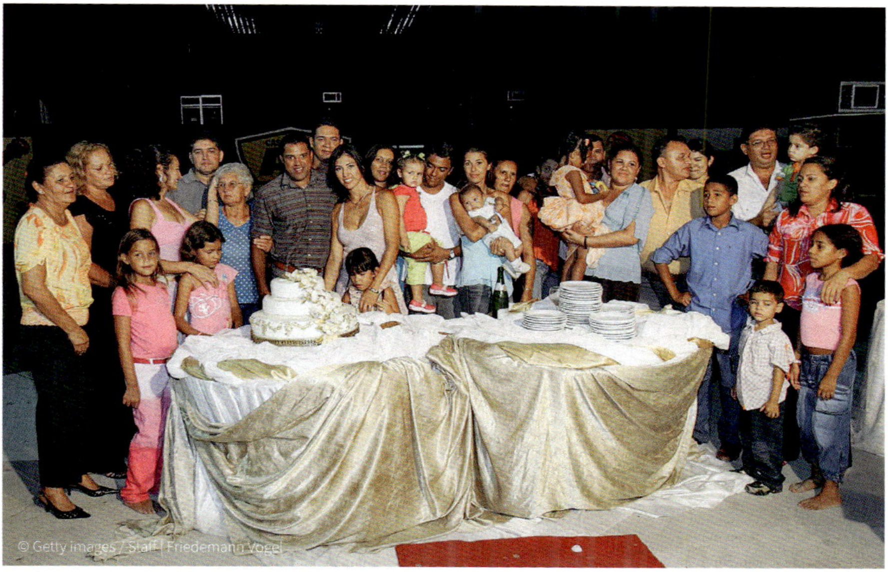

Rosseli und ich mit unser Hochzeitsgesellschaft.
Schade, dass meine Mutter das nicht mehr erlebte.

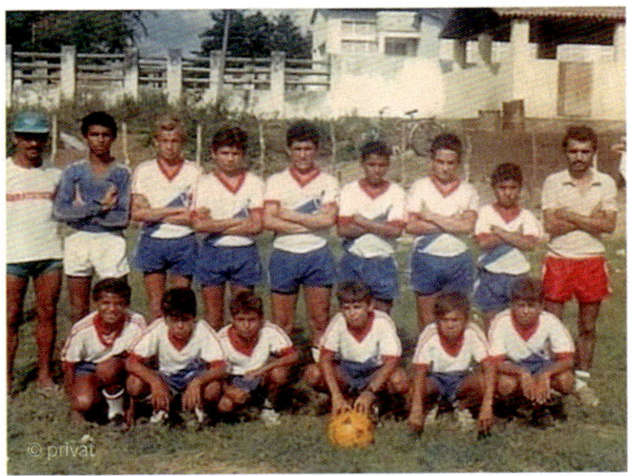

Eine der ersten Mannschaften, für die ich spielte. Sie wurde für ein Turnier zusammengestellt. Da war ich noch ein schmales Hemd (hinten, 4. v. r.).

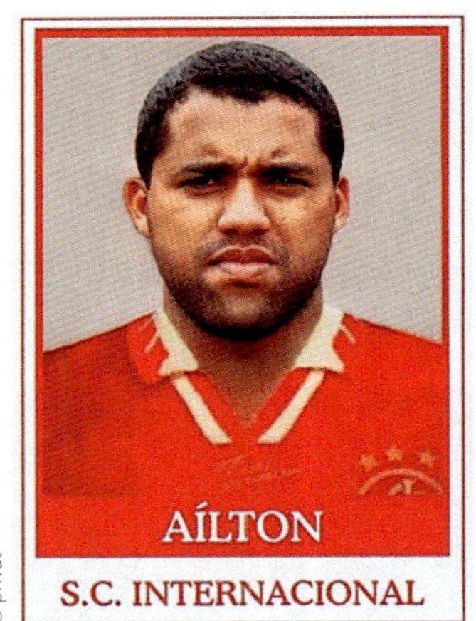

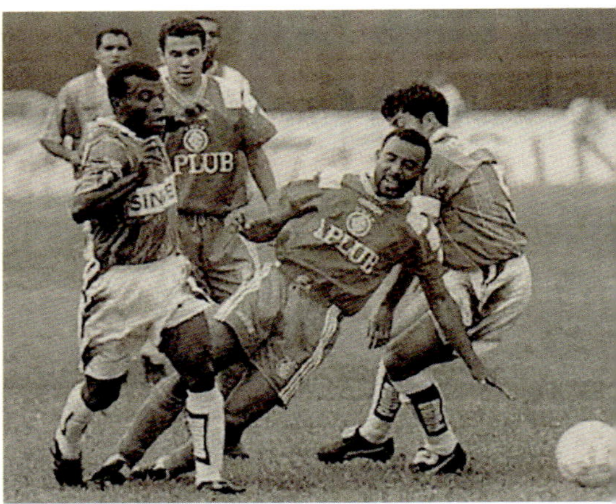

Links: Autogrammkarte von Internacional in Porto Alegre, wo ich 1995 spielte. Rechts: Eine Szene aus dem Spiel im Herbst 1997 mit Guarani, bei dem Wolfgang Sidka mich das erste Mal spielen sah. Ich bin ganz hinten links zu sehen.

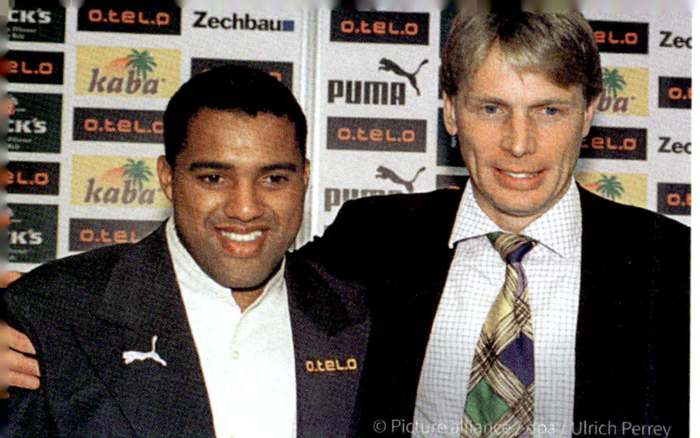

Mit meinem „Entdecker" Wolfgang Sidka. Leider wurde er nach dem ersten Spiel, das ich für Werder Bremen bestritt, entlassen.

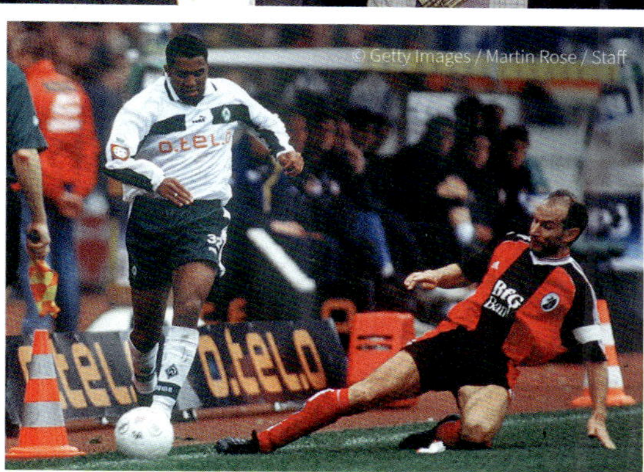

Premiere: Mein erster Auftritt in der Bundesliga am 17. Oktober 1998 im Weserstadion gegen Freiburg. Wir verloren 2:3, aber ich schoss immerhin ein Tor.

Die Verpflichtung von Claudio Pizarro durch Werder war auch für mich goldwert. Wir verstanden uns blind auf dem Platz und sind bis heute Freunde.

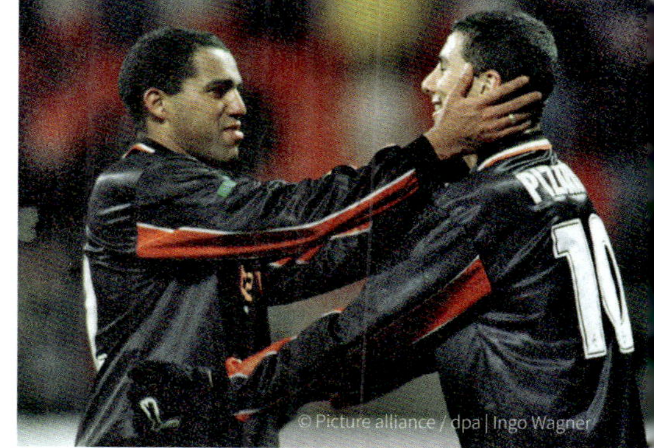

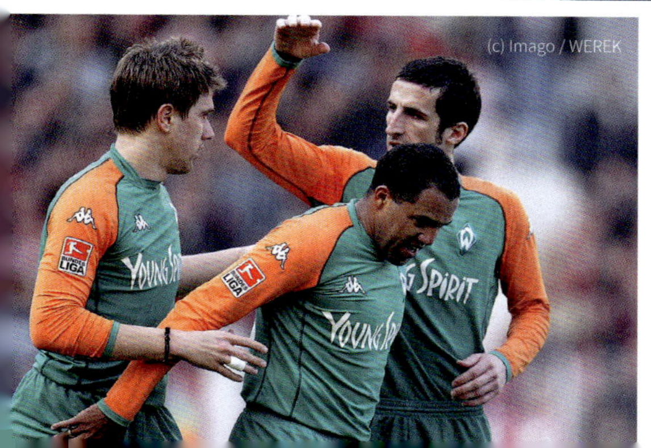

Auch mit Ivan Klasnić (l.) und Johan Micoud (r.) lief es perfekt. Durch die Zuspiele der beiden schoss ich viele Tore. Mit Ivan konnte man auch gut Party machen.

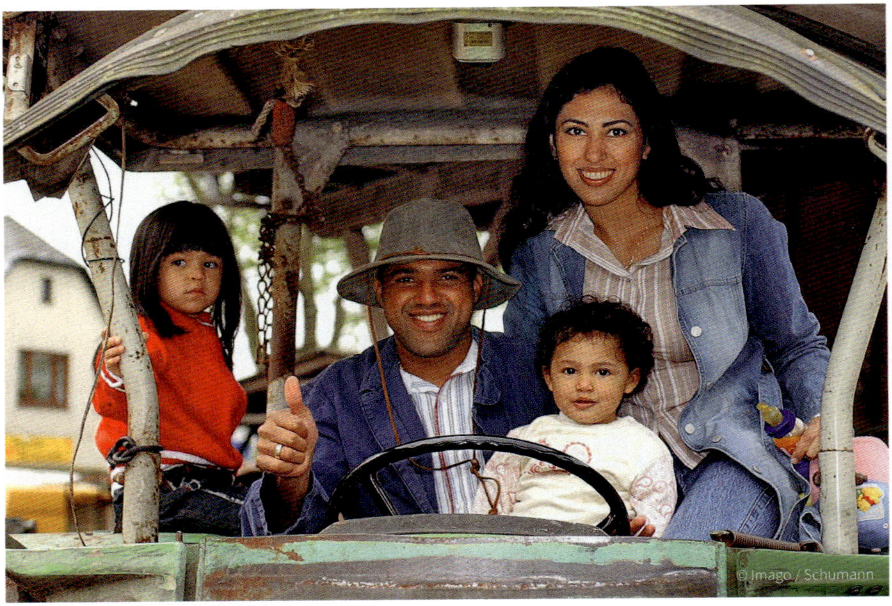

Privates Glück: Fotoshooting auf einem Bauernhof bei Bremen, mit Rosseli und unseren beiden Töchtern Alexandra und Maria Fernanda.

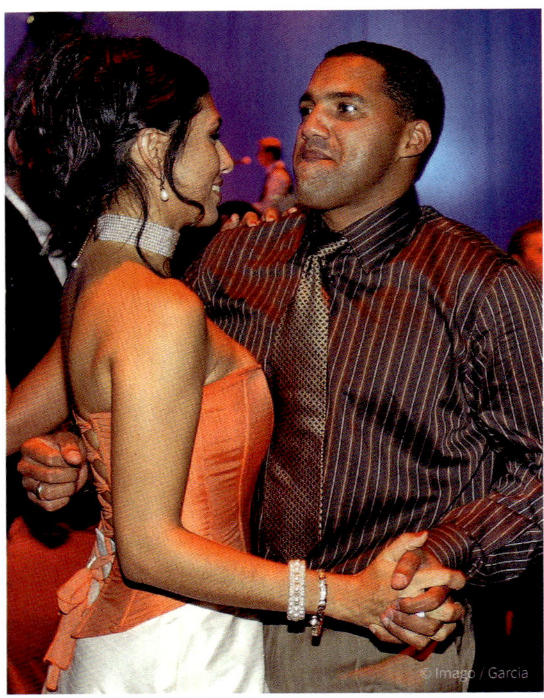

Sind wir nicht ein hübsches Paar? Mit Rosseli auf der Grün-Weißen Ballnacht von Werder Bremen.

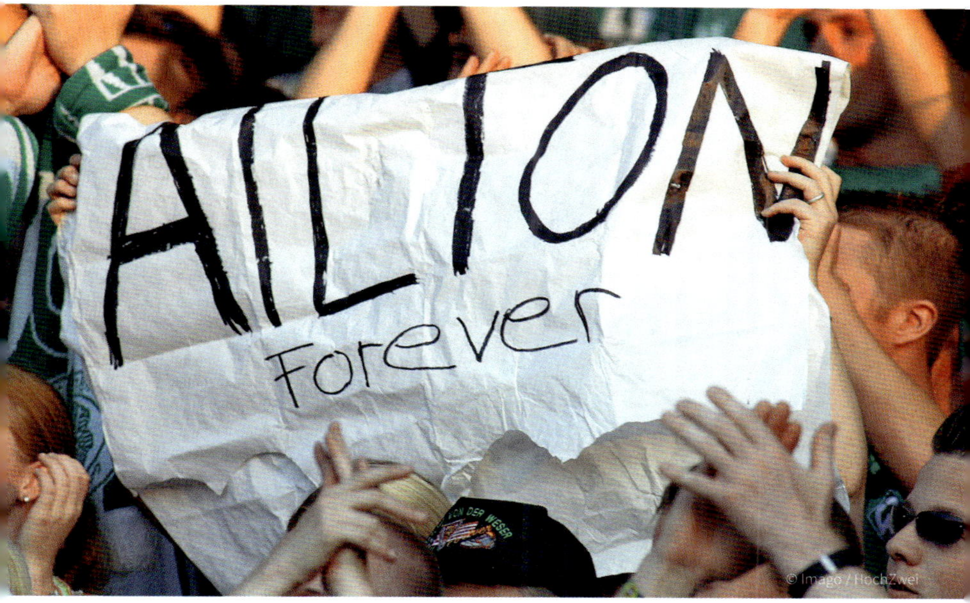

Die Bremer Fans empfingen mich damals sehr herzlich und jubeln heute noch, wenn ich ins Weserstadion komme.

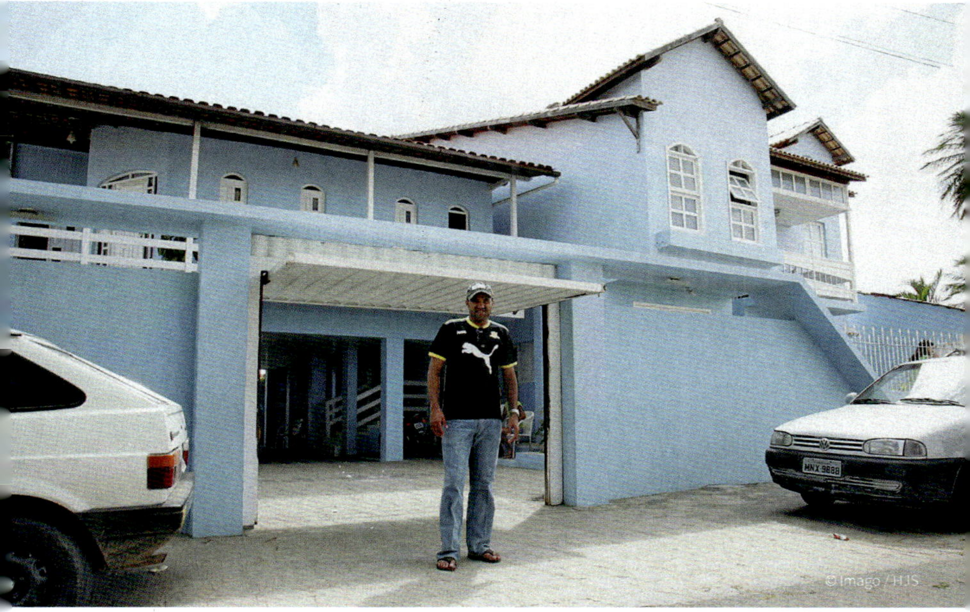

Einen Teil des Geldes investierte ich in meinem Heimatort Mogeiro.
Wo mein Elternhaus stand, ließ ich dieses schöne Anwesen für unsere Familie bauen.

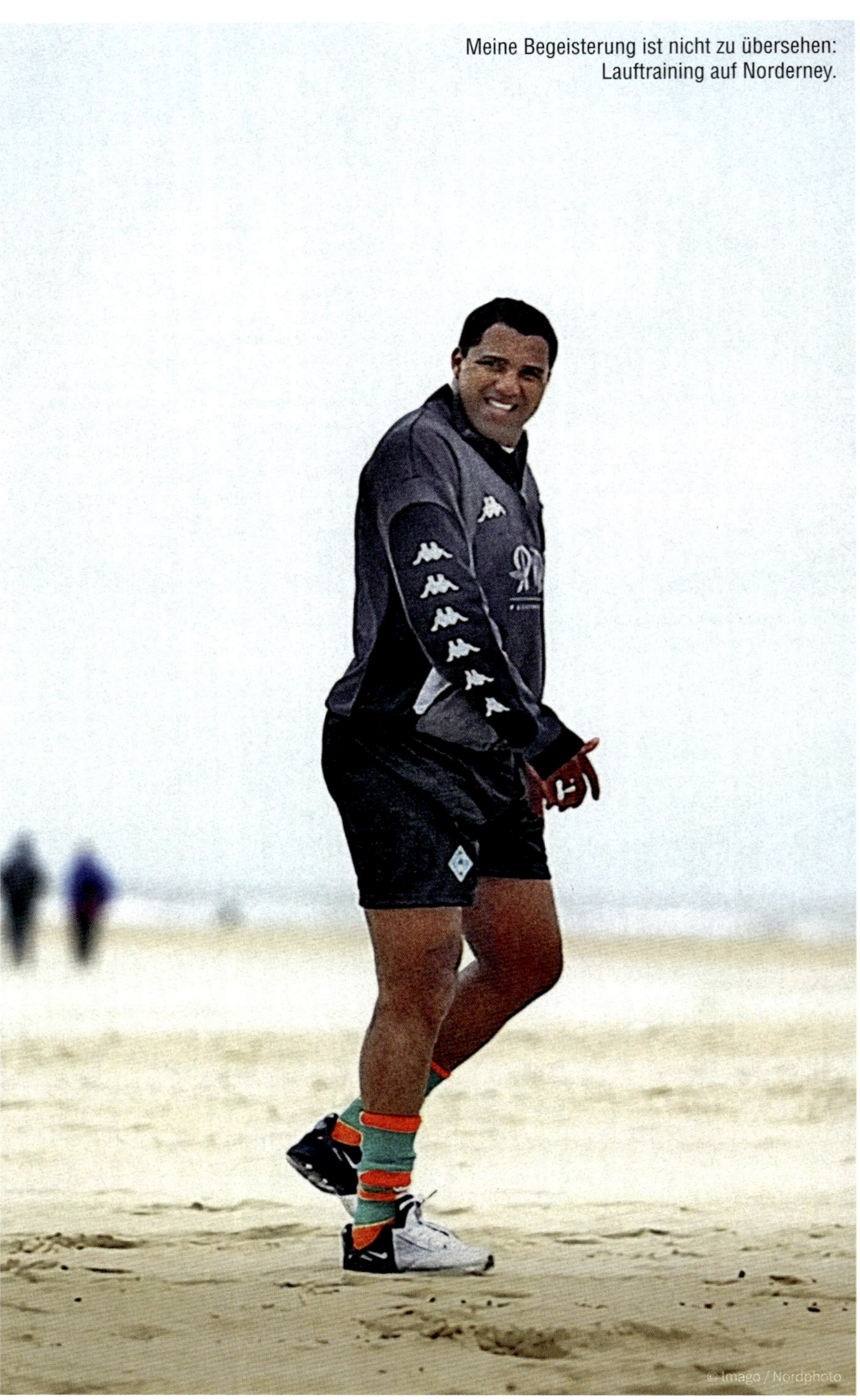

Meine Begeisterung ist nicht zu übersehen:
Lauftraining auf Norderney.

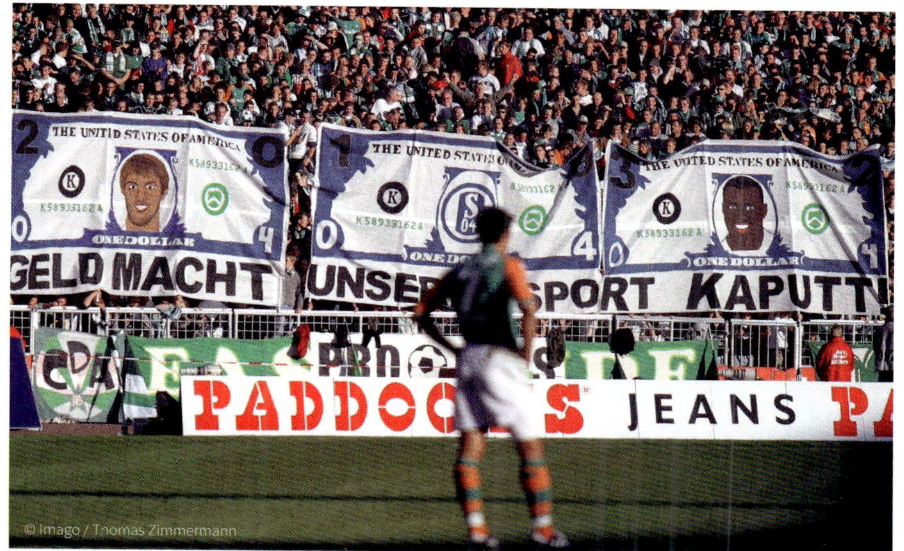

Oktober 2003: Das erste Spiel, nachdem mein Wechsel zu Schalke 04 bekannt geworden war. Enttäuschte Fans hatten diese Transparente vorbereitet. Gleichzeitig mit mir ging auch Mladen Krstajic nach Gelsenkirchen.

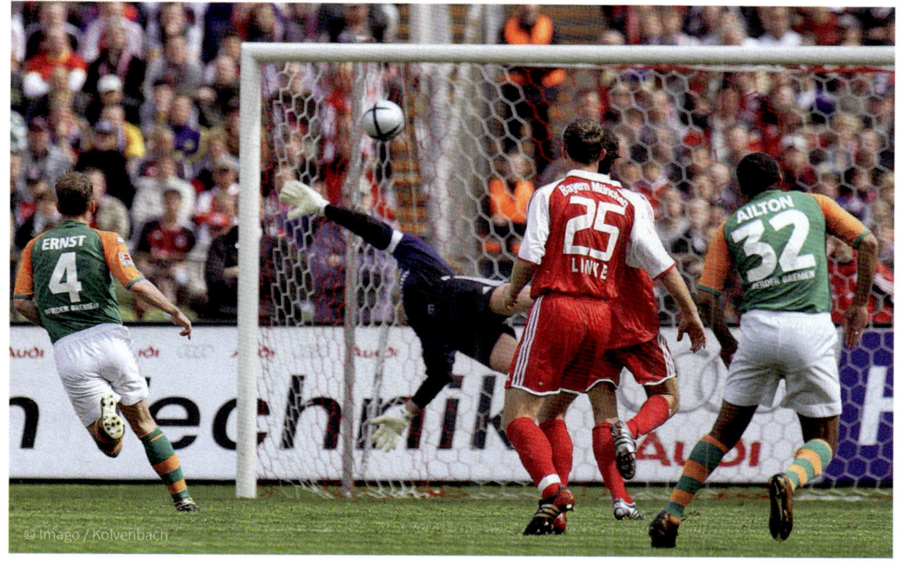

2003/2004 war die Saison meines Lebens. Am 8. Mai 2004 bezwangen wir die Bayern in München und entschieden damit vorzeitig die Meisterschaft. Die Szene zeigt mein Tor zum 3:0. Oliver Kahn streckt sich vergebens.

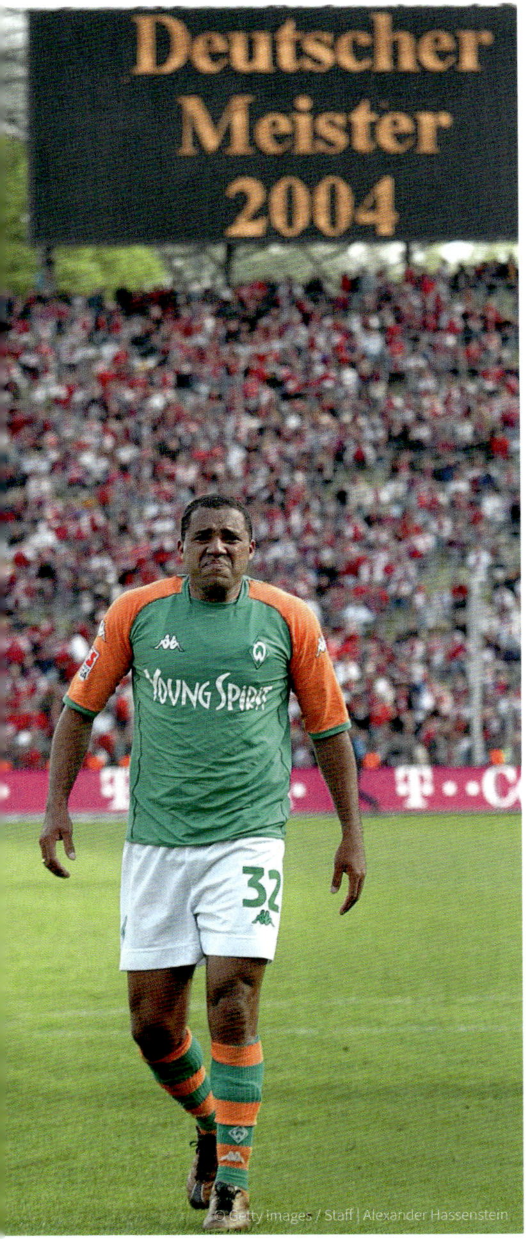

Nach dem Sieg in München übermannten mich die Emotionen.

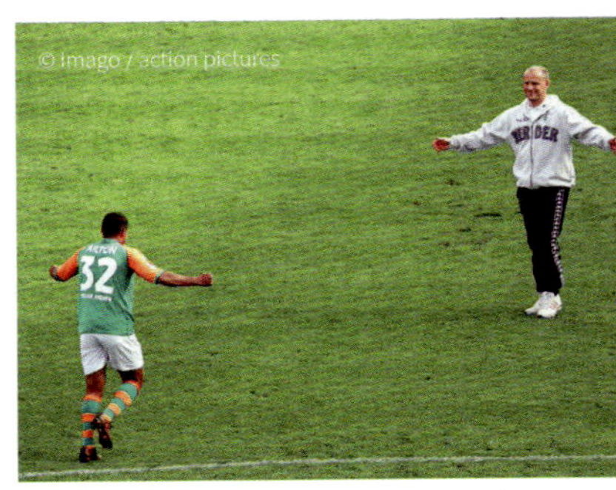

Thomas Schaaf war der Baumeister unseres Erfolgs.

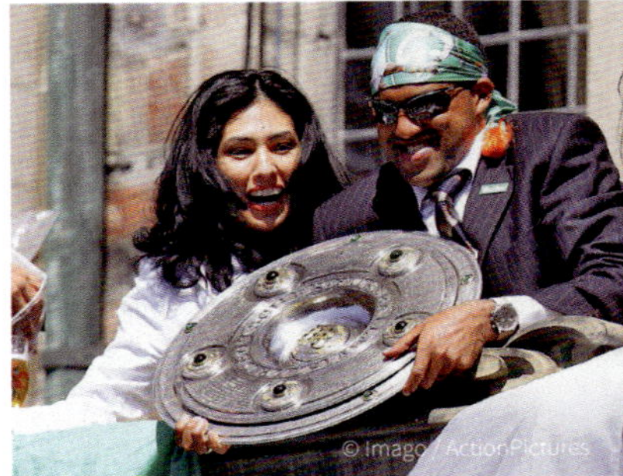

Meisterfeier mit Rosseli auf dem Rathausbalkon in Bremen am 16. Mai 2004.

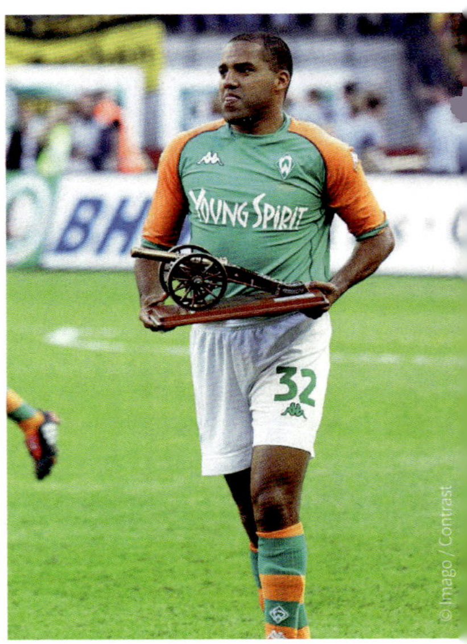

Mit 28 Treffern holte ich mir in der Meistersaison die Torjägerkrone.

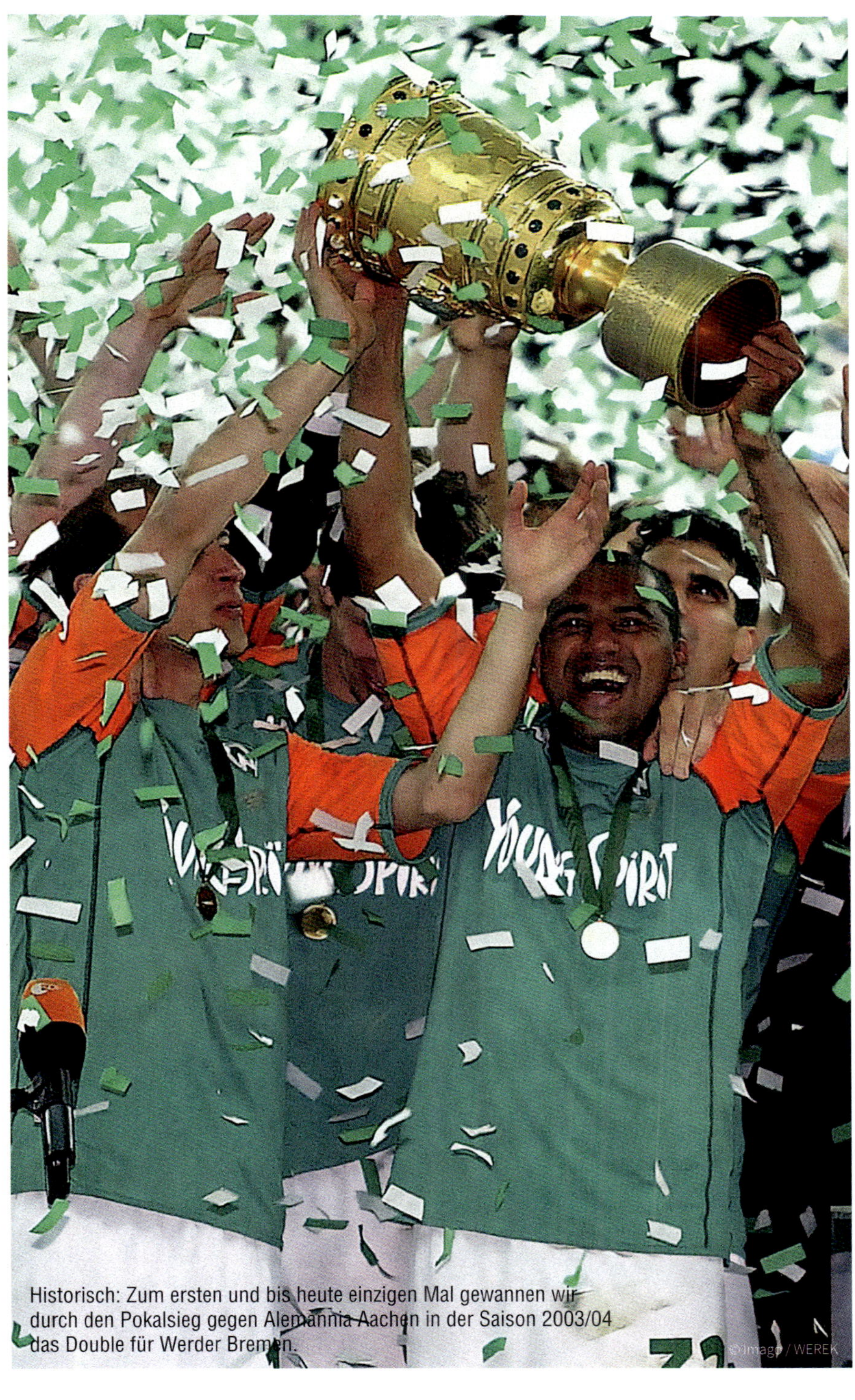
Historisch: Zum ersten und bis heute einzigen Mal gewannen wir durch den Pokalsieg gegen Alemannia Aachen in der Saison 2003/04 das Double für Werder Bremen.

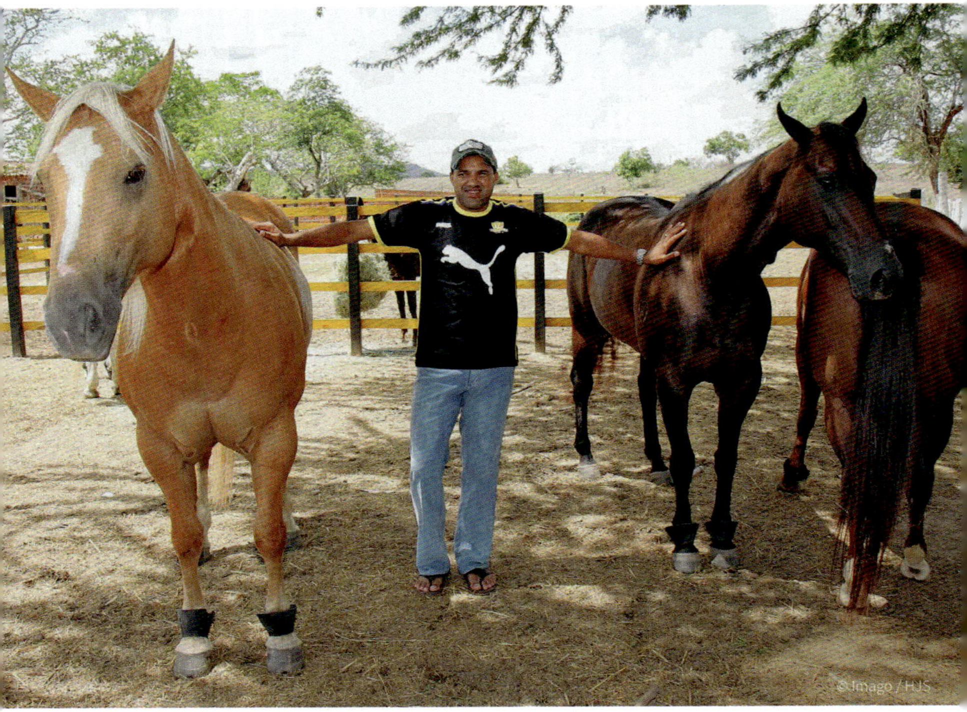

Pferde sind meine zweite große Leidenschaft seit Kindertagen: Auf meinem Reiterhof in Mogeiro.

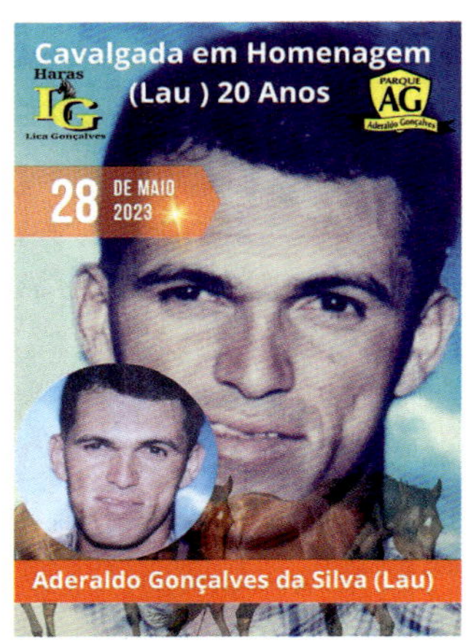

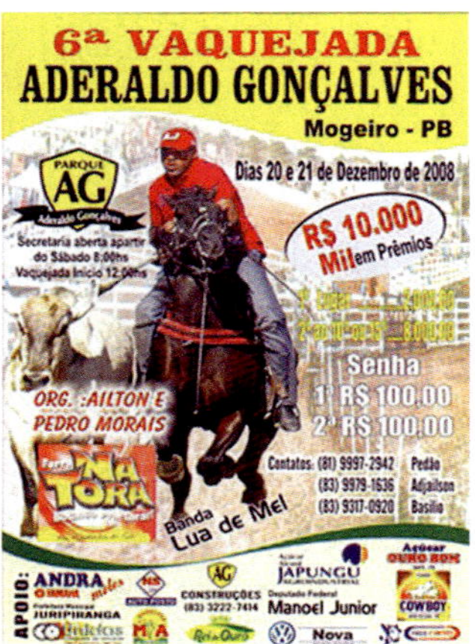

Vaquejada ist eine spezielle Rodeo-Art, die vor allem im Nordosten Brasiliens betrieben wird. Die Arena, die ich dafür bauen ließ, trägt den Namen meines verstorbenen Bruder Aderaldo.

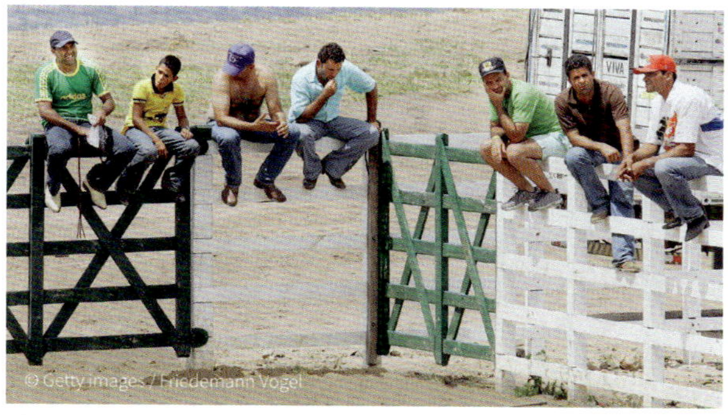

Mit meinen Freunden bei einer Vaquejada in Dona Ines. Dort waren wir mit unserem eigenen Team am Start.

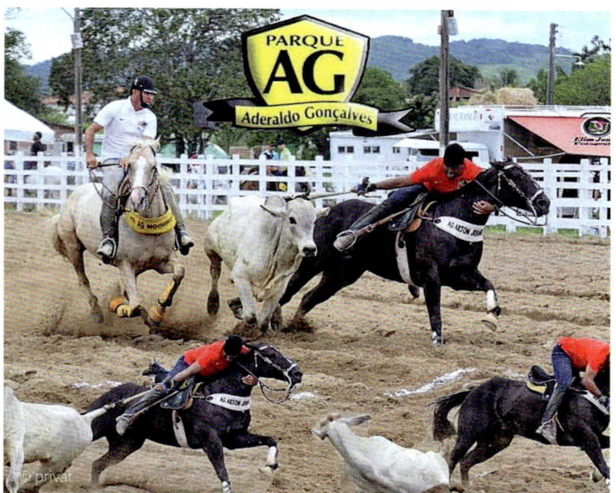

Bei einer Vaquejada in Action. Es kommt vor allem auf Geschick und Kraft an.

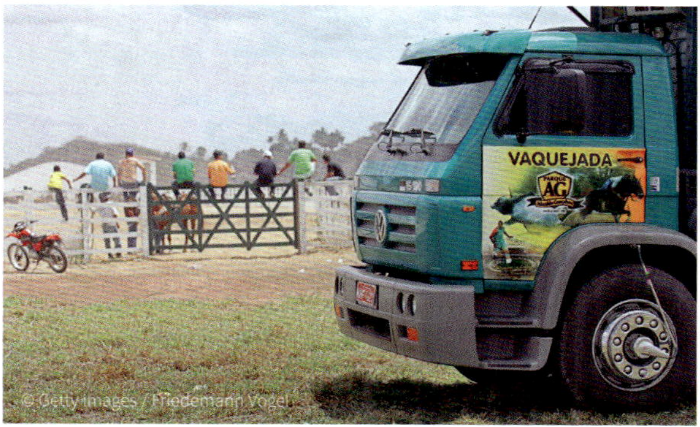

Auf der Tür unseres Pferdetransporters bin ich im Werder-Tr kot der Meistersaison zu sehen. Dieser Erfolg sprach sich bis nach Brasilien herum.

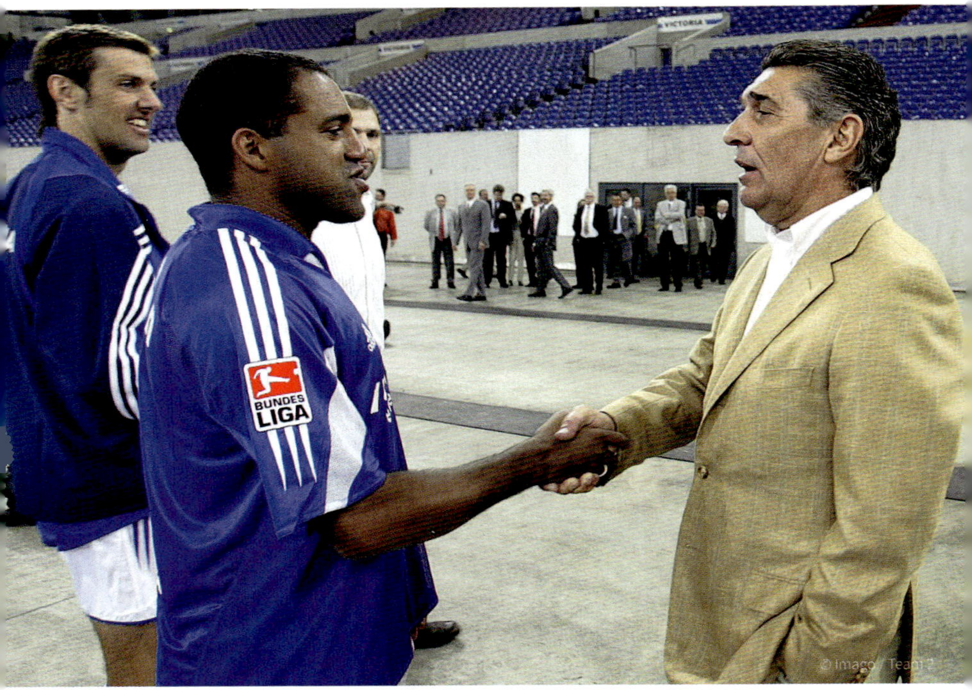

Nach der Double-Saison mit Werder begrüßt mich Rudi Assauer als Neuzugang bei Schalke 04. Bis heute frage ich mich, warum ich damals Bremen verlassen habe.

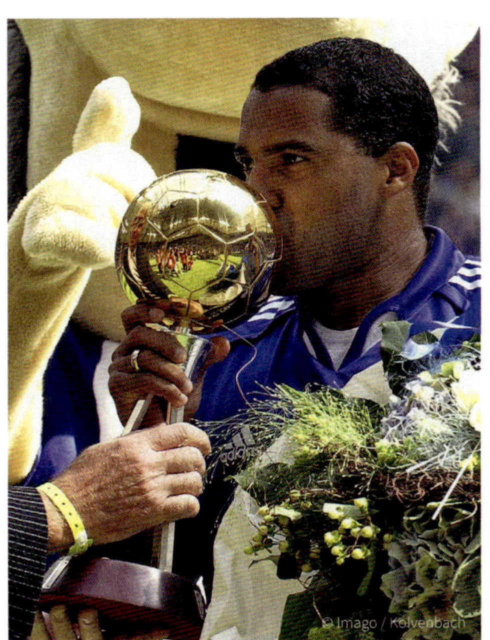

Noch ein Pokal: Als erster ausländischer Bundesliga-Spieler wurde ich für die Saison 2003/04 vom Kicker zum „Fußballer des Jahres“ gewählt – nach Meisterschaft, Pokalsieg und Torjägerkrone mein vierter Titel.

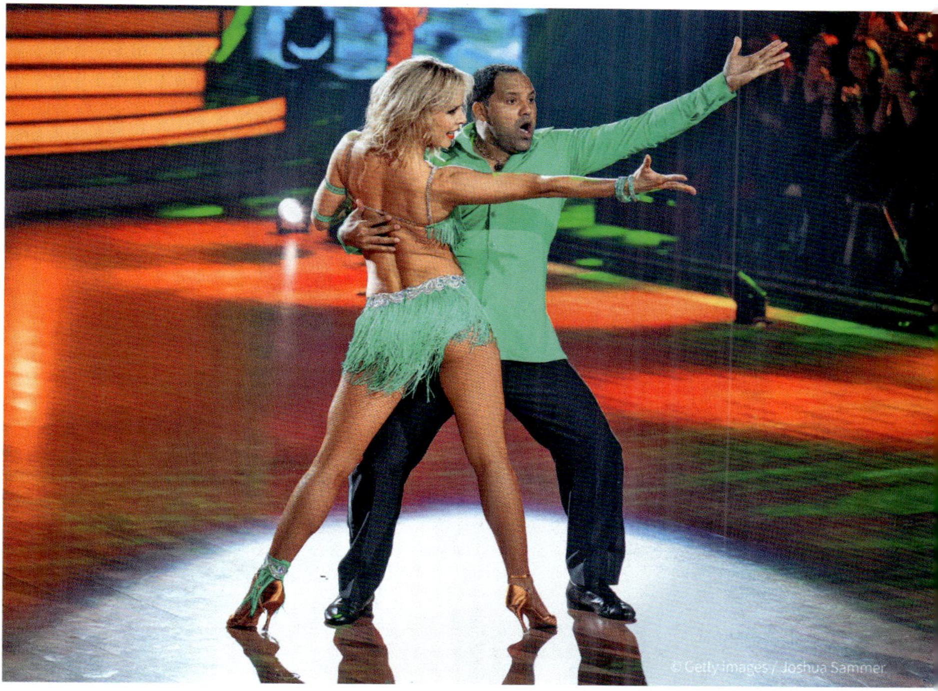

Auf dem Rasen machte mir das „Tanzen“ mehr Spaß, aber der Ausflug zu *Let's dance* war auch eine schöne Erfahrung. Hier mit Profitänzerin Isabel Edvardsson, die sehr viel Geduld mit mir hatte.

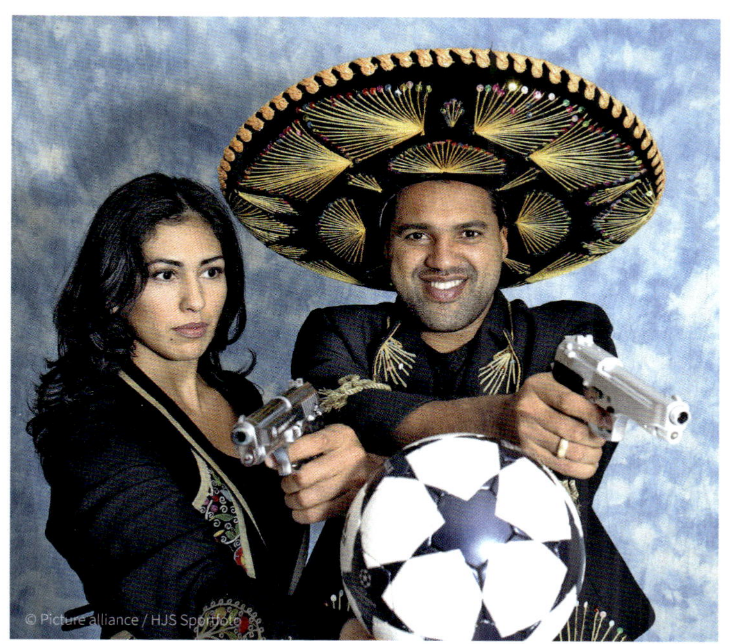

Mit Rosseli – aber ohne Worte!

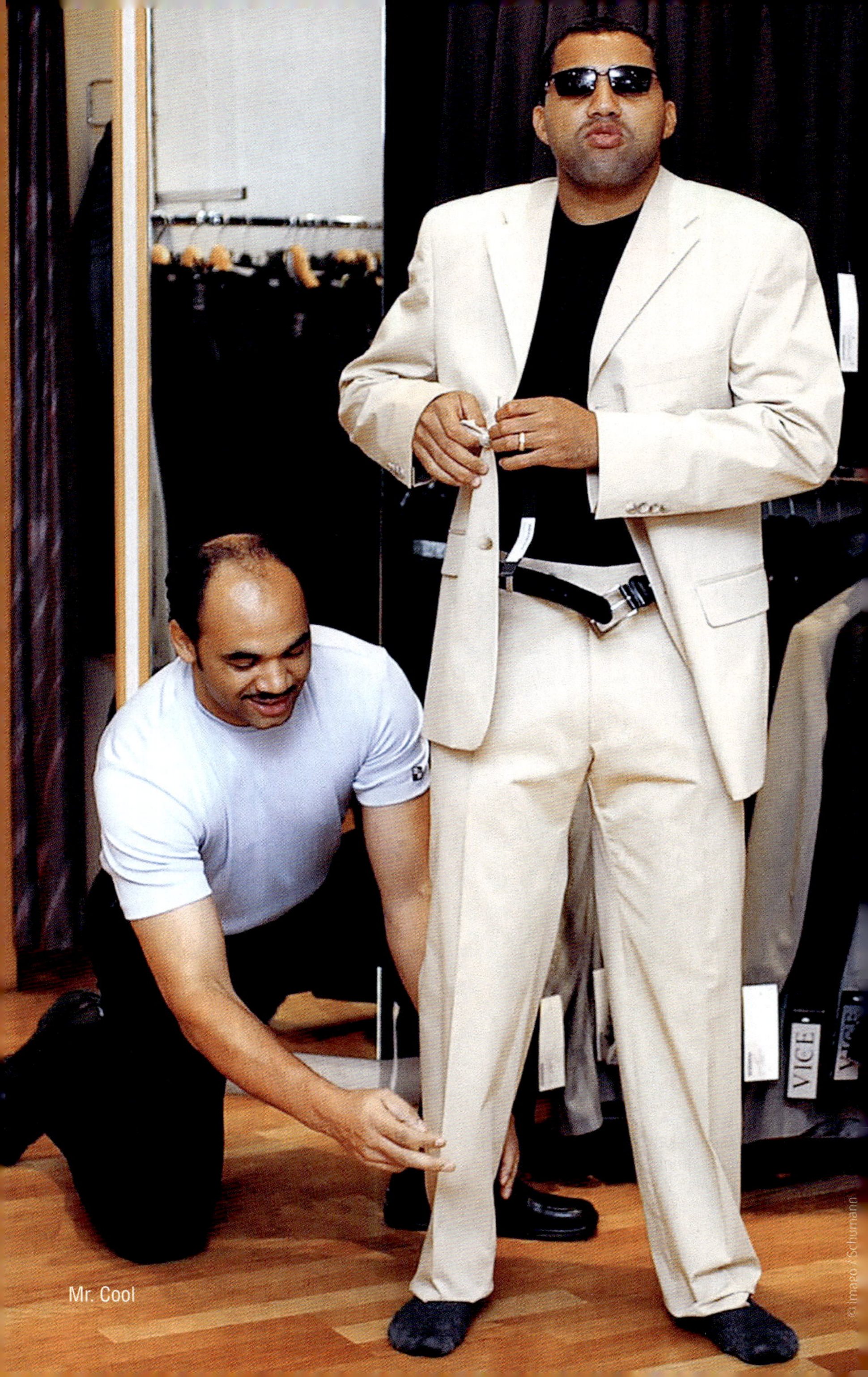

Mr. Cool

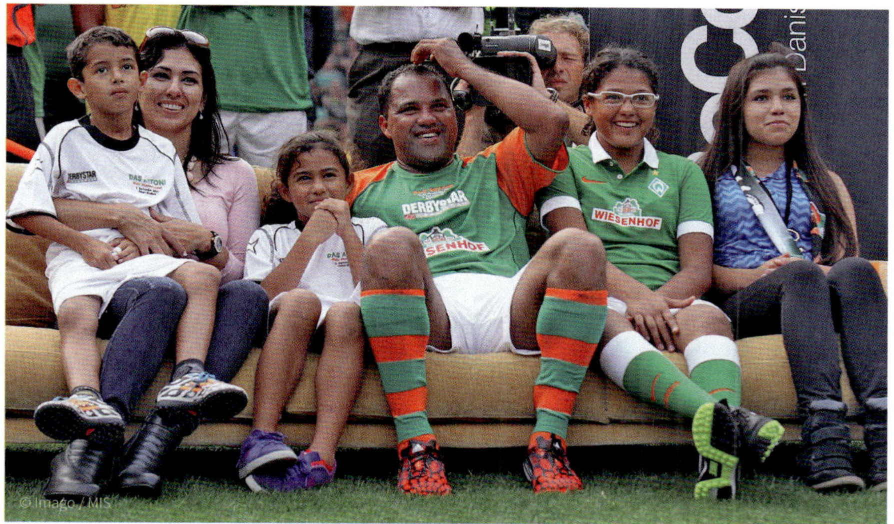

Nach meinem Abschiedsspiel am 6. September 2014 im Weserstadion mit Rosseli und unseren vier Kindern.

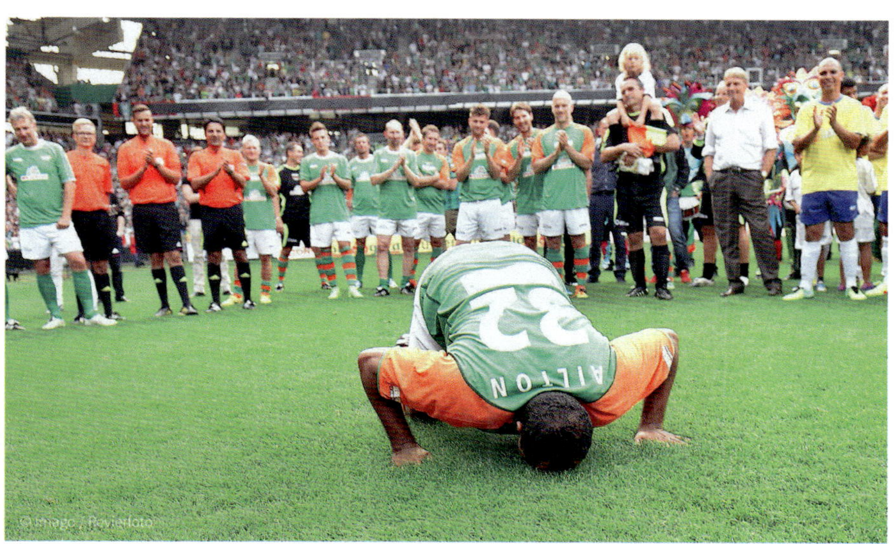

40.000 Menschen kamen zu dem Spiel. Zum Abschied küsste ich den Rasen, auf dem ich die glücklichsten Stunden meiner Karriere verbrachte.

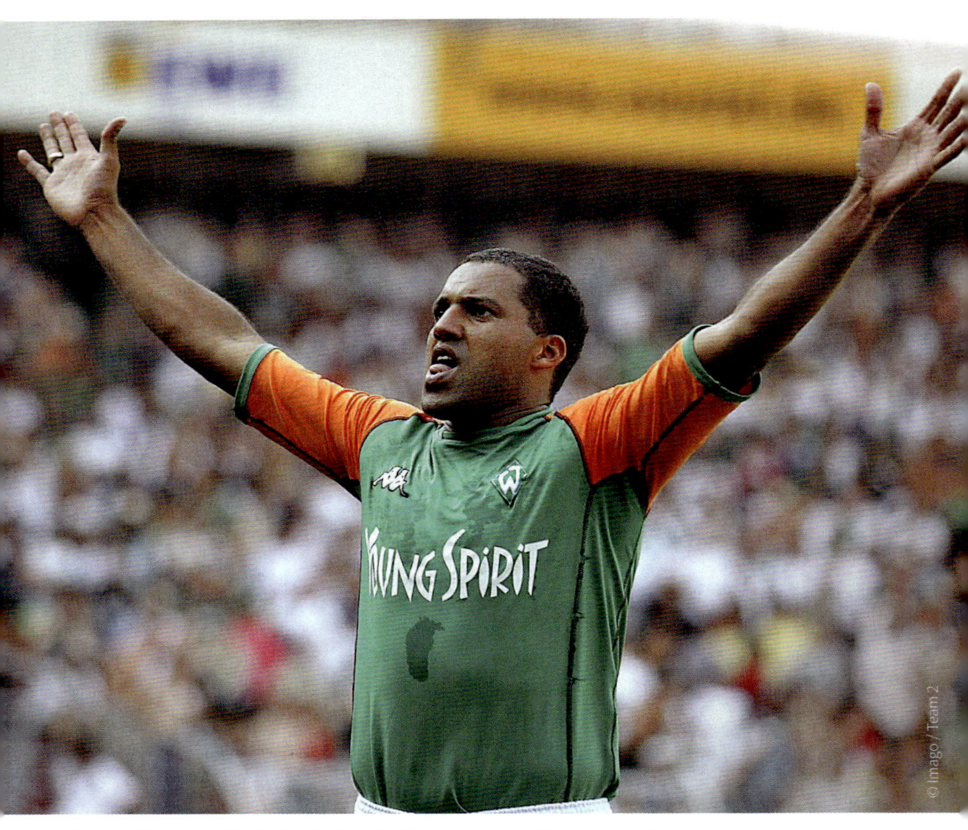

Danke für dieses Fußballmärchen bei Werder und in Deutschland!

Einen Dolmetscher hatten sie auch mitgebracht. Als ich plötzlich hörte, wie mich einer der *Senhores* auf Portugiesisch ansprach, war es, als hätte mir jemand einen Rettungsring zugeworfen. Die pure Erleichterung. Wie man Menschen doch sofort mag, ohne dass man sie kennt, nur weil sie die gleiche Sprache sprechen.

Dann direkt ab ins Hotel. Parkhotel Bremen, eine edle Herberge an einem kleinen See, mit feinem Restaurant, Pool und Sauna und allem. Der lange Flug, die Zeitverschiebung – ich wünschte mir nichts sehnlicher als eine Dusche und ein Bett. Und vorher noch einen Happen zu Essen. Aber dann konnte ich doch nicht gleich einschlafen. Der Jetlag, bestimmt auch die Aufregung. Das erste Mal in Europa, in Deutschland.

Wie spät war es eigentlich in Mogeiro? Vielleicht sollte ich mal Bescheid sagen, wo ich stecke. Meine Geschwister wussten nichts von der Geschichte mit Bremen, Vater auch nicht. Ich glaube, Aderaldo – Lau – ging ans Telefon. Er freute sich über die Neuigkeit, dass sein kleiner Bruder diese Chance bekam. Auch wenn ich dadurch noch weiter weg war, wir uns noch seltener sehen würden. Klingt lapidar, aber es war tatsächlich kein überschwängliches Telefonat. Eher so: „Ah, du bist in Deutschland ... Bundesliga? Sehr gut!" Es war auch kein langes Gespräch. Vielleicht weil sich die Müdigkeit nun doch in den Körper schlich.

Bereits zwei Tage später, der obligatorische Medizincheck war noch nicht erledigt, sollte ich meinen ersten Auftritt im Trikot von Werder bekommen – übrigens gleich mit der Rückennummer 32. Auf deutschem Rasen, bei deutschem

Herbstwetter. Die Witterung hatte sich seit meiner Ankunft nicht um einen Hauch geändert. Kein einziger Sonnenstrahl, dichte dunkle Wolken hingen tief am Himmel, morgens kam es mir so düster vor wie am späten Nachmittag, bevor die Dämmerung einsetzte.

Ich hatte mir mein Debüt ein wenig glamouröser vorgestellt. Zumindest war ich davon ausgegangen, dass es in einem Stadion stattfinden würde. Bei einer Bundesligamannschaft konnte man das ja wohl erwarten. Das Weser-Stadion, das so schön nah am Fluss liegt, kannte ich schon, das hatten sie mir am Tag davor stolz präsentiert. Aber da spielten wir nicht.

Es ging hinaus aufs Land, in einen kleinen Ort, zwanzig Kilometer entfernt. Melchiorshausen. Ich konnte das Wort kaum aussprechen. Dort gab es nur einen Sportplatz, umzäunt mit einem Geländer, ohne Tribünen, ohne Flutlicht. Der Rasen war gut gepflegt und viel grüner als unsere Wiese früher in Mogeiro, und doch erinnerte es mich irgendwie an meine Anfänge. In dem Dörfchen lebten noch weniger Leute als bei uns zu Hause.

Wie es aussah, waren an dem Nachmittag fast alle auf den Beinen, um die Bundesligastars mal aus der Nähe zu bewundern. Der örtliche Sportverein feierte sein 75-jähriges Bestehen. So war das Spiel zustande gekommen, gedacht als Highlight der Jubiläumsfeierlichkeiten. Werder bekam Geld dafür, 15.000 Mark oder so. Die Bundesliga hatte gerade Länderspielpause, da passte das gut rein.

Die Fußballmannschaft von Melchiorshausen, unser Gegner, spielte in der Bezirksliga, also fünf oder sechs Klassen tiefer. Das soll nicht abwertend klingen, ich finde es gut, dass es solche Spiele gibt. Die Leute sind dankbar, ob Zuschauer oder Spieler, für sie ist das eine schöne Sache, man kann die Freude in ihren Augen sehen. Ich mache das heute noch mit der Legendenmannschaft von Werder. Immer mit Herz.

Es wäre aber gelogen, würde ich sagen, ich hätte mir an dem Tag darüber Gedanken gemacht. Ich kannte all die Hintergründe gar nicht. Dafür hätte ich auch gar keinen Kopf gehabt. Es war das erste Mal, dass ich mit meinen neuen Mannschaftskameraden zusammentraf – das beschäftigte mich. Wie ist die Stimmung in der Truppe? Wie werden sie auf mich reagieren? Vor allem, wie werden wir uns verständigen?

Außerdem wollte ich natürlich gleich einen guten Eindruck hinterlassen. Meine neuen *Colegas* sollten sehen, was Ailton kann, auch wenn das nur eine Art Trainingsspiel sein würde.

Beinahe hätten sie Ailton gar nicht auf dem Platz bewundern können. Wir saßen alle in der Umkleidekabine. Jeder war beschäftigt, zog sich um, schnürte seine Schuhe. Nur ich hockte da und starrte entsetzt in meine Tasche. Da war einiges drin, doch das Wichtigste fehlte: meine Fußballschuhe. In der Aufregung musste ich die im Hotel vergessen haben.

Die *Colegas* werden sich gedacht haben, was ist das bloß für einer: Sein erstes Spiel und kommt ohne Schuhe! Ich konnte das in ihren Augen sehen. Man kennt das, wenn sich so ein peinlicher Moment in die Länge zieht. Man sitzt da, keiner sagt etwas, alle gucken nur. Es sind vielleicht nur zehn Sekunden, dabei kommt es einem wie zehn Minuten vor.

Bernhard Trares, unser Libero, erlöste mich. Er hatte ein zweites Paar dabei, das mir zum Glück passte.

So ging's direkt mit der Startelf auf den Platz. Der Trainer, war mein Gedanke, will testen, wie es um deine Kondition steht, wie fit du bist. Das Spiel dauerte noch keine fünf Minuten, als ich das erste Tor machte. Kein Zaubertrick. Melchiorshausens Keeper wehrte ein Flanke ab, der Ball landete direkt vor meinen Füßen – den musste ich machen. Noch einmal fünf Minuten, und ich schoss das zweite Tor. Eine ähnliche Situation, ich stand günstig. In der neunzehnten Minute dann Nummer drei – ein straffer Flachschuss, gut platziert. Gleich ein Hattrick, alle mit links, klar.

Um es abzukürzen: Wir gewannen 11:0 und sechs Treffer davon steuerte ich bei. Es waren auch richtig schöne darunter. Und ein paar gute Pässe, die für Torgefahr sorgten. Ein gelungener Einstand, würde ich sagen. Alle waren zufrieden.

Ich fand sogar jemanden, mit dem ich mich verständigen konnte. Rade Bogdanović hatte während seiner Zeit in Madrid wie ich in Monterrey ein bisschen Spanisch aufgeschnappt. Für tiefschürfende Gespräche reichte es weder bei ihm noch bei mir, doch er konnte ein paar Anweisungen des Trainers für mich übersetzen. Unsere Gastgeber taten mir ein bisschen leid. Aber ich glaube, die Jungs hatten trotzdem ihren Spaß.

In der ersten Woche kam ich kaum zum Nachdenken: Medizincheck, täglich Training, zweimal, dann die Vertragsunterzeichnung, diesmal hochoffiziell mit Fototermin. Der Vertrag lief über drei Jahre. Ein breites Grinsen für die Kameras. Ich schaue mir gerade Fotos von damals an. Strahlende

Augen. Doch, man hätte meinen können, ich bin der glücklichste Mensch von ganz Bremen. Aber das täuschte.

Dann eine Szene im Parkhotel: Jemand vom Verein kam und meinte, Peter Maffay sei im Foyer, ich solle mich mit ihm fotografieren lassen – schnell, schnell. Also runter und wieder den Strahlemann rausgeholt. Ein Fotograf stand schon bereit. Ich wurde neben einen *Senhor* geschoben, der noch kleiner war als ich – aber offenbar ein ganz Großer. Plötzlich hielt ich auch noch einen Fußball in der Hand, mit einer aufgedruckten „32", die sollte auf dem Foto gut zu sehen sein. Schon blitzte die Kamera, wir beide strahlten um die Wette, und ich fragte mich, wer dieser *Senhor* Maffay überhaupt ist. Auf dem Foto sah es aus, als wären wir beste Freunde.

Die Presseleute waren neugierig. Ein Stürmer aus Brasilien, die große Attraktion. „Der Hoffnungsträger", „Werders Wunschstürmer" und was sie alles schrieben. Nach dem Auftritt in Melchiorshausen kam „Tormaschine Ailton" hinzu. Wie ein Zirkuspferd, das durch die Manege geführt wurde. Dabei immer wieder ein Thema: die fünf Millionen. Werders teuerster Einkauf in der Bundesligageschichte. Und die Frage: Ist er das überhaupt wert?

Im Nachhinein war es dann doch ganz gut, dass ich die Sprache nicht beherrschte, weder Zeitungen las noch im Fernsehen oder im Radio mitbekam, was für ein Druck aufgebaut wurde. Als wäre der Messias eingetroffen, der alles richten würde.

Andererseits konnte man verstehen, dass sich die Leute nach einem Heilsbringer sehnten. Es herrschte Krisenstimmung. Ihre

Mannschaft, die jetzt auch meine war, war denkbar schlecht in die Saison gestartet. Von sieben Spielen fünf verloren, ganze vier Punkte, ein Sieg, ein Unentschieden, vorletzter Tabellenplatz. Und noch kein Erfolg im heimischen Stadion. Der sollte am Wochenende endlich her. Freiburg kam, damals Aufsteiger, in der Tabelle aber bereits deutlich besser platziert als wir, im vorderen Mittelfeld.

Nun also mein richtiges Werder-Debüt, in der Bundesliga. Am 17. Oktober 1998, Samstag, 15:30 Uhr. Knapp 30.000 Zuschauer im Stadion. Sie empfingen mich mit Beifall, den man nicht überhören konnte. Gänsehautfeeling. Wieder stand ich in der Startelf. Das musste man nicht unbedingt erwarten, nachdem ich erst eine Woche in Bremen war und so viele Trainingseinheiten mit der Mannschaft noch nicht absolviert hatte. Und überhaupt: Hier war alles anders, nicht nur das Wetter. Sich in dieser kurzen Zeit vollständig einzugewöhnen – unmöglich.

Trotzdem brannte ich darauf, für meinen neuen Arbeitgeber aufzulaufen. Ein Spiel vor der Brust, das motivierte mich immer. Wie bei einem Schauspieler am Theater, der will auch ins Rampenlicht und nicht als Zuschauer im Dunkeln sitzen. Mit dem Unterschied, dass wir keine Dialoge aufführen wollten, sondern Tore schießen. Weswegen ich das mit der Sprache so wichtig nun auch wieder nicht fand, nicht auf dem Platz. Da hat der Fußball sowieso seine eigene Sprache. Und die kommt auch ohne Worte aus, wenn man das Spiel versteht und richtig liest – zumindest mit wenigen.

Dass er mich gleich von Beginn an spielen ließ, obwohl es taktisch vielleicht geschickter gewesen wäre, mich erst in der zweiten Halbzeit zu bringen, als Joker, erklärte mir Wolfgang

Sidka später damit, dass er mich schützen wollte. Für die volle Spielzeit schien ich ihm nicht fit genug, womit er wahrscheinlich recht hatte. Schon wegen der Akklimatisierung, der Körper musste sich erst umstellen. Außerdem hatte ich nach Mutters Tod bei Tigres einige Trainingseinheiten ausfallen lassen und andere mit angezogener Handbremse absolviert. Ursprünglich wollte er mich tatsächlich erst nach der Pause auf den Rasen schicken. Doch dann dachte er, in dem Fall könnte er mich schlecht auswechseln, falls es aus irgendwelchen Gründen nicht gut laufen sollte. O je, das wäre ein Fiasko geworden – eingewechselt und wieder ausgewechselt, innerhalb einer Halbzeit. Kann man sich ausrechnen, was die Zeitungen geschrieben hätten: Wirklich toll, dieser Fünf-Millionen-Einkauf!

Ein Fiasko wurde es trotzdem. Zum Glück nicht für mich – nicht für mich allein und nicht durch meine Schuld. Aber wie heißt es doch so schön? Wir gewinnen zusammen, wir verlieren zusammen. Also, wir verloren zusammen. Nach einundvierzig Minuten lagen wir 0:3 zurück. Zu Hause, vor den eigenen Fans, schrecklich. In unserer Abwehr lief nichts zusammen. Was hinterher vor allem dem Trainer angelastet wurde, der sie umgestellt hatte, damit wir offensiver spielten. Ausgerechnet unser kopfballstärkster Mann war nicht auf dem Feld, und die Freiburger machten glatt zwei Kopfballtore.

Abgesprochen war, dass ich nicht die volle Zeit spiele, der Trainer mich in der Halbzeit oder etwas später auswechselt. Ich hatte noch kein Tor gemacht, dabei wollte ich nichts mehr als das. Im ersten Spiel ein Tor, wenigstens eins. Ich legte noch mal einen Zahn zu, obwohl mein Herz schon kräftig pumpte. Dann waren es nur noch wenige Sekunden bis zum Pausenpfiff … und die Gelegenheit kam … Schuss. Und Tor: 1:3. Wenigstens ein Hoffnungsschimmer.

In der zweiten Hälfte, die ich mir von der Bank aus ansah, lief es etwas besser. Der Trainer hatte die Abwehr wieder umgestellt, auf die gewohnte Formation. Rade verkürzte zwanzig Minuten vor Schluss auf 2:3, aber das war es dann auch. Niederlage Nummer sechs. Für mich die erste. So oder so, damit rutschten wir in der Tabelle auf den letzten Platz. Wie die Stimmung war, kann man sich ausmalen. Endlich ist der Brasilianer da, und was bringt's? – nichts.

Falls sich die Sonne in diesen Tagen irgendwann einmal gezeigt haben sollte, in meinem Inneren kam davon nicht viel an, da blieb es finster. Wenn ich nicht mit der Mannschaft auf dem Trainingsplatz stand, was noch der beste Teil des Tages war, hockte ich die meiste Zeit im Hotelzimmer und starrte die Wände an. Mit wem hätte ich mich treffen oder wohin hätte ich gehen sollen, wo ich doch kein einziges Wort verstand? Deutsch ist echt schwer. Ich kam nicht einmal mit der Speisekarte im Hotel zurecht, bestellte jeden Tag das gleiche Gericht, nachdem ich einmal herausgefunden hatte, was Spaghetti Bolognese waren. Das Gute daran ist, dass ich heute darüber lachen kann – drei Wochen futterte ich fast nur Spaghetti.

Damals war mir eher zum Heulen zumute. Mit jeder Stunde, die verging, fühlte ich mich einsamer. Verloren. Am falschen Platz. Alles zusammen. Ein bisschen Spanisch mit Rade, das war eine Hilfe, aber längst nicht genug, um sich gemeinsam die Zeit zu vertreiben. Zwar gehörte auch Thiago, ein Landsmann aus Rio Claro im Süden zur Mannschaft, der im Sommer als Verteidiger, geholt worden war. Doch weil er verletzt war, trainierte er nicht mit. Später haben wir öfter etwas unternommen, aber zu der Zeit kannten wir uns noch nicht.

Einmal, ziemlich am Anfang, klopfte es im Hotel plötzlich an der Tür. Eine junge Frau, Brasilianerin, das war unübersehbar. Und dann auch unüberhörbar – ihr Portugiesisch. Sie meinte, Willi Lemke hätte sie geschickt. So lernte ich Rosi kennen. Sie stammt aus Salvador oder aus der Nähe, arbeitete damals bei einer Eventagentur in Bremen, trat als Tänzerin auf, Samba und solche Sachen, und wurde wohl auch als Model gebucht. Also eine attraktive junge Dame, die etwas Licht in meine Tage brachte. Nicht falsch verstehen. Sie war mit einem Italiener verheiratet. Und mir stand auch nicht der Sinn nach Flirten. Aber man kann sich meine Freude sicher vorstellen: Endlich war da jemand, mit dem ich ganz normal reden konnte, als wäre ich zu Hause in Brasilien.

Ich fürchte nur, sie hat von dieser Freude nicht sofort etwas gespürt, so muffelig wie ich war. Sie meint, ich wäre sauer gewesen, richtig sauer, auf Gott und die Welt. Na ja, auf Gott wahrscheinlich nicht, der konnte ja nun wirklich nichts für meine Lage. Es sei denn, er hatte mich von da oben nach Bremen geführt, in diese Eiseskälte, zu diesen seltsamen Menschen, die sich in einer Sprache verständigten, die mir unlernbar schien. Darüber schimpfte ich vermutlich am meisten.

Rosi war einfach ins Zimmer geschwebt. Ich lag auf dem Bett und pflegte meinen Frust. Die Vorhänge waren zugezogen, man konnte kaum etwas sehen. Das änderte sie als Erstes: Sie ließ Licht herein. Dann fingen wir an zu reden. Meine Laune besserte sich allmählich. Schließlich schaffte sie es sogar, mich aus dem Zimmer zu lotsen. Wir liefen draußen um den See oder irgendwo anders lang. Vielleicht gingen wir auch etwas essen, zumindest machten wir das später öfter, meistens zusammen mit ihrem Mann.

Wenn Rosi ging, war ich wieder allein. In dem Zimmer, auf dem Bett. Es war eigentlich ein schönes Zimmer, geschmackvoll eingerichtet, auch geräumig. Nur hatte ich keinen Sinn dafür. Die trüben Gedanken kamen sofort zurück. Man kann sich auch am schönsten Ort furchtbar einsam fühlen. Zu allem Überfluss braute sich bei Werder neues Unheil zusammen, was alles noch schwerer machen sollte.

MESES ESCUROS

Dunkle Monate

So ist Fußball: Man verliert, man gewinnt. Niederlagen sind ärgerlich, ätzend, üble Stimmungskiller, aber nicht der Weltuntergang. Klar sah das schlecht aus: letzter Platz. Ich hätte mir für meinen Start auch lieber eine bessere Ausgangssituation gewünscht. Aber die Saison war noch jung, die meisten Spiele lagen noch vor uns. Ich wollte dazu beitragen, dass es besser wird, dass wir besser werden. Und natürlich wollte ich mich auch beweisen. Wollte beweisen, dass dieser Brasilianer das Geld wert ist, das sie für ihn bezahlt haben. Und dass ich es in Deutschland schaffe, meinen Platz finde. Bremen bedeutete für mich Deutschland, und Deutschland bedeutete Europa. Wer sich hier durchsetzt, so dachte ich, hat gute Chancen, weltweit anerkannt zu werden. Ich erwartete nicht, dass es einfach werden würde. Ich musste schon gut sein, mein Bestes geben, das war klar. So wie ich es bisher gemacht hatte – und noch eine Schippe oben drauf. Dass das nötig war, das merkte ich schnell.

Damit will ich sagen, dass die Motivation bei mir vorhanden war, der Wille und der eigene Anspruch. Über viel mehr hatte ich mir keine Gedanken gemacht. Wie auch? Woher hätte ich wissen sollen, was mich erwartete? Ich habe vorher kein Seminar besucht, in dem ich vorbereitet wurde:

Das und das kommt in Deutschland auf dich zu. Oder so und so wird es in Bremen sein, so sind die Menschen dort. Sowieso hatte ich mich nicht wegen Bremen für Bremen entschieden. Das ging ja gar nicht, weil ich wie gesagt nicht wusste, wo es mich da überhaupt hin verschlägt. Was hätte ich mir auch vorstellen sollen? Ich kannte Brasilien und Mexiko, aber das war eine ganz andere Welt. Spätestens jetzt begriff ich das. Nur, es zu begreifen bedeutete nicht, damit auch zurechtzukommen. Dieses Fremde, in jeder Beziehung, es war wie ein Schock, der tief saß und den ich erst einmal überwinden musste. Heiliger Vater, wo war ich hier gelandet?

Hinzu kam, dass ich mich allein gelassen fühlte. Wie eine Pflanze, die man umgetopf hatte, dann aber nicht goss. Die einzige Ausnahme war Wolfgang Sidka. Bei ihm hatte ich das Gefühl, dass er mir helfen wollte, mich einzugewöhnen und wohlzufühlen. Nicht nur auf dem Platz, beim Training, er kam auch ins Hotel, um nach mir zu sehen, obwohl das nicht zu seinen Aufgaben gehörte. Er ist einfach so ein Typ, der auch nach rechts und links schaut, andere Menschen wahrnimmt und ein Gespür dafür hat, wenn jemand Unterstützung benötigt. Er ist einer, dem auch das Menschliche wichtig ist. Abgesehen davon wird er, nachdem er so lange auf meine Verpflichtung gedrängt hatte, kaum etwas sehnlicher erhofft haben, als dass ich als Spieler einschlage.

Doch genau dieser Mann stand nun in der Schusslinie. Werder Bremen war noch nie aus der Bundesliga abgestiegen. Nach dem katastrophalen Start machte sich Angst breit, es könnte in dieser Saison das erste Mal passieren – bei der Vereinsführung, vielleicht auch bei uns Spielern. Wobei ich mich noch gar nicht richtig zugehörig fühlte. Nach nur einem Spiel war das kaum möglich. Dazu wieder das Problem mit der Verständigung, die unendliche Geschichte, die ständig präsent war. Ich konnte keinen Schritt vor die Tür des Hotelzimmers machen, ohne dass ich darauf stieß, wie sehr mich das einschränkte. Ändern konnte ich es allerdings auch nicht, nicht von heute auf morgen. Was nicht heißt, dass mich diese Erkenntnis dazu brachte, ab sofort jede freie Minute Deutsch zu pauken. Dafür war mir die Sprache viel zu anstrengend. Irgendwie muss ich gedacht haben, das Problem wird sich von allein lösen, mit der Zeit, mit Geduld – keine Ahnung.

Drei Tage nach meinem Bundesligadebüt stand das nächste Spiel an, wieder im Weserstadion, gegen Olympique Marseille, Runde zwei im UEFA-Pokal. Aber nicht für mich. Ich saß auf der Tribüne. Für internationale Partien war ich noch nicht spielberechtigt. Genau zwei Tore fielen, in der zweiten Hälfte, kurz hintereinander. Das erste machten die Franzosen, das zweite wir. Mit etwas mehr Glück hätten wir auch gewinnen können, genügend Chancen hatten wir gehabt.

Apropos Chance: Wolfgang Sidka bekam nach diesem Spiel keine mehr. Am nächsten Tag wurde er gefeuert. Und schon am übernächsten, beim Training, scheuchte uns sein Nachfolger über den Platz: Felix Magath. Werder war damals erst seine zweite Trainerstation. Mit einem Schlag änderte sich alles, vor allem für mich. Ein Alptraum begann, anders kann man es nicht sagen. Es war eine einzige Katastrophe, die mich noch dazu völlig unvorbereitet erwischte. Ich war gerade erst gestartet, wollte nun richtig Geschwindigkeit aufnehmen, doch was geschah? – *Senhor* Magath bremste mich aus. Stopp und runter von der Bahn, vom Platz, raus aus der Mannschaft.

Als wir am Tag darauf zum HSV nach Hamburg fuhren, fühlte ich mich gut, motiviert sowieso, bis in die Zehenspitzen, der neue Trainer sollte mich von meiner besten Seite erleben. Doch er schickte mich auf die Tribüne. Nicht mal auf der Bank wollte er mich haben. Ich verstand die Welt nicht mehr. Man gewinnt ein Spiel nur mit Toren, und genau das wollte ich tun: Tore schießen. Dagegen zielte seine Strategie hauptsächlich darauf, Tore – Gegentreffer – zu verhindern. Er setzte voll auf Defensive. Hinten mauern, alles dichtmachen, damit keiner durchkam. Das war sicher nicht verkehrt, aus meiner Sicht jedoch nur die Hälfte einer erfolgversprechenden Strategie. Wir brauchten Punkte, dringend sogar, am besten drei pro Spiel, also hätte ich an seiner Stelle auch in die andere Richtung gedacht, nach vorn.

Dann das nächste Spiel, ich war wieder nicht im Kader. Bei dem danach genauso. Immer so weiter. Es verging fast ein Monat, bis ich das erste Mal in der Startelf stand. Gut sechzig Minuten durfte ich spielen. Wohl mehr aus der Not heraus, es waren einige verletzt oder krank. Dass ich kein Tor machte – wir verloren 0:1 gegen Kaiserslautern –, ärgerte mich selbst am meisten. Allerdings war unser Spiel an dem Tag auch nicht darauf ausgerichtet, dass sich große Chancen für mich ergaben.

Ein anderer Punkt dürfte die Psyche gewesen sein. Meine Psyche. Erst durfte ich so lange nicht, und nun sollte ich plötzlich wie auf Knopfdruck funktionieren. Als wäre nichts gewesen. Und als wären all die Worte niemals gefallen, mit denen die Presse unseren neuen Trainer zitiert hatte: Mal war ich in seinen Augen nicht fit genug, mal lag es an den mangelnden Sprachkenntnissen, mal behauptete er, ich hätte nie gelernt, zu kämpfen. Sicher war ich kein perfekter Spieler, und ja, die klimatische Umstellung machte mir zu schaffen. Aber solche Kritik trug auch nicht dazu bei, mich aufzubauen, zu motivieren. Dieser Fünf-Millionen-Einkauf – ein Reinfall, rausgeschmissenes Geld, das war es doch, was dabei immer mitschwang. Und natürlich war das auch in meinem Kopf.

Was er den Journalisten offenbar nicht aufs Brot schmierte: Wie er hinter den Kulissen mit mir umging. Für ihn war ich immer „der Dicke", der mehr trainieren sollte. Als hätte ich mich im Training auf die faule Haut gelegt. Kann schon sein, dass ich mal einen Lauf abkürzte, der mir übertrieben lang erschien. Mal waren es acht, mal zwölf Kilometer. Aber doch nur, weil mein Körper mir signalisierte, dass ein oder zwei Kilometer weniger immer noch ausreichend waren. Deswegen trainierte ich trotzdem mehr als je zuvor – und auch danach. Das mit den Medizinbällen hatte er übrigens schon damals in seinem Repertoire. Überhaupt war ihm das Physische enorm wichtig, dass der Körper in Form war. Dagegen trainierten wir kaum taktische Sachen, obwohl die meiner Ansicht nach mindestens genauso wichtig gewesen wären. Beides sollte im Einklang sein, nicht das eine übertreiben und das andere vernachlässigen.

Ich gab mir wirklich alle Mühe, aber mit *Senhor* Magath und mir, das wäre wahrscheinlich in zehn Jahren nichts geworden. Er wollte nicht Ailton, nicht die Art und Weise, wie ich spielte. Er wollte einen anderen Fußballer. Ich sollte mehr in der Defensive machen, aber ich war Stürmer, ich konzentrierte mich aufs Toreschießen. Beides, nach vorn und nach hinten, das hätte nicht funktioniert – nicht so, wie ich mein Spiel verstand. Wie ich es gelernt und bei den Klubs in Brasilien und Mexiko praktiziert hatte. Mit Erfolg, sonst hätte bestimmt niemand versucht, mich nach Bremen zu holen, in die Bundesliga – und das mit großer Geduld, fast ein Jahr lang. Jetzt sollte das auf einmal alles falsch oder schlecht sein?

Die Wahrheit ist: *Senhor* Magath wollte mich loswerden. Nicht, dass er mir das gesagt hätte. Das war nicht seine Art. Er redete ohnehin selten mit mir. Am Anfang ein- oder zweimal etwas länger, da war Rosi dabei, zum Übersetzen. Danach eigentlich kaum noch, höchstens dass er mir ein paar Basics mitteilte, vorm Training oder vor einem Spiel, die seltenen Male, die er mir eine Chance gab. Aber sonst: Er schien nicht einmal meine guten Momente im Training zu registrieren.

Dass er mich nicht mehr im Kader haben wollte, nicht bloß aus einer Laune heraus, weil ich ihn vielleicht wieder einmal damit genervt hatte, warum ich nicht spielen durfte, sondern ernsthaft und für immer, weiß ich von Willi Lemke. Demnach kam Magath eines Tages zu ihm ins Büro und forderte: „Willi, der Dicke muss weg!!!" Genau so, mit drei Ausrufezeichen. Angeblich war es nicht das einzige Mal, dass er der Vereinsführung diesen Wunsch mitteilte. Willi Lemke sagte, er habe damals sofort klargemacht, dass sie mich nicht wegschicken, nicht verkaufen würden, mit Rückendeckung des Präsidiums.

Bestimmt meinte Magath es auch gar nicht persönlich, sondern nur auf die Art von Spieler bezogen, die ich verkörperte. Trotzdem war das schwer für mich, von Woche zu Woche mehr.

Ich habe mir die Statistiken aus der Saison angeschaut. Manchmal trügt die Erinnerung ja, gerade wenn es um nicht so schöne geht. Doch ich irre mich nicht. So kann man das emotionale Loch, in das ich reinrutschte, wahrscheinlich besser verstehen. Die Niederlage gegen Kaiserslautern, das war am 13. Spieltag, Zufälligerweise auch noch an einem Dreizehnten, dem 13. November. Und so ging es weiter:

14. Spieltag, in Frankfurt gegen die Eintracht – **ich saß auf der Bank, wurde aber nicht eingesetzt**
12. Spieltag (Nachholspiel), bei Schalke – **Bank, nicht eingesetzt**
15. Spieltag, zu Hause gegen 1860 München – **nicht im Kader**
DFB-Pokal, Viertelfinale, zu Hause gehen Tennis Borussia – **nicht im Kader**
16. Spieltag, auswärts gegen Gladbach – **Bank, nicht eingesetzt**
17. Spieltag, zu Hause gegen Stuttgart – **Bank, nicht eingesetzt**
18. Spieltag, zu Hause gegen Hertha – **nicht im Kader**

Damit war das Jahr vorüber. Das neue fing genauso an. Erst am 26. Februar, nach fast dreieinhalb Monaten, endlich der nächste Einsatz. Gut, die Winterpause muss man abziehen. Sie war überhaupt das Beste am ersten halben Jahr.

Zu mehr Klarheit im Kopf trug sie allerdings auch nicht unbedingt bei. Ich war natürlich nach Monterrey geflogen. Dort erwartete mich eine interessante Neuigkeit. Die hatte zwar nichts mit Fußball zu tun, brachte aber noch mehr Unruhe in mein Leben.

Doch erst mal zu dem langersehnten Einsatz: Wir spielten zu Hause gegen Bochum, lagen 0:1 zurück, als der Trainer sich durchrang, mich einzuwechseln, eine Viertelstunde vor Abpfiff. Ich hatte mir geschworen, dass ich mich beim nächsten Mal voll reinhaue, damit etwas Zählbares dabei herauskommt – anders gesagt: ein Tor. Manchmal hat man so ein Gefühl, dass an dem Tag etwas möglich ist, noch bevor man auf den Platz geht. Hat vielleicht einfach mit dem Willen zu tun. Dass man sich ganz fest vornimmt: Heute triffst du, heute machst du eins.

Viel Zeit blieb mir nicht. Ich war zehn Minuten auf dem Platz, und nichts hatte sich geändert, eine weitere Niederlage drohte. Dabei hatten wir in der Tabelle zuletzt viel Boden gutgemacht. Das Abstiegsgespenst war fürs Erste verscheucht. Dann, in der 87. Minute, endlich die Erlösung. Sie brachte uns keinen Sieg, aber ein Unentschieden. Immerhin ein Punkt auf der Habenseite. Und der Schütze: Ailton. Mein Wille war geschehen.

Der Stadionsprecher rief nur einen Buchstaben ins Mikrofon, den er in die Länge zog: „Aaaaaaaaaa …“ Und die Fans in der Ostkurve schrien: „… ilton!“

Diesem Tor dürfte ich die Einsätze in den folgenden zwei Spielen zu verdanken haben. Beide Male wurde ich kurz vor Schluss eingewechselt, als Joker – leider blieb ich beide Male ohne Tor. Und am 13. März stand ich tatsächlich wieder in der Startelf. Dazu stimmte der Trainer für die Öffentlichkeit andere Töne an. Hatte er kurz zuvor noch verkündet: „Was soll ich mit einem, der mich nicht versteht?“, hieß es jetzt, er wolle mich behalten und ich hätte auch kein Übergewicht. „Der ist so gebaut. Mir ist es früher ähnlich ergangen, dabei hatte ich hervorragende Werte.“

Wer das vernahm, konnte fast den Eindruck haben, zwischen uns hätte sich über Nacht eine Männerfreundschaft entwickelt. Dabei schien das nur seine spezielle Art der Motivation zu sein. Lief es rund, lobte er in höchsten Tönen, wie überragend die kämpferische Leistung der Mannschaft gewesen sei, oder wie fantastisch sie das Gegentor weggesteckt habe. Gern hob er auch einzelne Spieler hervor, die sich sensationell präsentiert hätten.

Lief es schlechter, drehte der Wind schneller als am Meer. Dann hieß es, er habe seine Spieler überschätzt und dass Profis mit der Eigenverantwortung, die er ihnen übertragen wollte, offensichtlich überfordert seien. Das war dann im Frühjahr. Nachdem wir einen guten Lauf gehabt hatten, ging es in der Tabelle gerade wieder bergab. Wir rutschten auf Platz 13. Daraufhin strich er mich wieder aus dem Kader und verkündete vor der Presse: „Jetzt brauchen wir Spieler, die die Ärmel hochkrempeln. Das hat Ailton nie gelernt.“ Das hatte er schon einmal gesagt, ganz am Anfang. Und wie damals warf er der Mannschaft auch jetzt wieder vor, die Aufgaben nicht mit der notwendigen Ernsthaftigkeit und Konzentration anzugehen. Mangelnde Berufsauffassung oder wie er es nannte. Überhaupt wolle er sich nicht immer vor seine

Spieler stellen, sie in Schutz nehmen, wenn sie es doch sind, die es vermasseln.

Hinter den Kulissen rumorte es schon länger. Spätestens als die Mannschaft erfuhr, dass ihr Trainer in der Winterpause dem Werder-Präsidenten nahegelegt hatte, einige der älteren Spieler, die er namentlich nannte, abzustoßen und die Mannschaft zu verjüngen. So läuft das im Profifußball. Das weiß man als Spieler auch. Trotzdem kommt es immer darauf an, wie etwas kommuniziert wird, ob man mit denen spricht, um die es geht, ihnen die Situation erklärt und nach einer guten Lösung für beide Seiten sucht – was offenbar nicht geschah.

Wann genau die Stimmung kippte, lässt sich schwer sagen. Zumal ich von allen wahrscheinlich noch am Wenigsten mitbekam. Ich fürchte, ich war zu der Zeit nicht gerade der Liebling meiner *Colegas*. Die nervte, dass ich mit dem Deutschlernen nicht vorankam. Sie wollten, dass ich sie wenigstens auf dem Platz verstehe und nicht immer guckte wie ein Fragezeichen. Was für Lehrer mir der Verein manchmal aber auch schickte. Einer wollte, dass ich irgendwelche Dichter las, Klassiker. „Hallo, ich bin Fußballprofi", sagte ich dem, „das brauche ich nicht. Ich will nicht ans Theater." Um ehrlich zu sein, hätte ich selbst gern bessere Fortschritte gemacht. Wenn es doch nur leichter gewesen wäre. Und dann dieses ewige Stillsitzen, wie in der Schule. Da war die Lust jedes Mal so schnell verschwunden wie ein aufgescheuchter Vogel.

Nur die Zuschauer im Stadion, die störten meine Verständigungsschwierigkeiten anscheinend kein bisschen. Für sie war ich immer eine Attraktion, sobald ich auf den Platz geflitzt kam. Auch wenn ich kein Tor schoss. In der Saison waren es ja nur zwei oder so. Einmal sagte Magath nach einem Spiel, er hätte mich auch deshalb gebracht, weil er wusste, wie die Leute auf Ailton abfahren. Manchmal verstand ich selbst nicht, warum sie mich dermaßen umarmten mit ihrer Zuneigung. Muss an meinem charmanten Lächeln gelegen haben. Ailton war immer freundlich. Wenn es einen Schimmer Licht gab in dieser meist dunklen Zeit, dann war es der Zuspruch der Zuschauer. Jede Sekunde habe ich genossen. Schade, dass *Senhor* Magath mir nur so wenige davon gönnte.

Aber was die atmosphärischen Störungen zwischen der Mannschaft und ihm anging, die spürte ich schon. Und wenn es nur kleine Gesten oder kurze Blicke waren, woran man erkannte, wie das Team vom Trainer abrückte. Schwer zu beschreiben. Als hätte sich die Luft verändert, sobald er den Raum betrat. Die Gespräche verstummten, manche drehten sich unauffällig weg.

Geradezu frostig war die Stimmung nach dem großen Fest zum 100-jährigen Vereinsjubiläum von Werder im Februar 1999. Über zweitausend Gäste erschienen dort, bekannte Namen aus dem Fußball, von früher und aktuelle, aber auch Wirtschaftsbosse und hochrangige Politiker, sogar Bundeskanzler Gerhard Schröder kam mit seiner damaligen Frau. Auf der Bühne spielte eine Band, es wurde wie verrückt getanzt. Das Highlight war Udo Jürgens, der bei seinem Auftritt schwitzte wie wir beim Training. Irgendwann saß er im Bademantel an seinem Klavier, vor den ganzen Leuten. Alle flippten aus, keiner blieb sitzen. Die Leute sangen jedes Lied mit und am Schluss wurde ewig geklatscht und gejubelt.

Diese Feier, das könnte der Knackpunkt gewesen sein. Wir hatten an dem Tag, es war ein Samstag, vorher noch ein Testspiel bestritten, irgendwo auf dem Land, gegen den HSV. Auf der Rückfahrt im Bus machte Magath eine Ansage, nämlich dass trotz der Jubiläumsfeier am nächsten Morgen Training sei – um zehn Uhr.

Wir waren fast alle bei dem Fest und wollten es natürlich genießen. Mit Disziplin, wie ich immer sage. Schon feiern, aber nicht übertreiben. Eben wie Sportler, alles im Rahmen. Es wurde später und später, die Stimmung war super, alle hatten Spaß. Irgendwann machte sich unter uns Spielern die Meinung breit, dass man auf das morgige Training doch ausnahmsweise mal verzichten könnte. Wir hatten nach dem Jahreswechsel schon zwei oder drei Trainingslager absolviert, und wie es für Magath typisch war, waren die extrem intensiv gewesen. Und bis zum ersten Spiel der Rückrunde war es noch genau eine Woche.

Wer nun genau mit wem sprach, weiß ich nicht. Jedenfalls schlug sich die Vereinsführung auf unsere Seite. Und so gingen erst Spieler, allen voran unser Kapitän Andreas Herzog, und dann das gesamte Präsidium zum Tisch von Magath, um ihn freundlich zu überreden, auf die sonntägige Trainingseinheit zu verzichten. Doch sie alle redeten wie mit einer Wand. Selbst als sich der Herr Bundeskanzler zu ihm bemühte, mit dem gleichen Anliegen, was eigentlich ziemlich lustig war, blieb *Senhor* Magath bei seiner Entscheidung.

Das Training fand also statt. Wie man sich vorstellen kann, absolvierte jeder von uns die Aufgaben mit grenzenloser Begeisterung und hoch motiviert wie selten. Wir wollten gar nicht wieder aufhören. Magath stellte es hinterher so dar, als wäre er der Einzige gewesen, der sich professionell verhielt. Konnte er so sehen. Allerdings war der Riss danach nicht mehr zu kitten. Dieselbe Mannschaft, die sich in der Hinrunde unter seiner Regie erfolgreich aus dem Tabellenkeller herausgekämpft hatte, marschierte jetzt genau wieder dorthin zurück. Von elf der nächsten Spiele gewannen wir genau zwei. Anfang Mai folgte eine 0:4-Klatsche in Kaiserslautern, wodurch wir auf Platz 15 rutschten, bedrohlich dicht an die Abstiegsränge. So bitter die Niederlage war und so schlecht wir gespielt hatten, handelte es sich beim Gegner wenigstens um den amtierenden Meister. Nachdem die Woche darauf Eintracht Frankfurt ins Weserstadion kam, zu dem Zeitpunkt ein Abstiegskandidat, und wir uns wieder eine Niederlage einhandelten, warf Magath das Handtuch. Er verabschiedete sich nicht einmal von der Mannschaft, obwohl er vorher noch ein Training geleitet hatte. Wir erfuhren es von der Vereinsführung. Falls es jemanden unter uns Spielern gab, der seinen Schritt bedauerte, verbarg er es so gut, dass es keinem auffiel.

Seinen Abgang drehte Magath so hin, als hätte er damit nur das Beste für den Verein getan. Und nicht, weil er vielleicht Angst hatte, wir könnten es nicht mehr schaffen, sodass ein Abstieg in seiner Trainerbiografie gestanden hätte. Er war in seinen Augen nicht gescheitert und sowieso derjenige, der das größte Opfer brachte, indem er freiwillig auf seinen ersten Titel als Trainer verzichtete. Damit meinte er den DFB-Pokal, den wir am Ende der Saison gewannen. Kein Gedanke, dass wir den mit ihm vielleicht gar nicht gewonnen hätten.

Zwar standen wir bereits als Finalist fest, als er die Brocken hinwarf. Aber in Berlin erwarteten uns immerhin die Bayern, die mal wieder die Meisterschaft gewonnen hatten. Schließlich ging es ins Elfmeterschießen, nachdem es nach der Verlängerung wie schon nach dem Ende der regulären Spielzeit immer noch 1:1 stand. Es war sicher kein hochklassiges Spiel, von beiden Seiten nicht. Aber als unser größtes Plus erwiesen sich Wille und Kampfgeist. Also die Mentalität, die man am ehesten entwickelt, wenn man eine eingeschworene Truppe ist, Trainer und Mannschaft am gleichen Strang ziehen, in die gleiche Richtung. Als dritter Faktor kam Dieter Eilts hinzu, der eine herausragende Partie machte. Den hatte Magath eigentlich loswerden wollen. Auch beim Elfmeterschießen kam es nicht unwesentlich darauf an, dass es im Kopf stimmte, also wieder die Mentalität.

Niemand weiß, wie es ausgegangen wäre, hätte Magath noch an der Seitenlinie gestanden. Aber so zu tun, als wäre der Pokal schon gewonnen gewesen und überhaupt allein sein Verdienst – ich weiß nicht, das war schon ziemlich anmaßend.

Sicher, er gewann später als Trainer dreimal die Meisterschaft und zweimal den DFB-Pokal, was den wenigsten gelingt. Für mich bleibt er trotzdem ein rotes Tuch. Bei Werder machte er mir das Leben echt schwer. Ich werde die Zeit nie vergessen, in der ich vierundzwanzig Stunden am Tag an nichts anderes dachte, als aufzugeben und zurückzugehen nach Mexiko oder Brasilien. Mit diesem Gedanken schlief ich abends ein, und wenn ich morgens aufwachte, war er sofort wieder da.

Bis ich eines Tages beschloss: Nein, egal was kommt, Ailton geht nicht als Verlierer!

Eine Sache noch dazu: Zu meinem 50. Geburtstag im vergangenen Jahr schenkte mir Marco Bode, mit dem ich bis 2002 bei Werder zusammenspielte, ein Buch von Felix Magath. Mit einem Augenzwinkern natürlich. Einem großen Augenzwinkern. In einem Kapitel schwadroniert er darin über seine Zeit bei Werder. Das Ganze sei von Anfang an ein Missverständnis gewesen. Jemand wie er, der immer gewinnen wolle und dem es einzig und allein um Erfolg ginge, hätte nie zu einem Klub gepasst, bei dem die Kultur der sogenannten Werder-Familie den Leistungsgedanken schon mal in den Hintergrund drängte. Vom ersten Tag an hätte er sich als Außenseiter gefühlt und den Job nur angenommen, mit unterdrücktem Bauchgrummeln, weil er wieder in die Bundesliga wollte.

Am Ende widmet er mir eine halbe Seite. Weil ihm, wie er schreibt, immer wieder vorgehalten wurde, meine Fähigkeiten verkannt zu haben. Diese Passage hatte Marco mit einem roten Stift angestrichen. Dort stehen die von damals bekannten Sprüche: Ich sei aus einem völlig anderen Kulturkreis gekommen, hätte als klassischer Torjäger nichts anderes im Sinn gehabt als Toreschießen und eben auch kein Deutsch gesprochen, sodass er mir nicht erklären konnte, wie ich spielen sollte. Ganz am Ende kommen zwei Zeilen, die Marco fett markiert hatte: „Aber er war ein guter Junge, der sich nie hängen ließ, auch im Ausdauertraining und bei Waldläufen nicht …“

Ich wollte noch erzählen, was über den Jahreswechsel geschah, in der Winterpause. Die Reise nach Mexiko. Aber wenn ich es mir genau überlege, kann das ruhig noch warten. So wie auch ich damals warten musste – neun Monate, um genau zu sein.

TANTAS MUDANÇAS

So viele Veränderungen

Dann kam Thomas Schaaf. Was für ein Segen für die Mannschaft, und was für ein Segen für mich. Er hatte vorher die Amateure trainiert und stieg jetzt zum Cheftrainer auf. Ich glaube, damals wunderten sich einige, er hatte keinen großen Namen, wie man so sagt. Als Spieler natürlich schon, da hatte er Werders größte Erfolge miterlebt, miterkämpft: zwei Meistertitel, zwei DFB-Pokalsiege und die Sternstunde schlechthin, den Sieg im Europapokal der Pokalsieger 1992, im Finale gegen AS Monaco. Doch als Trainer war er nicht so bekannt. Trotzdem war es die beste Entscheidung, die der Klub treffen konnte.

Thomas Schaaf verkörperte Werder wie sonst kaum einer. Er hatte sozusagen Grün-Weiß im Blut, war seit seiner Jugend im Verein. Eine treue Seele, so was findet man kaum noch. Erst als Jugendspieler, dann bei den Männern – Amateure, Profimannschaft, die ganze Leiter nach oben. Und danach noch mal das Gleiche als Trainer: Jugend, Amateure – und nun das Bundesligateam. Ich weiß nicht, wer aus der Mannschaft das alles über ihn wusste. Ich natürlich nicht, aber ich spürte vom ersten Tag an, dass da ein ganz anderer Typ Mensch vor uns stand.

Dass es mir unter Magath nicht gut erging, war die eine Sache. Eine andere, dass er die Mannschaft total verunsichert zurückgelassen hatte – entmutigt. Wenn ein Trainer sich auf diese Art vom Acker machte, verunsicherte das einen als Spieler natürlich. Irgendwie bedeutete es ja, dass man der Truppe nicht mehr zutraute, die Kurve zu kriegen. Das Abstiegsgespenst, es war also wieder da.

Diese Angst konnte uns auch der Neue nicht nehmen, nicht über Nacht. Nur einen Tag, nachdem er seinen neuen Job angetreten hatte, stand bereits das nächste Punktspiel an, gegen Schalke, zu Hause. Es schüttete wie aus Eimern. Aber das eigentliche Problem war unsere Verunsicherung, die nicht zu übersehen war. Wir vergaben eine Reihe guter Chancen, als wären uns im letzten Moment jedes Mal die Knie weich geworden. Ich kam in der fünfzigsten Minute, machte es aber nicht besser. Zum Glück erwischten die Schalker auch einen eher mäßigen Tag, sodass wir am Ende knapp mit 1:0 gewannen.

Ich glaube, schon nach diesem Spiel ging ein Ruck durch die Mannschaft, zumindest ein kleiner. Weil wir merkten, dass etwas geht, selbst wenn wir nicht das beste Spiel abliefern. Auf jeden Fall war es wichtig, ein Zeichen zu setzen: Mit dem neuen Trainer kann es besser werden. Zuallererst für uns selbst, aber auch für Thomas Schaaf, für den Verein und die Leute im Stadion.

Für mich änderte sich zunächst nicht viel, aber doch etwas Entscheidendes. Ich saß bei den letzten Meisterschaftsspielen, drei hatten wir noch, wie gewohnt auf der Bank, wurde zweimal eingewechselt, einmal nicht. Tore konnte ich keine beisteuern bei den kurzen Einsätzen. Doch der Unterschied war: Thomas Schaaf redete mit mir. Er sagte ehrlich, dass er im Abstiegskampf auf die Spieler zurückgreifen müsse, die er kennt. Und auf ein Spielsystem, das er mit ihnen für umsetzbar hielt und das uns Sicherheit gab. Er hatte zwar mitbekommen, dass sie lange hinter diesem Ailton her gewesen waren und sich ihn schließlich geangelt hatten, viel mehr wusste er aber nicht von mir. Für ihn war ich bisher unter dem Radar geblieben – „einen halben Meter unter der Erde", so drückte er es mal aus in seiner typisch trockenen norddeutschen Art. Ansonsten war zu ihm nur vorgedrungen, dass unter Magath nichts mit mir ging und eigentlich keiner mehr so richtig an mich glaubte. Das Letzte sagte er mir bei dem Gespräch allerdings nicht – wofür ich ihm heute noch dankbar bin.

Das heißt nicht, dass mit Thomas Schaaf sofort die Sonne anfing zu scheinen. Ich war trotzdem frustriert, wenn ich auf der Bank schmorrte. Doch tief in mir drin keimte ein Hoffnungsschimmer. Der Neue wirkte nahbarer, menschlicher. Er hielt die Zügel fest in der Hand, war der Boss, aber er stellte sich nicht über uns. Und er erzählte nicht ständig den Presseleuten, was er von der Mannschaft und einzelnen Spielern hielt. Ich muss im Training einfach weiter gute Leistungen zeigen, sagte ich mir, dann würde ich meine Chance bekommen. Nichts wollte ich mehr glauben als das.

Und natürlich, dass die Saison nicht mit dem Abstieg enden würde. Das wäre bitter, eine Katastrophe. Noch hatten wir es selbst in der Hand. Für das nächste Spiel mussten wir nach München zum TSV 1860, der in der Tabelle fünf

Plätze vor uns stand. Es wurde eine ungewöhnlich turbulente Partie. Beide Mannschaften drängten nach vorn, spielten angriffslustig, während hinten die Abwehr immer wieder wackelte, bei den Münchnern wie bei uns. Es ging hin und her – ein hochklassiges Spiel war es nicht, aber unterhaltsam für die Zuschauer. Nach zehn Minuten gingen wir in Führung, nach achtzehn glich 1860 aus. Nach weiteren zwanzig Minuten erzielte Marco Bode nach Zuspiel von Andreas Herzog das 2:1 für uns. So blieb es, bis vier Minuten vor Abpfiff Jurij Maximow unsere Führung noch auf 3:1 ausbaute. Drei Punkte, großes Aufatmen. Ich kam in der 90. Minute aufs Feld, gefühlt nur noch, um den Ball einzusammeln. Egal, wir hatten gewonnen, nur das zählte an diesem Tag.

Am Wochenende darauf dann eine Galavorstellung im eigenen Stadion, wie wir lange keine geboten hatten: Ein deutlicher 4:1-Sieg gegen Mönchengladbach. Der Abstieg war abgewendet, wir spielten befreit auf, schnell und leichtfüßig, als wäre eine schwere Last von uns gefallen – so war es ja auch. Ich kam leider nicht zum Einsatz, freute mich aber trotzdem, was meine *Colegas* auf dem Platz geleistet hatten.

Vielleicht war in diesem Spiel der Knoten geplatzt: Dass die Mannschaft und der Trainer spürten, gemeinsam können wir etwas erreichen. Im Nachhinein lässt sich das natürlich leicht sagen. Doch ich glaube schon, dass diese erste Phase, das Aufbäumen gegen den Abstieg, für die Zukunft nicht unwichtig war. Schade nur, dass wir die Euphorie nicht mitnehmen konnten ins letzte Saisonspiel in Stuttgart. Dort verloren wir 0:1. Offenbar war einfach die Spannung raus. Oder wir waren mit unseren Köpfen gedanklich bereits in Berlin, beim Pokalfinale.

Wir alle hatten ein enormes Wechselbad der Gefühle durchgemacht, als die Saison zu Ende ging. Die turbulente Achterbahnfahrt in der Meisterschaft. Drei Trainer, die unterschiedlicher hätten kaum sein können. Und zum Schluss als Höhepunkt der Triumph über den FC Bayern vor der gigantischen Kulisse von fast 76.000 Zuschauern im Berliner Olympiastadion – auch wenn ich dazu nicht viel beigetragen hatte, beitragen durfte. Wenigstens war ich beim Finale auf der Bank dabei, durfte mir hinterher die Siegermedaille umhängen lassen und am Pokal schnuppern.

Mein Leben hätte auf jeden Fall langweiliger sein können. Inzwischen hatte ich mit Unterstützung von Werder ein eigenes Zuhause gefunden, eine Doppelhaushälfte in Habenhausen, links der Weser, in der Nähe vom Werdersee. Es ist schön grün da. Das Stadion und die Trainingsplätze waren nicht weit weg, vielleicht vier Kilometer, einmal über den Fluss. Das ist das Schöne an Bremen: Man muss nicht Stunden fahren, um irgendwohin zu kommen. Für mich hat die Stadt die ideale Größe. Man ist auch schnell auf dem Land, wenn man mal seine Ruhe haben möchte.

Zu dem Haus gehörte eine große Garage für zwei Autos. Ich hatte mir einen Mercedes zugelegt. Der war schnell, verdammt schnell, aber ich will keine Werbung machen. Klar lockte mich so ein Auto, obwohl es ganz schön teuer war. Mich lockten auch schöne Uhren und schicke Klamotten. Nicht, weil ich damit angeben wollte. Ich verdiente gutes

Geld, und es war einfach schön, sich etwas leisten zu können. Auch als Belohnung, weil ich mich nicht hatte unterkriegen lassen, sondern durchgehalten habe. Ich fand, dafür konnte man sich schon mal belohnen.

Wo ich herkam, gab es das alles nicht. Das war sicher auch ein Grund. Aber hauptsächlich kaufte ich die Sachen, weil sie mir gefielen. Mag sein, dass ich am Anfang ein bisschen nach rechts und links schielte, was die anderen Spieler trugen und womit sie durch die Gegend brausten. Das ist normal, wenn man woanders hinkommt. Ich weiß noch, als ich von Internacional in Porto Alegre verpflichtet wurde. Das erste Mal in einer Riesenstadt. Mir gingen die Augen über. Plötzlich boten sich tausend Möglichkeiten, auszugehen oder sonst was zu unternehmen. Dazu die Leute – sie kleideten sich anders, sie sprachen anders, sie traten anders auf. Da merkte ich: Hier kannst du nicht mehr wie der Typ vom Dorf rumlaufen. Dann ziehst du auch einen teuren Pullover an, ein teure Hose und ein teures Hemd. Und das macht was mit dir. Mit deiner Sicht auf die Dinge, mit deinen Gedanken. Erst orientiert man sich an seiner Umgebung und dann findet man seinen eigenen Style. Genauso lief das bei mir.

In dem Haus war viel Platz, vier oder fünf Zimmer. Es war eigentlich zu groß für eine Person. Ich stellte auch nur ein paar Möbel rein, bloß das, was ich unbedingt brauchte: Bett, Schrank, Tisch, Couch, Stühle. Und einen Fernseher natürlich, mit Videorekorder, damit ich Filme auf Portugiesisch anschauen konnte. Manche verbringen Monate damit, ihre Wohnung einzurichten, hier noch was und da noch was – mir war das nie wichtig. Ich fühlte mich auch mit wenig wohl. Wahrscheinlich, weil ich das aus meiner Kindheit nicht anders kannte. Das übernimmt man dann, ohne groß nachzudenken.

Im Juli begann die Saisonvorbereitung mit einem Trainingslager und den üblichen Testspielen. Doch bevor ich zur Mannschaft stieß, begründete ich erst mal eine Tradition, die ich von da an sorgfältig pflegte: das Zuspätkommen. Aber Spaß beiseite. Irgendwie passierte fast immer etwas, das meine Rückkehr verzögerte. Manchmal blieb ich beim Umsteigen unterwegs irgendwo hängen. Oder ich schaffte gleich den ersten Flieger nicht, weil ich auf dem Weg zum Flughafen in einen Stau geriet, sodass ich wieder umdrehen konnte.

Bei anderen kommt es nicht gut an, wenn man einen Termin nicht einhält. Der ist undiszipliniert, wird dann schnell gesagt, gerade von den Deutschen. Aber niemand kann beurteilen, ob es nicht doch einen wichtigen Grund gab, den andere nur nicht verstehen. Ein Beispiel: Einmal legte einer meiner besten Freunde zu Hause in Mogeiro eine große Feier so, dass ich nicht hätte teilnehmen können. Klar kann man sagen, das war nur eine Feier. Aber es war ein sehr guter Freund. Also was war wichtiger: Zwei Tage mit der Mannschaft durch den Wald zu rennen, was man später immer noch machen konnte, oder mit seinem besten Freund eine schöne Zeit zu verbringen? Was davon bleibt eher im Gedächtnis? Und was gibt dir ein gutes Gefühl?

Thomas Schaaf und andere Trainer würden bestimmt argumentieren, dass es in einer Mannschaft Regeln geben muss, die für alle gleichermaßen gelten. Und dass es keine Sonderrechte für nur einen geben darf. Also darf keiner einfach machen, was ihm gerade in den Sinn kommt. Verstehe ich auch. Für den Trainer ist es schwer. Nimmt sich einer was heraus, und er duldet es, kann der Nächste kommen und sagen: Warum darf nur der das, ich will das auch. Bei Werder war es zum Glück so, dass es akzeptiert wurde. Nicht gleich am Anfang, erst später, als ich öfter spielte und mehr für die Mannschaft leistete, Tore schoss, gute Pässe gab. Da nahmen sie mich, wie ich bin, was für Ailton natürlich sehr angenehm war. Dafür bin ich auch dankbar. Falls dabei der Eindruck entstanden sein sollte, ich hätte mir diese kleinen Freiheiten erlaubt, weil ich mich für etwas Besonderes hielt oder als Star fühlte – das war definitiv nicht so. Wer mich kennt, weiß das. Es waren immer Entscheidungen aus dem Moment heraus. Und aus dem Bauch. Nicht lange geplant und auch nicht lange darüber nachgedacht. In der Minute hielt ich es für richtig und dann machte ich es einfach so.

Ein anderer Punkt dazu: Es wurde immer von Strafen gesprochen, wenn ich es mal wieder nicht geschafft hatte, pünktlich zum Trainingsbeginn aus Brasilien zurück zu sein. Besonders in dem einen Jahr, 2002 müsste das gewesen sein, Anfang Juli, als ich mich von einem Taxifahrer aus Bremen nach Norderney chauffieren ließ, inklusive Überfahrt mit der Fähre. Ich war drei Tage zu spät, deswegen sollte es schnell gehen. Ich hätte auch gar nicht gewusst, wie ich sonst dahingekommen wäre. Hundertachtzig Kilometer, drei Stunden, inklusive Überfahrt mit dem Taxi auf der Fähre, das mich direkt vorm Mannschaftshotel absetzte. Diese Geschichte amüsierte offenbar das ganze Land. Fernsehen, Radio, Zeitungen – alle berichteten darüber. Und jedes Mal, wenn ich danach wieder zu spät kam, wurde sie erneut herausgekramt und aufgewärmt – immer mit denselben Fehlern. Zum Beispiel hatte in einer Zeitung gestanden, die Tour hätte mich 406 Euro gekostet. Laut einer anderen betrug der Preis 330 Euro. Falsch war beides. Der Bekannte, der das Taxi praktisch von der Straße weg organisiert und zu mir nach Hause geschickt hatte, hatte einen Festpreis ausgehandelt, der deutlich darunterlag. Hübsch zusammenfantasiert war auch eine Story, in der stand, der Fahrer hätte mich sofort erkannt und wäre begeistert gewesen, da er ein großer Werder-Fan war. Auch hier: zweimal falsch. Der Fahrer wusste nicht, wer ich war, er hatte mit Fußball gar nichts am Hut. Aber die andere Version ließ sich natürlich besser verkaufen, keine Frage.

Für den Verein war die Geschichte natürlich blöd. Trainer und Sportchef – den Posten hatte inzwischen Klaus Allofs übernommen, der Anfang der Neunzigerjahre bei Werder spielte – mussten Führungsstärke zeigen, damit nicht der Verdacht aufkam, sie hätten die Truppe nicht im Griff. In Deutschland waren drei Tage Verspätung richtig viel, nicht so in Brasilien. Aber gut, zu der Strafe: Zwanzigtausend Euro sollte ich zahlen. So schrieben es die Zeitungen. Angeblich hat Werder diese Summe genannt. Was soll ich sagen? Weder musste ich zwanzigtausend noch zweitausend Euro zahlen, keinen Cent. Genauso wie bei den anderen Strafen, die ich angeblich fürs Zuspätkommen aufgebrummt bekam – *nada*.

Thomas Schaaf war jemand, der nicht blind irgendwelche Strafen verhängte, nur um die Muskeln spielen zu lassen. Sein Ansatz war eher, mit demjenigen, der etwas verbockt hatte, zu reden, ihn zu überzeugen, keinen Blödsinn mehr anzustellen. Damit war er bei mir freilich nicht besonders erfolgreich, zumindest was die verspäteten Rückreisen betraf. Allerdings erkannte er sehr schnell, wie er mich viel härter treffen konnte: mit zusätzlichen Laufkilometern. Auf Norderney wurde ich nach der späten Taxianreise drei Tage im Einzeltraining vom Fitnesscoach durch die Dünen gehetzt. Obwohl ich diese Extraschichten hasste, sagte ich mir: Ist scheiße, aber fair.

Im Kontakt zu den Spielern war Thomas Schaaf das glatte Gegenteil seines Vorgängers. Er behandelte jeden von uns als eigenständige Persönlichkeit. Er interessierte sich auch für das Menschliche. Wo kam jemand her? Was hatte ihn geprägt? Mit welchen Problemen schlug er sich herum? Womit konnte man ihn motivieren? Solche Dinge.

Seine Philosophie war einfach eine andere. Er sagte: Je mehr ich über jemanden weiß, auch Privates, umso besser kann ich damit arbeiten. Immer mit Blick auf die Aufgabe, die jeder Einzelne als Teil der Mannschaft zu erfüllen hatte. Das bedeutete nicht, dass er für uns wie ein Kumpel war. Das hätte nicht funktioniert. Ohne Autorität geht es nicht, das ist klar. Er war der Boss. Er gab die Richtung vor, und er traf die Entscheidungen. Aber eben auf eine Art, dass man sich nicht vorkam wie ein austauschbares Maschinenteil, das irgendwo eingesetzt wurde und dann losrattern musste auf Teufel komm raus.

Jemand, der seinen Job so verstand, passte viel besser zu mir. Oder andersherum: Ein Spieler wie ich, passte wohl besser zu ihm. Das mussten wir aber auch erst mal herausfinden. Vielleicht fühlte ich mich am Anfang durch die Vorgeschichte zu sehr in die Ecke gedrängt. Magath hatte mir immer das Gefühl gegeben, dass er das, was ich konnte, nicht brauchte. Und dass ich umgekehrt das, was er haben wollte, nicht konnte. Thomas Schaaf versuchte mir nun zu vermitteln, was meine Rolle in unserem Spielsystem sein könnte. Er analysierte meine Stärken und Schwächen. Dann ging er den nächsten Schritt: Wie konnte man meine Stärken einsetzen, damit sie der Mannschaft optimal nutzten? Aber auch: Was musste ich tun, um an meinen Schwächen zu arbeiten? Er wollte keinen neuen Spieler aus mir machen, mich auch nicht komplett verbiegen, sondern dahin bringen, dass ich meine Stärken so zur Geltung brachte, dass die Schwächen nicht zum Tragen kamen – zumindest weniger.

Klingt alles logisch und vernünftig und nicht besonders kompliziert. Doch so einfach war es nicht. Wie gesagt, ich war ein bisschen in Deckung gegangen, auch irgendwie blockiert, und wahrscheinlich nicht sehr einsichtig. So erinnert es jedenfalls Thomas Schaaf, und der muss es am besten wissen. Er sagt, ich hätte zunächst offenbar nicht verstanden, was er als Spieler von mir sehen wollte. Und dass es eine Phase gegeben habe, in der er befürchtete, dass es doch nichts wird mit mir.

Irgendwann machte er mir klar, dass zwischen jedem einzelnen Spieler und dem Team eine Art Wechselwirkung besteht. Also: Was gebe ich dem Team und was gibt das Team mir? Ich könne auf dem Platz noch so schnell sein, davon hätte jedoch niemand etwas, wenn ich alles allein machte, sobald ich den Ball bekam, und ihn dann oft verlor – aus genau diesem Grund. Eine gewisse Eigensinnigkeit konnte ich schwer bestreiten. So etwas sucht man sich nicht aus, das wird einem mit der DNA mitgegeben. Das ist zumindest meine Theorie. Aber, ja, das war eine Sache, an der ich arbeiten musste. Eine andere, da kam ich nicht drumherum, die Arbeit gegen den Ball, die Defensive – sofort umzuschalten, wenn man den Ball verloren hatte, um ihn zurückzuerobern. Dem Gegner, der den Ball führte, hinterherzulaufen, ihn aber nicht mit einer Grätsche umzusensen, was mir am Anfang eher selten gelang. Sagt Thomas Schaaf. Kann ich ihm widersprechen? Natürlich nicht. Beides fällt unter die Kategorie des mannschaftsdienlichen Spielens. Das war der Punkt – und zugleich die Message an mich: Als Mannschaft funktionierten elf Spieler nur, wenn sie als Team auftraten. Was voraussetzte, dass sie sich gegenseitig akzeptierten. Wurde man nicht akzeptiert, bekam man den Ball nicht, ganz einfach.

Es ist nie angenehm, die eigenen Schwächen vorgeführt zu bekommen. Ich kenne niemanden, der das mag. Wenn man aber über seinen Schatten springt, die Eitelkeit beiseite lässt, wird einem klar, dass es eigentlich ein gutes Zeichen ist: Man ist dem anderen nicht egal. Sonst würde er sich nicht die Mühe machen, sich so intensiv mit einem auseinanderzusetzen. Immer vorausgesetzt, es handelt sich um konstruktive Kritik, nicht um reines Meckern oder Schlechtreden. Vielleicht habe ich nicht alles sofort kapiert, was Thomas Schaaf gesagt hat. Und vielleicht musste ich tatsächlich erst über meinen Schatten springen, über einen kleinen Schatten, Ailton sollte schließlich Ailton bleiben – aber dann stellte sich ein gutes Gefühl ein.

Und dieses Gefühl wurde mit Beginn der neuen Saison noch besser. Der Sommer 1999 brachte die große Veränderung. Bis dahin allerdings stand es auf der Kippe, ob ich in Bremen bleibe oder zurückgehe, nach Brasilien oder Mexiko. Noch im August war in der Presse zu lesen, alles deute darauf hin, dass ich bei Schaaf keine Chance mehr hätte. Doch dann verpflichtete Werder erst meinen Landsmann Júlio César, und ein paar Tage darauf schwebte Claudio ein – Claudio Pizarro.

Die Geschichte mit Júlio ist lustig. Er war damals sechsunddreißig, hatte seine Karriere bereits beendet. Nach Bremen kam er eigentlich als Spielerberater. Er war mit Klaus Allofs verabredet, der kurzfristig einen erfahrenen Innenverteidiger für uns suchte, da Bernhard Trares wegen einer Verletzung länger ausfiel. Die beiden redeten eine Weile. Júlio versuchte, ihm einige der Spieler, die er vertrat, schmackhaft zu machen. Auf einmal fragte Klaus Allofs, ob er nicht seinen Ruhestand unterbrechen wolle, um für Werder zu spielen – nur eine Saison. So kam er ins Team. Als sogenannter Vertragsamateur. Das war ein kleiner Trick. Dadurch zählte er nicht als Nicht-EU-Ausländer. Zu der Zeit gab es noch die Regel, dass in einem Spiel nur drei von ihnen eingesetzt werden durften. Tatsächlich wurde er auch nur bezahlt, wenn er spielte.

Über Júlios großartige Karriere muss ich kein Wort verlieren. An seine Erfolge mit Borussia Dortmund erinnern sich bestimmt viele. Was weniger bekannt sein dürfte: Er begann mit dem Profifußball bei Guarani in Campinas. Dort hatte ich ihn ein oder zweimal gesehen, als er seinen alten Klub besuchte. Soweit ich weiß, besaß er ein Haus in der Nähe, seine Residenz in Brasilien.

Nun spielten wir also in derselben Mannschaft. Das Leben steckte voller Überraschungen, und das war die beste seit Langem. Unsere Herkunft und die Sprache schweißten uns sofort zusammen. Unsere Mentalität natürlich auch. Wir freundeten uns an und verbrachten viel Zeit miteinander. Endlich war da jemand, mit dem ich reden konnte, ohne dauernd nach fremden Wörtern suchen zu müssen. Und der mir auch als Fußballer Ratschläge geben konnte, mit all der Erfahrung, über die er verfügte. Júlio war wie ein starker Bär, bei dem man sich anlehnen konnte. Er musste nur in der Nähe sein, schon fühlte man sich besser, sicherer. Diese Gelassenheit, die er ausstrahlte, als hätte ihn nichts und niemand erschüttern können. Wirklich ein super Typ, ein wahrer Freund, bis heute.

Und dann, wie schon gesagt, kam Claudio. Jürgen Born, der Banker, der Wolfgang Sidka damals nach Guarani begleitet hatte, war bei Werder gerade Vorstandsvorsitzender geworden. Claudio brachte er sozusagen als Antrittsgeschenk mit. Er hatte ihn bei der Copa América mit der peruanischen Nationalmannschaft spielen gesehen und war so begeistert gewesen, dass er alles in Bewegung setzte, um ihn nach Bremen zu holen. Erst auf eigene Faust, dann zusammen mit Klaus Allofs.

Für mich war Claudio ein Geschenk des Himmels – noch bevor wir auf dem Spielfeld harmonierten. Júlio und er, sie waren meine Rettung. Durch die beiden veränderte sich alles. Mit Claudio klappte die Verständigung sogar auf Spanisch. Weil uns einfach mehr verband. Er Latino, ich Latino – die gleiche Mentalität. Spaß haben, Lebensfreude, nicht alles bitterernst nehmen. Was mir in den vergangenen Monaten oft gefehlt hatte beziehungsweise völlig abhanden gekommen war, lebte mit ihm wieder auf. Ich kam aus meinem mentalen Gefängnis heraus, aus der Düsternis, die Sonne schien endlich wieder, mein Herz lächelte – es schlug Purzelbäume vor Freude, ganz ehrlich.

Claudio half es wahrscheinlich auch, gleich jemanden zu haben, mit dem er sich verstand. Es war seine erste Station im Ausland, und er war mit zwanzig sogar noch jünger als ich. Wir waren also zwei junge Kerle, zwei Latinos, noch dazu überaus attraktiv, ich zumindest – nein, Quatsch, Claudio war natürlich der Hübschere. Ich war der Cowboy, ein Naturbursche durch und durch, er mehr der Gentleman, dessen Frisur immer saß. Aber Partymachen wollten wir beide. Nicht jeden Tag, aber doch ab und zu. Zum Beispiel war der Mittwoch oft trainingsfrei. Da bot sich der Dienstagabend geradezu an.

Ein Latino ohne Party, das geht nicht. Viel Fußball – ja, das ist okay. Aber nur Fußball, nur Arbeit – nein! Und so sind wir manches Mal losgezogen ... Delight, Capitol, Scala, Moments und wie die Läden alle hießen. Es gab viele Möglichkeiten in Bremen und Umgebung, um auszugehen. Aber immer mit Disziplin, immer professionell. Vielleicht wurde es mal etwas später, aber über die Stränge geschlagen haben wir nie. Einfach Party und Spaß, eine schöne Zeit haben, den Kopf freibekommen, die Sorgen vergessen. Also alles ganz gesittet.

Claudio war zusammen mit seiner Freundin Carla nach Bremen gekommen. Kann sein, dass die beiden auch schon verheiratet waren. Auf jeden Fall haben sie in dem Jahr geheiratet. Und sie erwarteten ihr erstes Kind. Damit hatten Claudio und ich noch etwas gemeinsam. Meine Mexikoreise in der letzten Winterpause, die Nachricht, die mich dort erwartet hatte – jetzt kann ich das Rätsel auflösen: Rosseli war in freudiger Erwartung – damals. Inzwischen hatte sie das Kind bekommen, eine Tochter, der wir den wunderschönen Namen Maria Fernandes gaben. Unsere Tochter. Ich war Vater geworden.

Eine ziemlich verrückte Zeit. Viele Emotionen. Ich wusste, dass es dieses kleine Geschöpf gibt, Maria war im Juli geboren, ein Geschenk Gottes. Ich hatte sie aber noch nicht gesehen, noch nie in den Händen gehalten. So weit entfernt, kam es mir manchmal fast unwirklich vor. Zumal die Beziehung zwischen Rosseli und mir, als ich Hals über Kopf nach Bremen verschwand, noch nicht an dem Punkt war, dass wir schon eine gemeinsame Zukunft geplant hätten. Mit uns hatte es gerade erst angefangen, so richtig, meine ich, mehr als Freundschaft. Wie hätten wir da wissen können, was daraus werden würde? Und jetzt saß sie in Monterrey, mit der Kleinen, und ich in Bremen. Aber natürlich wollte ich unsere Tochter unbedingt kennenlernen.

Wie beschreibt man eine Beziehung, die man selbst nicht richtig versteht? So wie das damals mit uns war. Ich will gar nicht ins Detail gehen. Das ist Privatsache. Nur so viel vielleicht: Es war etwas kompliziert. Rosseli hatte schon ein Kind, und meine Gefühle wanderten auch ein bisschen hin und her. Wir waren schließlich jung, da sitzt man noch nicht in der Bahn, die einen wie auf Schienen durchs Leben fährt, ohne Abzweige oder Umwege. Wie unberechenbar noch alles war, erlebten wir gerade am eigenen Leib.

Worauf es ankommt ist doch, dass wir einen Weg gefunden haben, der für uns passte, der so gut war, dass wir ihn nicht anders hätten gehen wollen. Unterm Strich, wenn man alles zusammennimmt. Unsere Beziehung ist mit der Zeit gewachsen. Wie ein Baum wächst, dessen Wurzeln irgendwann so kräftig sind, dass er nicht beim kleinsten Windstoß umfällt. Und auch nicht, wenn der Wind mal etwas stärker bläst. In meinem Herzen ist heute eine tiefe Liebe für Rosseli. Ich hoffe, dass wir zusammen alt werden. Somit dürften wir nicht allzu viel falsch gemacht haben, sonst wäre das Ergebnis ein anderes.

Ich lebte also in dieser schönen, geräumigen Doppelhaushälfte in Habenhausen. Allein konnte es dort ziemlich einsam sein. Die meiste Zeit war ich zwar gut beschäftigt. Training, Spiele, Sprachunterricht, die Verabredungen mit Júlio und Claudio, auch mit Frank Rost, unserem Keeper, traf ich mich mal. Er ist wie ich ein Pferdeliebhaber und lud mich zum Reiten ein. Rosi und ihren damaligen Mann nicht zu vergessen, die beiden sah ich oft, sie halfen mir bei vielem. Und einige Bekannte, die nichts mit Fußball zu tun hatten. Ich konnte also eine Menge anstellen, um mir die Zeit zu vertreiben. Doch am Ende des Tages wartete immer eine leere Wohnung auf mich. Leer, weil da niemand war außer mir. Da standen nur Gegenstände herum, und die waren dummerweise nicht besonders gesprächig.

Das änderte sich, als Rosseli kam, mit der kleinen Maria, die war noch keine vier Monate alt. Am Anfang wusste ich nicht so recht, wie man mit einem solch zierlichen Geschöpf umgeht. Sie wirkte so verletzlich. Die ersten Tage sind schwer zu beschreiben. Wieder viele Emotionen. Und noch mehr Emotionen. Aber diesmal ganz andere. Emotionen, die völlig neu waren für mich und sich zunächst fremd anfühlten. Gleichzeitig fing ich an, diese neue Konstellation zu mögen, das Familiäre – Vater, Mutter, Kind. Wobei, das stimmt nicht ganz. Vorher ertappte ich mich dabei, wie ich die Szenerie beobachtete und mich selbst darin sah. Man denkt dann an die eigene Kindheit, wie das früher war. Aber soweit kann man sich nicht zurückerinnern. Und vergleichen ließ es sich ohnehin nicht, weil ich jetzt eine andere Rolle einnahm, die eines Vaters. Allein das musste man erst einmal begreifen – Papa Ailton.

Rosseli und Maria blieben eine Weile. Dann flogen sie wieder zurück nach Monterrey, blieben dort eine Weile, und kamen wieder. Familienleben und doch keins, mal so, mal so. Waren sie in Bremen, unternahmen wir öfter etwas mit Claudio und Carla, die auch in Habenhausen wohnten, genau wie Julio und einige andere Mitspieler. Rosseli ist jemand, der offen auf Menschen zugeht. Sie war jahrelang Flugbegleiterin, vielleicht deshalb. Oder es ist einfach ihre Art, gottgegeben. Sie freundete sich mit Carla an. Auch wir lernten uns immer besser kennen, Rosseli und ich. In dieser neuen Rolle und überhaupt. Ein gemeinsames Kind zu haben, bedeutete nicht automatisch, dass man zusammenpasst. Das war ein Prozess. Als ich Maria dann das Laufen beibrachte, die ersten Schritte, veränderte sich etwas in mir. Die Gefühle veränderten sich. Ich spürte, dass ich nun mehr Verantwortung trug, für unsere Tochter, für uns drei.

Nach einiger Zeit wurde Rosseli wieder schwanger. Da entschied ich: Jetzt musst du Verantwortung übernehmen, ein Familienmann sein. Rosseli blieb nun in Bremen und wir wurden eine richtige Familie. Alexandra, unsere zweite Tochter, kam Anfang 2002 zur Welt, wirklich ganz am Anfang – ein Neujahrskind. Auch sie wurde in Mexiko geboren. Das war vor allem Rosselis Wunsch, den ich sehr gut verstehen konnte. Alle unsere Kinder wurden dort geboren. Später kamen noch die Zwillinge, ein Mädchen und ein Junge – Stella Annelis und Ailton Ramon, genannt Junior.

Ich liebe meine Kinder, alle gleichermaßen, so verschieden sie auch sind. Alexandra hat vielleicht das Meiste von mir. Die Art und Weise, wie sie denkt und wie sie die Dinge sieht. Genau wie ich mag sie Tiere, besonders Pferde, und das Leben auf einer Ranch. Und sie liebt Fußball, spielt auch selbst, zurzeit in einer Collegemannschaft in Dallas. Sie lebt bei ihrer Schwester Maria, die dort ihre Liebe gefunden hat und mit einer Frau verheiratet ist. Auch Stella scheint einiges von mir zu haben, besonders das Temperament. Wohingegen ihre Freude am Lernen wohl eher den Genen ihrer Mutter zu verdanken sein dürfte. Ailton Jr. wiederum kommt nach meinem Bruder Aderaldo, vor allem äußerlich, seine schlanke Statur, auch seine Gesichtszüge. Er ist ein sehr guter Junge, der sich zu benehmen weiß. Er müsste sich nur etwas mehr dem Lernen widmen, das macht er nicht so gern, viel lieber spielt er Fußball – wo der Junge das wohl herhat?

Jetzt habe ich einen ganz schön weiten Sprung in die Zukunft gemacht. Doch wieder zurück ins Jahr 1999, zu Werder, in die neue Saison, die vielleicht die wichtigste war – vor der allerwichtigsten.

QUE ANO!

Was für ein Jahr!

Die Saison 1999/2000 begann für uns eher mittelprächtig. Ein 0:0 in Stuttgart, eine knappe 0:1-Niederlage gegen Schalke, ein Unentschieden bei der Hertha – drei Spiele, die niemanden vom Hocker rissen. Mich am allerwenigsten, denn ich saß noch nicht einmal auf der Bank, bei keinem einzigen. Doch dann, nach der Länderspielpause, zündeten wir den Turbo, als hätten wir dringend etwas nachzuholen. Am 12. September ging es los, zu Hause gegen Kaiserslautern. Das erste Spiel von Claudio im Werder-Trikot. Ich freute mich für ihn, dass er gleich seine Chance erhielt. Aber ein bisschen tat es auch weh. Wie ein kleiner Stich ins Herz. Das hatte nichts mit ihm zu tun, nur mit mir. Ich wartete schon so lange auf einen Startelfeinsatz, musste mich aber wieder mit einem Platz auf der Bank begnügen. Wenigstens das.

Claudio machte es großartig. Als wollte er, dass sich jeder sofort seinen Namen einprägte, schoss er auch direkt sein erstes Bundesliga-Tor, kaum dass zwanzig Minuten gespielt waren. Noch vor der Pause erhöhte Marco Bode auf 2:0. Eigentlich waren immer nur wir am Drücker. „Einbahnstraßen-Fußball" schrieb hinterher der *Kicker.* Tatsächlich ging es fast nur in eine Richtung. Daran änderte sich auch nach der Halbzeitpause nichts. Die Mannschaft des großen

Otto Rehhagel hatte an diesem Tag nicht die geringste Chance gegen uns. Wir waren laufstärker, auch lauffreudiger und gewannen fast jeden Zweikampf. Kurz nach dem Wiederanpfiff sorgten Rade Bogdanović und Torsten Frings mit einem Doppelschlag innerhalb von zwei Minuten vorzeitig für die Entscheidung. Christoph Dombrowski, der für Júlio eingewechselt wurde, traf noch eine Minute vor Schluss zum 5:0-Endstand, sodass wir nach einem rundum überzeugenden Auftritt freudestrahlend vom Platz gingen.

Das Stadion tobte. Viele dürften sich verwundert die Augen gerieben haben – wann hatten sie zuletzt eine solche Vorstellung ihrer Mannschaft gesehen? Ich bekam zumindest wieder meinen Einsatz als Joker, auch wenn es nur für die letzten zwölf, dreizehn Minuten war. Das schien nun meine neue Rolle zu sein. Wollte ich mehr erreichen, musste ich sie noch besser nutzen.

Und das hieß: Tore, Tore, Tore.

Vier Tage später verbesserten sich meine Chancen, mehr Spielzeit zu bekommen, nicht unbedingt. Wir mussten nach Norwegen. UEFA-Pokal, erste Runde. F.K. Bodø/Glimt hieß der Gegner. Da das klubeigene Stadion nicht über eine Flutlichtanlage verfügte, fand das Spiel im Lerkendal-Stadion in Trondheim statt. Keine Ahnung, wie viele Leute da reingepasst hätten, vielleicht zwanzigtausend. Aber nicht mal ein Zehntel verlor sich auf den Rängen. Das war fast eine Geisterspielkulisse, eine Atmosphäre wie auf dem Trainingsplatz.

Über das Spiel selbst muss man nicht viel wissen, außer dass Claudio wieder glänzte. Und wieder das erste Tor machte. Und später ein zweites, beide mit dem Kopf. Zwischendurch bediente er Rade mit einem schönen Zuspiel, der unmittelbar vor dem Pausenpfiff das 2:0 erzielte. Auch Rade traf dann noch ein zweites Mal, bevor Jurij Maximow ebenfalls geschickt einnetzte.

Wer nicht mitgezählt hat: Es waren wieder fünf Tore. Und wieder ließen wir keinen Gegentreffer zu. Wir spielten die Norweger regelrecht an die Wand. Das soll nicht arrogant klingen, aber sie waren uns einfach in allen Belangen unterlegen. Ein deutlicher Klassenunterschied.

Mein Part? Der übliche, aber diesmal wurde ich schon in der fünfundsechzigsten Minute eingewechselt.

So wäre es höchstwahrscheinlich auch im nächsten Spiel wieder gewesen. Und ich hätte es sogar verstanden – *never change a winning team*. Claudio und Rade funktionierten gut als Sturmpartner, das war nicht zu übersehen. Ihre Ausbeute in Trondheim war phänomenal. Ich stellte mich also schon mal darauf ein, meinen gewohnten Platz auf der Bank einzunehmen. Doch dann kam Thomas Schaaf. Rade konnte plötzlich nicht spielen. Er hatte Probleme mit seinem Rücken. Ich sollte von Beginn an spielen.

Die Glocken klingelten, der Herr hatte mich erhört. Pure Freude.

Claudio und ich zum ersten Mal von Anfang an. Im Training hatte es mit uns schon ganz gut geklappt. Wir verstanden die Laufwege des anderen, konnten uns gegenseitig gut in Position bringen. Jetzt mussten wir es nur noch im Spiel umsetzen.

Seit der Partie gegen Kaiserslautern war genau eine Woche vergangen. Es war der 19. September. Wir traten auswärts beim VfL Wolfsburg an. Das Spiel hatte noch gar nicht richtig begonnen, als Frank Rost schon hinter sich greifen musste, um den Ball aus dem Netz zu holen. 1:0 für die Wolfsburger. Ich spielte vorn auf der linken Seite, Claudio rechts, Marco Bode in der Mitte, etwas zurückgezogen. Er war es auch, der nach fünfundzwanzig Minuten den Ausgleich erzielte. Wolfsburg brachte sich allerdings kurz darauf wieder in Führung. Über die konnten sie sich jedoch kaum länger als drei Minuten freuen. Denn Marco erzielte nach Flanke von Dieter Eilts per Kopf den erneuten Ausgleich. Vier Tore, den Zuschauern gefiel's.

Und dann endlich kam ich zum Zug. Der lang ersehnte Moment. Zuspiel von Frank Baumann und ... Tor, schnörkellos. Die Führung. Mit dem 3:2 für uns ging es in die Pause. Das Tor beflügelte mich.

Wie sich zeigte, hatten wir alle noch mehr vor. Kaum war das Spiel wieder angepfiffen, schlug nun auch Claudio zu. Mit meiner Hilfe. Klar wird nur der Torschütze angezeigt. Aber jeder weiß, dass ein guter Pass oft schon die halbe Miete sein kann. Und weil das so gut funktioniert hatte, legte ich in der 71. Minute gleich noch einmal für ihn auf. Und er traf erneut, diesmal mit rechts. Vorher hatte er mit links abgezogen, so wie er es danach wieder machte. Links, rechts, links – das war dann sein Treffer Nummer drei, ein lupenreiner Hattrick. Was für eine Vorstellung! Chapeau, mein Freund, dachte ich.

Die Stimmung auf dem Platz wurde immer besser, jedenfalls auf unserer Seite. Es machte wieder richtig Spaß. So konnte sich Fußball also anfühlen. Fast hatte ich das vergessen.

Marco Bode sorgte dann mit seinem Kopfballtor zum 7:2 noch für das i-Tüpfelchen.

Wie man nach sieben eigenen Toren als Gastmannschaft aus einem Stadion marschiert, muss ich wahrscheinlich nicht groß erklären – wir schwebten förmlich.

Später sollte es heißen, dieses Spiel in Wolfsburg sei die Geburtsstunde des Sturmduos „Pizza-Toni" gewesen. Meines Wissens haben Presseleute diesen Begriff erfunden. Das hatte ich noch nicht erwähnt: Thomas Schaaf und die Jungs aus der Mannschaft nannten mich Toni. Keine Ahnung, wer darauf gekommen war. Ich hätte mir den Spitznamen nicht ausgesucht, schon weil er nichts Brasilianisches hatte. Doch was sollte ich machen, wenn ihnen Ailton nicht gefiel oder zu kompliziert war. Pizza für Claudio passte da eindeutig besser. Er hatte einen italienischen Großvater und besitzt deswegen auch die italienische Staatsbürgerschaft.

Aber die eigentliche Aussage stimmte. Mit diesem Spiel legten wir so etwas wie das Fundament unserer Sturmpartnerschaft bei Werder. Nicht nur, weil wir das erste Mal zusammen in der Startelf standen und in vielen Situationen recht gut harmonierten. Genauso wichtig war, dass Thomas Schaaf mir sein Vertrauen geschenkt hatte und ich ihm beweisen konnte, dass ich es verdiente.

Claudio wurde viele Jahre später einmal gefragt, was unser Zusammenspiel auf dem Platz so besonders machte. Er antwortete: „Ailton war der schnelle und kräftige Sprinter, der immer in die Tiefe ging. Damit war er der perfekte Sturmpartner für mich. Ich wollte immer den Ball haben. Ich liebte auch das Passspiel. Und wenn ich zum Beispiel den Ball mit dem Rücken zum Tor annahm, was ich sehr gerne machte, dann war ich noch in der Drehung und wusste schon genau, dass ich den Ball jetzt steil in die Tiefe spielen konnte. Denn Ailton war schon gestartet und hat diese Bälle durch seine außergewöhnliche Geschwindigkeit auch bekommen."

Besser hätte ich es auch nicht sagen können, allerdings nur auf Portugiesisch. So schnell, wie Claudios Deutsch Fortschritte machte, da konnte man neidisch werden. Ich hatte die schnellen Füße, er den schnellen Kopf. Der Verein hatte uns zu drei Stunden Sprachunterricht pro Woche verdonnert – puh. Jede einzelne kam mir doppelt oder gar dreimal so lang vor. Da wäre ich fast lieber im Wald laufen gegangen. Wenigstens machte die Paukerei mit Claudio etwas mehr Spaß, es war lustiger.

Nach unserem Höhenflug mit siebzehn Toren innerhalb einer Woche kehrte ergebnistechnisch wieder der Alltag ein. Ein dürftiges Unentschieden gegen Aufsteiger Ulm, bei dem sich keiner von uns mit Ruhm bekleckerte. Man verstand es manchmal selbst nicht. Als wäre die Luft schon raus gewesen, bevor man auf den Platz ging. Solche Spiele konnte man nur abhaken. Das traf auch auf das UEFA-Pokal-Rückspiel gegen die Norweger zu. Die Zuschauer hatten vollkommen recht, uns auszupfeifen. Wir gingen viel zu nachlässig an die Aufgabe heran. Nun könnte man sagen: Irgendwie verständlich mit fünf Treffern Vorsprung aus dem Hinspiel. Da schaltet der Kopf automatisch auf Minimalmodus um. Schön anzusehen war der aber nicht. Fast hätten wir sogar verloren. Die Norweger gingen in der ersten Halbzeit völlig verdient in

Führung und blieben das auch – bis zur 76. Minute. Andreas Herzog legte mir perfekt den Ball auf und ich haute ihn rein.

Das Unentschieden vor unseren Fans im Weserstadion war ein kaum weniger enttäuschendes Ergebnis. Zumindest konnte ich so eine Totalblamage abwenden, auch wenn das Tor in der Gesamtwertung keinerlei Bedeutung hatte. Dennoch war es wichtig für mich, als Ausrufezeichen. Nach dem Motto: Ailton macht sein Tor – darauf ist Verlass! Werbung in eigener Sache gewissermaßen. Denn trotz der gelungenen Pizza-Toni-Premiere von Wolfsburg hatte mich Thomas Schaaf wieder zum Joker degradiert.

So richtig verstand ich das nicht. Ach, was, ich verstand es gar nicht, kein bisschen. Dabei ging es nicht um Rade oder irgendeinen anderen Spieler, den ich ausbooten wollte. Überhaupt nicht. Mir ging es einzig und allein um mich. Ich fand, dass ich in die Startelf gehörte. Es machte mich einfach traurig – und manchmal auch wütend – Spieltag für Spieltag auf der Bank hocken und immer wieder aufs Neue darauf hoffen zu müssen, dass mir die Gnade zuteil wurde, wieder spielen zu dürfen.

Stattdessen musste ich mich weiter gedulden, noch ein Wochenende und noch eins – nichts änderte sich. Nicht einmal, als ich uns beim DFB-Pokalspiel gegen Kaiserslautern im letzten Moment den Arsch rettete, um es so deutlich zu sagen. Wir waren fast aus dem Wettbewerb ausgeschieden, lagen im eigenen Stadion 0:1 zurück. Noch fünf Minuten und wir wären raus gewesen. In der dritten Runde, die unsere erste war, da wir als amtierender Pokalsieger zwei Freilose hatten.

„Vor allem die Einwechslung von Ailton erwies sich als guter Griff. Der agile Brasilianer sorgte für viel frischen Wind", schrieb die Presse, nachdem das Spektakel vorüber war. Wobei man es bis dahin noch nicht als Spektakel bezeichnen konnte. Spektakulär – oder dramatisch – wurde es erst in der Verlängerung. Und noch mehr beim anschließenden Elfmeterschießen. Aber zu beidem wäre es gar nicht gekommen, hätte ich in der 85. Minute nicht den Ausgleichstreffer erzielt.

In der Verlängerung legte Kaiserslautern wieder ein Tor vor. Doch diesmal hatte Marco Bode direkt eine Antwort parat, indem er nur drei Minuten später erneut ausglich. Es blieb beim 2:2. Also kam es zum Elfmeterschießen, wie im Pokalfinale gegen die Bayern. Vielleicht war das noch in unseren Köpfen. Ich ging als Erster von uns zum Punkt. Für uns war zweifellos von Vorteil, dass Lautern angefangen hatte und ihr erster Schütze nur die Latte traf. Selbst wenn ich es vermasselt hätte, wäre noch nichts verloren gewesen.

Aber ich erfüllte brav meine Pflicht. Nach mir traf Claudio. Dann scheiterte Raphael Wicky am Keeper, sodass wieder Gleichstand herrschte. Kaiserslautern hatte sich keinen Fehler mehr erlaubt. Nun stand wieder Frank Rost im Tor. Er hatte offenbar beschlossen, sich selbst zum Helden des Abends zu küren. Nicht nur, dass er den nächsten Elfer hielt. Auch nachdem Andreas Herzog seinen versemmelte, war er wieder zur Stelle und parierte erneut den nächsten der Lauterer.

Um es zusammenzufassen: Lautern hatte sechs Strafstöße geschossen und nur drei davon verwandelt, einer ging an die Latte und zwei hat Frank Rost gehalten. Wir hatten ebenfalls drei versenkt, aber waren noch einmal dran. Wer hat sich wohl den Ball geschnappt? Genau, unser Keeper. Mister Supercool an diesem Abend. Eiskalt. Er trat an und erlöste uns mit einem souverän verwandelten Elfer.

Allmählich wendete sich das Blatt. Jetzt bin ich wieder bei mir – beim Joker vom Dienst, dem es immer öfter gelang, sich durch Tore zu empfehlen. Für einen Stürmer sind sie die einzige Währung, jedenfalls die, die am Ende zählt. Und sie zählt noch etwas mehr, wenn es Tore sind, die ein Spiel entscheiden, also den Punktestand aufbessern. Wir hatten uns inzwischen ins vordere Tabellendrittel emporgearbeitet – Platz sechs, vielleicht schon fünf. Die nächsten drei Punkte wollten wir im Heimspiel gegen Hansa Rostock einfahren. Wieder eine knappe Kiste. Bis zur vierundsiebzigsten Minute führten wir 1:0. Dann entschied der Schiedsrichter auf Elfmeter für die Rostocker, für ein Foul, das außer ihm niemand gesehen hatte. Der Elfer wurde verwandelt, es stand nun 1:1. Sofort bekam ich die Order, mich startklar zu machen. Zwei Minuten später trabte ich auf den Platz.

Es war kein großes Geheimnis, was nun alle von mir sehen wollten. Je öfter man liefert, desto größer sind die Erwartungen. Wenn es klappt, ist alles gut, dann jubelt die Menge. Schafft man es nicht, steht man ganz allein da. Ich schätze, daran denken die Leute nicht. Aber so ist es nun mal. Als Spieler muss man damit einfach klarkommen. Am besten, man lässt solche Gedanken gar nicht erst an sich heran. Voller Fokus aufs Spiel, nicht denken und schon gar nicht grübeln.

Und wieder passierte es in der fünfundachtzigsten Minute: Zuspiel von Andreas Herzog ... und rein mit dem Ding. Damit hatten wir die drei Punkte und den Tabellenplatz gesichert.

Beim nächsten Heimspiel, gegen Eintracht Frankfurt, durfte ich dann endlich wieder von Beginn an ran. Das waren immer die schönsten Momente, wenn Thomas Schaaf die Aufstellung verkündete und ich meinen Namen hörte. Besser konnte man mich kaum motivieren. Auch wenn ich mich wiederhole: Ich wollte einfach spielen. Dann war die Welt ein besserer Ort. Diesmal bedankte ich mich für das Vertrauen des Trainers mit gleich zwei Toren. Marco steuerte in der letzten Minute noch ein drittes bei, aber da war die Partie bereits entschieden. Die Frankfurter hatten nur einmal getroffen.

Beinahe hätte ich unseren größten Geniestreich in diesem Herbst vergessen. Aber bevor wir uns zu dem aufschwingen konnten, mussten wir erst einmal tief in den Keller steigen, ganz tief – emotional meine ich. Fußball ist eben auch nur wie das Leben. Mal gibt es gute Tage, mal schlechte. Und manchmal sind sie noch schlechter als schlecht. Kurz gesagt: zum Vergessen. So wie man sich an einen Alptraum nicht erinnern will. Wahrscheinlich genügen zwei Worte, und die Experten wissen gleich Bescheid: Olympique Lyon.

Es war in der letzte Novemberwoche. UEFA-Pokal, dritte Runde. Das Hinspiel bei den Franzosen. Ich weiß nicht, ob es jemanden gab, der das Desaster erklären konnte. In der Meisterschaft lief es richtig gut. Die Mannschaft war zu einer Einheit zusammengewachsen. Es gab also keinen nachvollziehbaren Grund, sich in Lyon vorführen zu lassen.

Aber genau das passierte. Und wir brockten uns das selber ein. Katastrophale Fehler in der Abwehr, die die Franzosen geradezu einluden, und bei uns vorn lief auch nichts zusammen. Ob Claudio, Marco oder ich, wir hatten alle drei die Pest an der Sohle. Und dann war es ausgerechnet ein Landmann von mir, der uns die ersten beiden Tore einschenkte: Sonny Anderson, ein erfahrener Stürmer, der vorher beim FC Barcelona gespielt hatte. Selbst am dritten Treffer war er beteiligt, indem er die Vorlage gab. Das Spiel endete mit einer 0:3-Niederlage, was mehr als enttäuschend war, weil wir alle wussten, dass wir es wesentlich besser konnten.

Heute sage ich: Diese Niederlage, so bitter sie war, schweißte uns noch mehr zusammen. Nachdem wir den Schock einmal verdaut hatten, ging jeder von uns mit einer großen Portion Zuversicht ins Rückspiel, das Anfang Dezember stattfand. Mit Zuversicht, die wir aus dem Selbstbewusstsein zogen, dem Vertrauen in die eigenen Fähigkeiten, die eigene Stärke. Eine Prise Trotz könnte auch dabei gewesen sein. So oder so, wir waren motiviert, wie man motivierter kaum sein konnte. Eine solche Ausgangssituation war geradezu dafür geschaffen, um Geschichte zu schreiben.

Die vielbeschworenen „Wunder von Werder“. Drei standen bisher in den Annalen des Vereins: Dynamo Berlin, Spartak Moskau, RSC Anderlecht. Drei scheinbar aussichtslose Niederlagen, die unsere Vorgänger in triumphale Siege verwandelt hatten. Wenn wir es richtig anstellten, konnten wir ein viertes Wunder hinzufügen. Wir mussten nur fest genug daran glauben. Dabei half, dass Thomas Schaaf die ersten zwei selbst miterlebt hatte und wir mit Marco Bode, Andreas Herzog und Dieter Eilts noch drei von den Jungs in unseren Reihen hatten, die das letzte gegen Anderlecht möglich gemacht hatten.

Jedenfalls waren wir wohl weitaus zuversichtlicher als ein Großteil der Werder-Gemeinde. Das Weserstadion war nicht einmal zur Hälfte gefüllt. Was schon irgendwie verständlich war, nur durften wir uns davon nicht beeindrucken, nicht runterziehen lassen. Dazu muss man wissen, dass der Zuspruch der Fans damals noch nicht so groß war wie heute. Ausverkaufte Spiele gab es eher selten. Trotzdem war die Kulisse an dem Abend extrem ernüchternd. Vielleicht war auch das Wetter mit schuld, denn es schüttete wie aus Eimern.

Das Spiel begann kurz nach achtzehn Uhr. Keine vier Minuten und ich hatte die erste Chance. Nach noch einmal vier Minuten wäre Marco fast ein Kopfballtreffer gelungen. Und dann kamen wir richtig auf Betriebstemperatur. In der sechzehnten Minute erzielte Marco mit einem Schuss aus spitzem Winkel die Führung. Noch in der ersten Halbzeit konnten wir nachlegen und erzielten das 2:0: ein von Andreas Herzog verwandelter Foulelfmeter. Noch ein Tor und wir hätten das Hinspielergebnis egalisiert und zumindest eine Verlängerung erzwungen. Alles hätte wieder bei Null angefangen.

Doch nach der Halbzeitpause bäumten sich die Franzosen auf. Zu einfach wollten sie es uns auch nicht machen. Zu allem Überfluss kamen wir aus dem Rhythmus, verloren unsere Linie, waren nicht mehr so aggressiv. Irgendwie schien die nötige Konzentration plötzlich weg zu sein. Doch dann schlug Andreas Herzog eine Flanke von rechts in den Strafraum. Dort hatte er den kaum fünf Meter vorm Tor völlig frei stehenden Frank Baumann gesehen, der eiskalt zum 3:0 traf.

Wir waren auf einem guten Weg, hatten das Spiel aber noch nicht wieder so unter Kontrolle, nicht wie in der ersten Hälfte. Zum Glück stand unsere Abwehr gut. Dafür lief vorn kaum etwas zusammen, so sehr wir uns auch bemühten. Doch die Franzosen machten es auch nicht besser.

Gerade als alles etwas festgefahren schien, kam ich noch in der eigenen Hälfte rechts außen an den Ball. Wir waren mittlerweile in der siebenundsiebzigsten Minute. Ich lief die Linie lang, hängte meinen Gegenspieler ab, sah Claudio in der Mitte. Wir zelebrierten es geradezu lehrbuchmäßig, wie unzählige Male im Training geübt. Pizza-Toni funktionierte. Als ich im Strafraum war, passte ich ihm den Ball zu. Er nahm ihn direkt ab und schob ihn über die Linie. Der Torhüter hatte keine Chance.

Der Rest war Kampf und ein bisschen Glück. Und dann hatten wir es vollbracht, das vierte Wunder von Werder. Ich selbst hatte zwar kein Tor erzielt, trotzdem fühlte sich der Sieg großartig an. Man soll sich nicht selbst loben, aber ich glaube, dass ich ein gutes Spiel gemacht habe, nicht nur wegen der Vorlage zum entscheidenden Treffer. „Wie er das letzte Tor vorbereitete, war Weltklasse", schrieb eine Zeitung. Man darf sicher nicht alles glauben, was die Presseleute so schreiben, aber da hatten sie recht.

Die Euphorie dieses Abends hätte uns durch die nächsten Spiele tragen sollen. Doch so einfach war es nicht. Die Partie hatte unheimlich viel Kraft gekostet, körperlich wie mental. Ein Remis gegen Unterhaching, ein knapper Sieg beim MSV Duisburg, eine Niederlage zu Hause gegen die Bayern – das war die Ausbeute der folgenden drei Bundesliga-Spiele, der letzten des Jahres. Das war nicht herausragend, nur Durchschnitt. Wir alle sehnten die Winterpause herbei. Doch davor gab es noch eine Aufgabe zu erfüllen: das DFB-Pokal-Viertelfinale beim VfL Bochum. Drei Tage vor Weihnachten. Ganz sicher nicht die Zeit, in der man die größte Lust verspürt, auf den Platz zu gehen, schon wegen des Wetters. Wenn mich dennoch etwas in Hochstimmung versetzte, dann vor allem der Gedanke, dass es danach in die Heimat ging.

Die erste Halbzeit war wie verhext. Wir erarbeiteten uns eine Reihe guter Chancen, nutzten jedoch keine einzige davon. Selbst das leere Tor trafen wir nicht. Auch in der zweiten Hälfte waren wir überlegen, machten weiter Druck, luden die Bochumer allerdings auch zu Konter ein, die uns mehrmals in Bedrängnis brachten. Und so entschied der Fußballgott, dass nicht wir das erste Tor machten, sondern die Bochumer. Und beinahe hätten sie kurz darauf noch ein zweites nachgelegt. Aber dann kam Ailton – zwei Schüsse, zwei Treffer – das Spiel war gedreht.

Was für ein Jahr!

Erst aussortiert, nun der strahlende Pokalheld. Und Stammspieler, vom Publikum gefeiert. Zwischen Hölle und Himmel. So wie es aussah, war ich endlich angekommen.

BOM E RUIM

Gut und Böse

Ich hatte mich in Bremen eingelebt, doch meine Heimat blieb Mogeiro. Das wird immer so sein. Es gibt keinen Platz sonst, an dem ich mich so aufgehoben fühle. Jedes Mal, wenn ich dorthin zurückkehre, fühle ich mich so, wie ich mich nirgendwo sonst fühle, es ist einfach die Intensität der Emotionen, es ist so berührend, oder ergreifend – ich weiß nicht, ob man das versteht. Ich bin dann kein anderer Mensch, Ailton bleibt Ailton, ob in Brasilien oder in Deutschland, aber ich bin ein zufriedenerer, ein glücklicherer Mensch. Es ist dann, als wäre ganz viel Ruhe in mir. Und Gelassenheit. Während ich gleichzeitig eine besondere Kraft spüre. Vielleicht kann man es so auf den Punkt bringen: Es fühlt sich einfach rundum richtig an, genau dort zu sein. Alle Aufregung dieser Welt verschwindet, besonders, wenn ich bei meinen Pferden bin, mich um sie kümmere, auf ihnen reite. Das sind die seligsten Momente. Die Welt ist dann einfach schön, so friedlich. Ich sehe nur das Gute, die trüben Gedanken verschwinden, nichts bedrückt mich. Das ist fast etwas Magisches.

Für Rosseli war es schon immer leicht gewesen, sich an fremden Orten einzugewöhnen. Sie hat ein anderes Naturell. Für sie ist nicht der Ort als solcher das Entscheidende, sondern dass an diesem Ort die Menschen sind, die ihr etwas bedeuten, die sie liebt, vor allem ihre Familie. Das ist bei mir auch so, nur das eben noch die Verbundenheit zu diesem besonderen, einzigartigen Ort hinzukommt. Die Landschaft, die Tiere, auch die Erinnerungen, die damit verbunden sind.

So sehr ich Bremen mittlerweile liebgewonnen hatte, vor allem wegen der Menschen und ihrer großen Herzlichkeit – etwas, das ich mir am Anfang nicht einmal im Traum hatte vorstellen können –, in mir war immer eine Sehnsucht nach diesem kleinen Ort dort in Brasilien.

Und so konnte ich es jedes Mal, wenn wir mit dem Fußball eine Pause einlegten, im Sommer und im Winter, kaum erwarten, in ein Flugzeug zu steigen, das mich in die Heimat bringt, nach Hause.

Aber auch dort hat sich mit der Zeit vieles verändert. Zum Beispiel konnten wir mit dem Geld, das ich in Bremen verdiente, an der Stelle, wo unser Elternhaus stand, ein neues, größeres Haus für die ganze Familie bauen. Es stimmt, dass es die Nachbargebäude in der Höhe überragt und überhaupt etwas größer ausfällt als die meisten anderen, und auch insgesamt moderner ist, aber es ist wahrlich kein Palast, wie manchmal geschrieben wurde, als wollte ich damit protzen.

Wie ich früher meiner Mutter Geld schickte, nachdem ich meinen ersten Profivertrag unterschrieben hatte, unterstützte ich jetzt meinen Vater und meine Geschwister. Eigentlich würde ich kein Wort darüber verlieren, weil es für mich selbstverständlich war, sich um seine Familie zu kümmern, ihr etwas abzugeben, wenn man es zu etwas gebracht hatte. Eine moralische Verpflichtung, wie ich schon mal sagte. Aber es ist eben nicht nur eine Pflicht, es ist genauso Liebe. Oder sogar mehr als das. Wir Brasilianer ehren die Familie, sie ist für uns das Allerwichtigste. Das lernt man nicht irgendwann in der Schule oder so, das saugt man praktisch mit der Muttermilch ein. Man erlebt es von klein auf. Die Eltern machen es so mit ihren Eltern und die Kinder übernehmen es dann. Dabei geht es um viel mehr als um Geld, nämlich um Wärme und Zuneigung – darum, füreinander da zu sein, besonders für die Älteren. Nun war ich als Fußballer erfolgreich, doch wäre das nicht so gewesen, hätte es nichts an dem geändert, was die Familie für uns bedeutet. Wir hätten einfach nur weniger Geld gehabt.

Früher hatte Vater durch seine Arbeit auf dem Feld für uns gesorgt. Jetzt konnte ich etwas für ihn tun und genauso für meine Geschwister. Ob es ein Auto war, das sie sich nicht leisten konnten, oder irgendetwas anderes. Und da sich in Mogeiro mittlerweile herumgesprochen hatte, dass es in Deutschland gut für mich lief, kamen auch Nachbarn und baten um Hilfe. Das Haus von einem ist beispielsweise bei einem Unwetter zerstört worden. Durch die Regenmassen waren die Wände eingestürzt. Wir trommelten ein paar Handwerker zusammen und beschafften Baumaterial, damit er schnell wieder ein Dach über dem Kopf hatte. Die Kosten dafür hab ich übernommen.

Oder jemand brauchte Geld für eine Augenoperation oder eine andere medizinische Behandlung. Solche Sachen. Auch Lebensmittel und Medikamente besorgte ich für Familien, deren Haushaltskasse chronisch leer war. Wie Mutter das auch getan hatte als Krankenschwester mit ihrem großen

Herz, nur dass es jetzt mehr Menschen waren, denen ich helfen konnte.

Manchmal standen die Leute Schlange vor unserem Haus, wenn sie wussten, dass ich wieder im Lande war. Man hätte denken können, ich sei die wichtigste Person im Ort, noch vor dem Bürgermeister. Wahrscheinlich glaubten das manche sogar. Dabei fühlte ich mich nie so. Ich fühlte mich wie ein Fußballer, der es geschafft hatte und deshalb seinen Mitmenschen etwas geben konnte. Das war alles. Ich hatte mich als Mensch nicht verändert. Ich war immer noch Ailton, ein Cowboy aus Mogeiro, den das Leben – beziehungsweise der Fußball – nur auf einen anderen Kontinent geführt hatte.

Natürlich versuchte ich auch, mit dem Geld meine Träume zu verwirklichen: ein Stück Land, eine eigene Farm mit Rindern, eine Vaquejada-Arena, dazu einen Reitstall mit den entsprechenden Pferden. Diese Leidenschaft hatte ich immer noch. Sie war auch ein Grund für meine fortwährende Sehnsucht. Mit den Pferden zu arbeiten, vermisste ich fast am meisten. Umso mehr Zeit widmete ich ihnen, wenn ich in der Heimat Urlaub machte.

Es dauerte einige Zeit, aber nach und nach erfüllte ich mir all meine Träume. Auch dabei hielt die Familie zusammen. Aderaldo unterstützte mich, mein Vater, die anderen Geschwister, Freunde und Verwandte. Ich steuerte aus der Ferne das Geld bei und sie übernahmen die Aufgaben in Mogeiro. Ein richtiges Familienunternehmen, von dem alle etwas hatten, da natürlich niemand umsonst arbeiten sollte.

Meine unternehmerischen Aktivitäten, wenn man sie so nennen mag, blieben auch im fernen Deutschland nicht unbemerkt. Ich war es nicht, der das hinausposaunte, es muss wohl der Buschfunk gewesen sein. Wie auch immer, irgendwann tauchten Presseleute in Mogeiro auf, die fleißig Fotos schossen und alle möglichen Leute ausfragten. Natürlich erzählte jeder nur Gutes über mich: Dass ich ein großes Herz hätte, nicht nein sagen könne und überhaupt der Wohltäter des Ortes sei. Doch das alles schien den neugierigen Fragestellern nicht zu reichen. Und so dichteten sie noch das eine oder andere hinzu. Zum Beispiel, dass in meinem Auftrag gerade eine Tankstelle mit einem kleinen Supermarkt errichtet wurde, mehr oder weniger direkt vor unserer Haustür. Oder dass ich in Wohnungen investieren würde, als wäre ich ein Immobilienmogul, und dass ich in João Pessoa eine Fußballschule aufgemacht hätte. Vielleicht hatte ich jemandem für die Schule etwas Geld geliehen, doch mehr hatte ich damit nicht zu tun.

Aber, ja, es kam vor, dass irgendwelche Leute versuchten, sich mit meinem Namen zu schmücken. Doch das war in Deutschland ja auch so. Diese Kröte musste man wohl schlucken, wenn man etwas bekannter war. Meist waren solche Geschichten völlig harmlos. Sie schadeten weder mir noch sonst jemandem. Wahrscheinlich erinnerte sich am nächsten Tag schon niemand mehr daran. Man darf die Presse nicht überbewerten, jedenfalls nicht, wenn es um Fußball geht. Fußball ist Sport, aber auch ein Business, in dem viel Geld bewegt wird. Und zu diesem Business wiederum gehört die Show. Die Zuschauer im Stadion wollen unterhalten werden und die Presse muss jeden Tag irgendwas berichten, ganz gleich ob tatsächlich etwas Interessantes passiert oder nicht.

Bremen war noch ein vergleichsweise ruhiges Pflaster. Ich kam immer gut aus mit den Presseleuten. Ein paar Geschichte waren trotzdem doof. Die mit dem Geld zum Beispiel, als jemand behauptete, ich sei pleite. Für die Presse war das eine klasse Schlagzeile: Ailton pleite! Sowas wollen die Leute lesen. Nur dass es nicht stimmte. Ich hatte aufgrund einiger Fehler Schulden angehäuft, das schon. Aber das bedeutete nicht, dass ich kein Geld mehr hatte. Das ist ein Unterschied. Viele Leute haben Schulden. Die meisten hatte ich beim Finanzamt. Steuerschulden.

Als Fußballer trifft man viele Leute. Manche sind ehrlich, meinen es gut mit dir, interessieren sich wirklich für dich. Andere sind nur auf ihren eigenen Vorteil aus und versuchen, dich auszunutzen. Dazu komme ich später noch mal. Aber richtig ist, dass ich zu sorglos mit Geld umging und den falschen Leuten vertraute. Keine gute Kombination, das weiß ich längst. Damals war ich zu naiv und hab einige Leute falsch eingeschätzt, die sich als Freunde ausgaben, in Wirklichkeit aber nur meine Nähe suchten, um sich auf meine Kosten ihr eigenes Portemonnaie vollzustopfen. Leider merkte ich das bei manchen zu spät. Aber wenn man keine Ahnung von solchen Sachen wie Steuern und Verträgen und so was hat, und auch keine Zeit, oder keine Lust, sich damit zu beschäftigen, braucht man jemanden, der das für einen erledigt. Das ist für viele Fußballer eine Gefahr, gerade wenn man noch jung und unerfahren ist, aber schon viel Kohle verdient und denkt, das geht immer so weiter. Dann schaut man vielleicht nicht so genau hin, jedenfalls solange genug da ist. Deswegen ist man nicht gleich dumm, man ist einfach nur zu leichtgläubig. Jeder klopft dir auf die Schulter, alle sagen dir, was für ein toller Hecht du bist, die Leute im Stadion jubeln dir zu, rufen deinen Namen, umarmen dich mit ihren Emotionen – da rechnet man ja nicht damit, dass andere kommen, die es nur darauf abgesehen haben, dich übers Ohr zu hauen. Aber genau das ist die Realität. Und das musste ich erst einmal begreifen.

Der andere Punkt war, dass es eine Zeit lang immer das Teuerste sein musste. Autos, Klamotten, Uhren. Manchmal gab ich in einer Woche fünftausend Euro oder noch mehr nur für Kleidung aus. Weil ich dachte, es sei wichtig, dass ich Sachen von bestimmten Marken trage. Wenn ich heute daran denke, fasse ich mir an den Kopf. Schade um das schöne Geld.

Was auch noch zu dem Thema gehört, könnte man unter dem Begriff Großzügigkeit zusammenfassen. Eine positive Eigenschaft – eigentlich. Einmal schwärmte mir ein Freund von einer Wohnung vor, wie toll die sei und wie gern er die haben würde. Da ich wusste, dass er das Geld dafür nicht hatte, überwies ich es ihm einfach auf sein Konto. Auf meinem war ja genug. Es ging sogar soweit, dass ich einem Bekannten, der vieles für mich erledigte, eine Kontovollmacht erteilte, damit ich nicht immer erst tausend Papiere unterschreiben musste, bevor er etwas regeln konnte. Oder ich gab jemandem eine von meinen Kreditkarten, damit er direkt alles bezahlen konnte, was er für mich besorgte, auch ganz normale Einkäufe. Mal angenommen, mir hätte jemand dieses Vertrauen entgegengebracht – kein Cent von dessen Geld wäre in meiner eigenen Tasche gelandet. Niemals. Da bin ich viel zu sehr der Sohn von Pedro Cruz da

Silva. Wahrscheinlich dachte ich, diese Leute wären genauso erzogen worden. Garantiert dachte ich das. Na klar, das war ein Riesenfehler. Das waren sogar eine Menge Fehler. Wer weiß, wie viele Immobilien und auch Autos ich auf diese Weise für andere finanziert habe. Aber gut, abgehakt, man kann die Zeit nicht zurückdrehen.

EM MEMÓRIA

Im Gedenken

Ich springe in den Mai 2003. Unsere Mannschaft bereitete sich auf das nächste Bundesligaspiel vor, das vorletzte der Saison. Gegen Schalke zu Hause im Weserstadion. Nach zuletzt zwei Siegen gegen Hertha und Stuttgart waren wir in der Tabelle auf Rang fünf geklettert. Nun brauchten wir unbedingt einen Sieg, um diesen Tabellenplatz und damit die Chance zu verteidigen, in der nächsten Saison im UEFA-Pokal zu spielen. Überwintert hatten wir auf Platz drei, waren dann aber durch ein Unentschieden und sechs Niederlagen in Folge zu Beginn der Rückrunde abgerutscht. Erst danach haben wir wieder Punkte gesammelt, traten aber längst nicht mehr so überzeugend auf wie in der ersten Saisonhälfte. Jetzt wollten wir wenigstens die Teilnahme am UEFA-Pokal schaffen. Aber all das war plötzlich völlig unwichtig. Bremen war unwichtig, die Bundesliga, der Fußball, die ganze Welt.

Ich stand nicht mit den anderen auf dem Trainingsplatz am Stadion. Und ich würde auch nicht gegen Schalke auflaufen. Ich saß im Flugzeug und versuchte, nicht den Verstand zu verlieren. In meinem Kopf drehte sich alles. Es war unmöglich, einen klaren Gedanken zu fassen. Unmöglich, zu realisieren, was meine Schwester am Telefon gesagt hatte. Ich glaube, es war Angela. Ich konnte sie kaum verstehen, sie hatte geweint, geschluchzt, dass es mir fast das Herz zerriss. Seit ihrer Nachricht schien alles irgendwie unwirklich. Auch jetzt. All die Passagiere um mich herum, die Stewardessen – und doch fühlte ich mich so allein, wie noch nie in meinem Leben.

Aderaldo.

Lau, mein geliebter Bruder.

Er war tot.

Ein Unfall. Am Sonntag, den 11. Mai. An dem Tag wurde in Brasilien der *Dias das Mães* gefeiert, der Muttertag, das größte Fest nach Weihnachten. Da kommt die gesamte Familie zusammen, kocht und isst gemeinsam und ehrt die Mütter. Adriana und Alexandre waren früh am Morgen in den Nachbarort gefahren, um Blumen für Mutters Grab zu besorgen. Als sie zurückkamen, herrschte helle Aufregung im Ort. Viele Leute waren auf den Beinen. Wie ein Lauffeuer hatte sich die Nachricht verbreitet, dass auf der Landstraße, die nach Mogeiro führt, ein Pferdetransporter verunglückt war. In einer Kurve. Aderaldo hatte am Steuer gesessen. Er kam von einer Vaquejada in Guarabira. Der Ort liegt rund achtzig Kilometer nördlich von Mogeiro. Lau musste also sehr früh aufgebrochen sein. Seinen Beifahrer hatte er später in einem Nachbarort abgesetzt, kurz danach musste es passiert sein. Es hieß, er wäre unter der Fahrerkabine eingeklemmt gewesen. Jede Hilfe kam zu spät.

Angela hatte sofort angerufen. Seitdem waren erst wenige Stunden vergangen. Stunden, die ich wie in Trance erlebte, der Welt entrückt, wie unter einer Glasglocke. In der Nacht hatte ich kein Auge zugetan. Jetzt flog ich nach Hause, um mich von meinem Bruder zu verabschieden. Dabei weigerte sich alles in mir, zu glauben, dass Lau nicht mehr da sein würde, wenn ich in Mogeiro ankam, dass wir nie wieder miteinander sprechen würden. Es war wie ein Alptraum, der nicht aufhören wollte.

Noch heute spüre ich einen Stich im Herz, wenn ich an ihn denke. Dann versuche ich, mich an die schönen Sachen zu erinnern, die wir gemeinsam erlebten. Lau war damals erst fünfunddreißig, hatte eine Frau und einen Sohn, steckte voller Pläne. Wir wollten noch so viel gemeinsam schaffen. Vaquejada, die Pferde und die Rinder – das Cowboyleben war auch seine Leidenschaft. Die Arena war gerade im Bau, als er starb. Nachdem sie fertiggestellt war, benannten wir sie nach ihm, „Parque Aderaldo Gonçalves", so wie wir dem Reitstall den Namen unserer Mutter gaben – um die beiden zu ehren und an sie zu erinnern. Irgendwann lässt der Schmerz nach, aber die Wunde verheilt nie, nicht so, dass man sie nicht mehr spürt.

Zwei Wochen nach Aderaldos Tod, beim letzten Saisonspiel, stand ich wieder auf dem Platz. Er hätte es so gewollt. Keiner hatte sich mehr als er darüber gefreut, dass ich mich nach all den anfänglichen Schwierigkeiten und Rückschlägen bei Werder durchsetzen konnte. Alle meine Geschwister waren stolz, auch mein Vater. Doch bei Lau war es noch einmal etwas anderes. Weil wir uns besonders nahestanden, aber auch, weil er selbst Fußball gespielt hatte und meine Leistungen am besten einschätzen konnte. Er und Mutter hatten schon an mich geglaubt, als ich von meinem Talent und mein

Potenzial selbst noch nicht richtig überzeugt war. Ich war es ihm einfach schuldig, mich jetzt nicht hängen zu lassen, so schwer mir das in der ersten Trauerphase auch fiel.

Erst einmal musste ich nur dieses eine Spiel überstehen – und nur wenige Minuten. Ausnahmsweise war ich Thomas Schaaf dankbar, dass er mich ein Spiel gar nicht eingesetzt hatte und bei dem jetzt nicht von Anfang an brachte, sondern erst später einwechselte. Wir spielten gegen Borussia Mönchengladbach im Bökelbergstadion. Um das UEFA-Pokal-Ticket sicher in der Tasche zu haben, brauchten wir drei Punkte. Die Gladbacher wiederum benötigten einen Zähler, um den Klassenerhalt ohne Wenn und Aber klarzumachen.

Eine Mannschaft erreichte ihr Ziel, doch das waren nicht wir. Das Spiel endete 4:1 für die Gastgeber. Wir rutschen ab auf Platz sechs, der UEFA-Pokalwettbewerb würde nächste Saison ohne uns stattfinden. Natürlich ärgerten sich alle darüber. Doch mir war es an dem Tag egal. Ich wollte nur noch in die Sommerpause, abschalten, trauern, den Kopf freibekommen, zu meinen Pferden.

INÍCIO QUENTE

Heißer Start

Brasilianischer Sommer. Eine Hitzeglocke hing über Deutschland, über ganz Europa. Bereits im Juni waren die Temperaturen vielerorts höher als sonst. Wir sind im Jahr 2003. Der Jahrhundertsommer. Hätte ich das gewusst, wäre ich diesmal pünktlich zum Trainingslager auf Norderney angereist. So aber hielt ich an meiner Tradition fest. Ich war vier Tage zu spät dran und zwei zu spät auf der Insel. Trotzdem verzichtete ich diesmal auf eine kostspielige Anreise per Taxi. Doch Spaß beiseite. Meine Verspätung wird niemanden überrascht haben, da bin ich mir ziemlich sicher. Und wenn Thomas Schaaf oder Klaus Allofs den Presseleuten etwas anderes erzählten, dann vor allem, damit die nicht den Eindruck bekamen, die beiden seien zu lasch, hätten die Mannschaft nicht im Griff, also vor allem mich. Das war jedenfalls meine Vermutung. Ich kann mir vorstellen, dass Thomas Schaaf am meisten nervte, dass die Presseleute meine verspäteten Anreisen nie einfach mal ignorierten, sondern jedes Mal dieselben Fragen stellten. Wie auch immer, es wurde natürlich wieder kolportiert, der Verein würde mich zu einer saftigen Geldstrafe verdonnern, 25.000 Euro oder so. Und wieder kann ich nur sagen, dass ich nichts zahlen musste. Meine Strafe war das Laufen. Die üblichen Extrarunden durch die Dünen. Und, dass ich bei einem

Testspiel gegen einen Inselverein nicht mitmachen durfte. Außerdem begann es genau in dem Moment, als ich ankam, nach langer Zeit mal wieder zu regen.

Da wir die direkte Teilnahme am UEFA-Pokal verpasst hatten, durften – oder mussten – wir in dem Sommer im UI-Cup ran. Darüber konnte man einen Platz in der Qualirunde für den UEFA-Pokal ergattern. Der „Cup der guten Hoffnung", auch „Strohhalm-Cup" genannt. Sehr beliebt war er bei uns Spielern nicht. Im Juli ging es los. Der erste Gegner hieß OGC Nizza, wo als Trainer der Deutsche Gernot Rohr an der Seitenlinie stand, der als Spieler bei Girondins Bordeaux sehr erfolgreiche Zeiten erlebt hatte. Wir mussten zuerst auswärts ran. Eine nette Reise an die Côte d'Azur, doch am Ende stand nur ein mageres 0:0. Erst im Rückspiel fiel ein Tor, das einzige und entscheidende, das uns eine Runde weiter brachte. Genau genommen fielen zwei Tore, nur dass meins nicht zählte, weil ich angeblich mal wieder im Abseits stand.

Das ewige Dilemma. Ich will nicht behaupten, dass die Entscheidung jedes Mal falsch gewesen wäre, ich nie ins Abseits lief. In den Anfangsjahren bei Werder startete ich tatsächlich oft zu früh, was die Trainer manchmal zur Verzweiflung brachte. Aber Thomas Schaaf sagt heute selbst, dass die Schiedsrichter nicht selten von meinem Tempo überrascht waren und die Fahne oft erst hochging, als ich schon drei, vier Meter weiter war. Hätte es damals den Videobeweis gegeben, so schätzt er, wäre etwa die Hälfte der Abseitsentscheidungen anders ausgefallen, nämlich zu meinen Gunsten. Das hilft im Nachhinein auch nicht mehr, es war wie so oft: Das Tor zählte nicht.

Apropos Tor: Das gegen Nizza schoss Johan Micoud, der im Sommer 2002 vom AC Parma gekommen war. Dank der Überredungskünste und dem guten Französisch von Klaus Allofs, denn eigentlich standen weder Deutschland noch Bremen auf seinem Karriereplan. Über Johan muss man nicht viel sagen. Er war schlicht und ergreifend genial – Denker, Lenker, „Le Chef", wie wir ihn nannten. Es gibt nicht wenige, die meinen, er sei der beste Spieler gewesen, den Werder jemals hatte. Okay, wenn ich der beste Stürmer war und „Pizza-Toni" das beste Sturmduo, dann kann ich das akzeptieren. Aber im Ernst: Johan prägte unser Spiel. Er hatte immer den totalen Überblick, sah die Räume, wusste genau, wo ich stehe und wie er mich anspielen konnte. Das passte einfach perfekt. Er verhalf mir zu vielen Toren.

Ich bin sicher, Ivan würde dasselbe sagen. Ivan Klasnić. Er war mittlerweile mein neuer Sturmpartner, und zwar jetzt schon in der dritten Saison, falls ich das noch nicht erwähnte. Claudio hatte es nur zwei Jahre bei Werder gehalten, dann holten ihn die Bayern nach München. Für mich war das ein Schock. Ich wünschte ihm nur das Beste, logisch, wir waren Freunde, das sind wir bis heute, aber als er damals zu Bayern ging, war es schwer für mich, ich fühlte mich wieder allein.

Gott sei Dank kam dann gleich Ivan. Er war ein anderer Spielertyp, aber auch mit ihm verstand ich mich blind auf dem Platz. Ivan spielte sehr clever. Er konnte meine Laufwege lesen und ich seine. Allein in der Saison, die gerade anfing, schossen wir zusammen 53 Tore. Dafür musste es schon gut passen. Und das Beste war, dass wir uns auch menschlich super verstanden. Ivan ist zwar kein Latino, aber Party machen konnte man mit ihm, als wäre er einer. Wir hatten eine Menge Spaß. Mit Disziplin, also alles im Rahmen – ich sag es immer wieder. Nur dass niemand denkt, wir hätten vergessen, dass wir Profis waren. Natürlich nicht. Höchstens mal ganz kurz. Doch spätestens wenn morgens der Wecker klingelte, wussten wir es dann wieder.

Wirklich erstaunlich war, wie es Klaus Allofs im Zusammenspiel mit der Scoutingabteilung und nicht zuletzt mit Thomas Schaaf gelang, ein Team zusammenzustellen, dass von Saison zu Saison besser harmonierte. Und das, obwohl es immer wieder Abgänge gab. So hatten in der Zwischenzeit auch Marco Bode, Torsten Frings und Frank Rost Werder verlassen. Klaus Allofs ersetzte sie durch passende Spieler und Thomas Schaaf formte eine Einheit daraus, wie man es nicht besser machen konnte. Vielleicht merkten wir Spieler das am Anfang noch gar nicht so, doch spätestens mit Beginn der Saison 2003/2004 dürfte jeder von uns das gleiche Gefühl gehabt haben: dass wir eine eingeschworene Gemeinschaft waren. Einer für alle, alle für einen – so ungefähr. Und in den folgenden Monaten wuchsen wir weiter zusammen, so eng, wie ich es bei keiner Mannschaft erlebt hatte – und auch nie wieder erlebte. Wir waren wie eine Familie. Vor allem auf dem Platz. Dabei legten wir noch vor dem ersten Bundesligaspiel der Saison einen Fehlstart hin, der peinlicher nicht sein konnte.

Im Halbfinale des UI-Cup hatten wir es mit einem Gegner zu tun, von dem niemand von uns je zuvor gehört hatte: SV Superfund Pasching. Vielleicht fing es genau damit an, in unseren Köpfen: Ein unbekannter Gegner mit einem unbekannten

Trainer aus einem unbekannten Dorf irgendwo in Oberösterreich. Sechstausend Einwohner. Die Spielstätte nannte sich Waldstadion, obwohl sie weder in einem Wald stand noch ein richtiges Stadion war mit den gerade einmal 5800 Plätzen, aber immerhin verfügte sie über eine kleine Flutlichtanlage. Ich will gar nicht von Überheblichkeit sprechen. Wahrscheinlich war es einfach so, dass wir uns gedanklich schon zu sehr mit dem Bundesligaauftakt beschäftigten, der uns drei Tage später in Berlin erwartete, gegen Hertha BSC.

Wir flogen also nach Linz. Pasching liegt direkt daneben, am Stadtrand. Das Waldstadion konnte man aus dem Flugzeug sehen. Es müsste Ende Juli gewesen sein, der letzte oder vorletzte Tag, ein Mittwoch, daran erinnere ich mich noch. Klares Wetter, es war ziemlich warm. In der ersten halben Stunde passierte nicht viel. Und danach wurde es dann so richtig schlecht – was uns betraf. Eine Szene in der 35. Minute war symptomatisch für das, was wir in dem Spiel ablieferten, nämlich nicht viel. Wir hatten eine Ecke, die Paschinger eroberten den Ball im eigenen Strafraum. Dann machte sich der, der ihn sich geschnappt hatte, auf den Weg. Wir ließen ihn laufen ... und laufen ... und laufen. Ungefähr siebzig Meter, bis er nah genug an unserem Keeper dran war, um das Leder an ihm vorbei im Netz unterzubringen – 1:0.

Das hätte uns wachrütteln sollen. Stattdessen stellten wir uns dermaßen ungeschickt an, dass innerhalb der folgenden sieben Minuten die nächsten zwei Tore fielen. Eines davon durch einen verwandelten Foulelfmeter.

Um das ganze Elend nicht noch einmal durchleben zu müssen, mache ich es kurz: Mit 3:0 für die Gastgeber ging es in die Pause. Danach ließen wir nicht mehr so viel zu, kamen aber selber auch kaum zu einer klaren Torchance. Mit Ausnahme eines Strafstoßes nach einem Foul an Johan. Normalerweise hätte ich den geschossen. Thomas Schaaf legte immer drei Spieler als Elferschützen fest. Ich hatte es auf Platz eins seiner Kandidatenliste geschafft, war nur dummerweise drei Minuten vorher ausgewechselt worden. Also schnappte sich Angelos Charisteas den Ball, auch ein guter Schütze.

An dem Abend sollte es aber einfach nicht sein. Paschings Torhüter ahnte die richtige Ecke. Und weil bei uns sowieso rein gar nichts zusammenlief, fingen wir uns noch einen vierten Treffer ein, bevor uns endlich der Schlusspfiff erlöste und wir wie begossene Pudel vom Platz schlichen.

Im Nachhinein ließ sich diese Blamage natürlich wunderbar umdeuten: Dass sie uns wachrüttelte, dass wir endlich kapierten, jedes Spiel so anzugehen, als hätten wir den stärksten Gegner vor der Brust, solche Sachen. Das mochte alles richtig sein, nur hätten wir das vorher schon wissen müssen. Und, ganz ehrlich, wir wussten es natürlich auch. Trotzdem hatten wir versagt. So ist Fußball. Wir waren auch nur Menschen, machten Fehler, selbst solche, die neunzig Minuten dauerten und keiner begreifen konnte.

Mit dieser peinlichen Vorstellung sorgten wir für reichlich Gesprächsstoff. Im Verein brannte die Luft. Klaus Allofs tobte. Aber noch ein anderes Thema erhitzte die Gemüter: unsere neuen Trikots, diese grünen mit den orangefarbenen Ärmeln. Darin sähen wir aus wie Papageien, schimpften die

Leute. Schon bei den Testspielen kamen von den Rängen Sprüche wie: „Wir haben die hässlichsten Trikots", oder so ähnlich. In der Saison vorher hatten wir ganz in Grün oder ganz in Weiß gespielt. Mit den neuen wollte Klaus Allofs mehr Farbe ins Spiel bringen. Er sagte, dass man auffallen sollte auf dem Platz. Und das war dabei herausgekommen.

Ich hatte nichts gegen die Farbkombination. Brasilianer mögen kräftige Farben. Allerdings waren die Trikots recht eng geschnitten, slim fit, körperbetont. Wir machten untereinander unsere Späßchen. Dass die Form eher etwas für unsere Bohnenstangen Johan oder Paul Stalteri sei, und nicht für solche muskelbepackten Typen wie mich. XL passte mir aber, kein Problem. Entgegen aller Behauptungen, die gelegentlich – für meinen Geschmack ein bisschen oft – in Umlauf gebracht wurden, von wegen ich hätte zu viel Fett auf den Rippen. Das waren alles Muskeln. Gut verteilt auf einen Körper, der nun einmal etwas kompakter ausfiel. Das lag an den Genen, nicht daran, dass ich zu viel futterte oder mich zu wenig bewegte. Die Physis hatte mir mein Vater vererbt. Die Eleganz meiner Bewegungen dürfte ich meiner Mutter zu verdanken haben.

Dieser Begriff „Kugelblitz", den irgendwann jemand in die Welt gesetzt hatte, war daher schon ziemlich respektlos. Nur gut, dass ich ein sonniges Gemüt habe und darüber lachen konnte. Und danke, denn inzwischen habe ich eine eigene Marke daraus gemacht. Meine Fitnesswerte waren jedenfalls nicht schlecht zu der Zeit. So oft, wie ich in einem Spiel den Turbo einschaltete und einen Sprint hinlegte, bei dem ich fast jeden in der Liga hinter mir ließ – das hätte ich niemals geschafft, wenn ich nicht fit gewesen wäre.

Das Lustige war, dass sich die anfangs so verhassten Trikots von allen, die Werder jemals hatte, am meisten verkaufte. Was sicher auch an unseren Erfolgen in dieser Saison lag. Mit denen wird dieses Trikot in den Köpfen der Leute immer verbunden bleiben. Nicht ohne Grund spielen wir mit der Werder-Legendenmannschaft bis heute in diesen Jerseys. Der Schnitt wurde über die Jahre natürlich ein klein wenig angepasst.

Dann der Bundesliga-Auftakt bei Hertha, Anfang August. Immer noch brütende Hitze. Die Temperaturen erreichten Höchstwerte. Selbst im kühlen Norden, in Bremen, kletterten sie an manchen Tagen schon bis Mittag auf 33 bis 35 Grad Celsius. Nicht anders in Berlin. Das Olympiastadion war eine Baustelle. In Vorbereitung auf die Weltmeisterschaft 2006 wurden die Tribünen überdacht. Obwohl, oder gerade weil Pasching noch in unseren Köpfen herumspukte, spielten wir wie ausgewechselt. Die Herthaner wollten es gleich wissen, drängten nach vorn, doch meistens endete ihre Reise vor unserem Strafraum. Wir lauerten auf Fehlpässe, um dann blitzschnell zu kontern. Nach neun Minuten hätte es das erste Mal klingeln können, doch mir rutschte der Ball weg, sodass er übers Tor flog. Nach noch einmal neun Minuten brachte Johan einen Eckball herein. Mladen Krstajić köpfte, traf jedoch nur die Latte. Nicht schlimm, denn ich stand goldrichtig, um den Abpraller im Tor zu versenken.

Keine drei Minuten danach tauchten wir erneut im Strafraum der Berliner auf. Ich legte zu Johan ab und jetzt war er es, der vollendete. Den Hertha-Fans schien nicht zu gefallen, was sich vor ihren Augen abspielte. Die ersten pfiffen die eigene Mannschaft aus. Nach dem Spiel war das Pfeifkonzert dann noch lauter. Obwohl die Berliner auch in der zweiten Hälfte Druck gemacht hatten, sind sie an unserer Abwehr nicht vorbeigekommen oder an unserem Keeper gescheitert. Dafür hatte ich noch einmal einen ziemlich guten Moment. In der 65. Minute. Nach Zuspiel von Angelos. Zwei Tore selbst gemacht, eins vorbereitet – es ging also doch. Gesch... auf Pasching.

Um dieses unsägliche Thema zu Ende zu bringen: Es gab noch ein Rückspiel in Bremen. Erstaunlicherweise vor ausverkauftem Haus. Wobei nur etwa die Hälfte der Plätze im Weserstadion genutzt werden konnte, da auch bei uns gebaut wurde. Wahrscheinlich hofften unsere Fans auf ein neues Wunder. Dann enttäuschten wir sie allerdings noch einmal. Angelos gelang ein Tor, ich versemmelte eine gute Chance, eine sehr gute sogar, und kurz vor Schluss fingen wir uns auch noch den Ausgleich zum 1:1. Das war‘s, aus und vorbei. Die große Trauer darüber konnte ich bei keinem ausmachen. Fast schien es, als hätten wir die Lust an diesem mehr als mühsamen UI-Cup verloren gehabt.

Die große Frage ist: Was wäre gewesen, wenn wir das Wunder doch vollbracht und uns nach der nächsten Runde für den UEFA-Pokal qualifiziert hätten? Aber beschäftigen wir uns lieber damit, wie es weiterging – das ist erfreulicher.

Auf jeden Fall hielt die Hitze an. „Backofen Bundesliga", schrieb die Presse. In unserem Stadion wurden 34 Grad Celsius im Schatten gemessen und 44 Grad in der Sonne. Beim nächsten Heimspiel besprühte die Feuerwehr die Zuschauer vor der Arena mit Wasser, um ihnen etwas Abkühlung zu verschaffen.

Es ging mal wieder gegen Mönchengladbach. Kein Spiel für die Geschichtsbücher. Ich erwähne es nur, weil ich mein nächstes Saisontor erzielte. Ein Elfmeter. Krisztián Lisztes war im Strafraum gefoult worden. Ich verwandelte staubtrocken. Eiskalt konnte man bei dem Wetter schlecht sagen. Leider brachten wir den Vorsprung nicht über die Zeit. Neun Minuten vor Spielende glichen die Gladbacher aus.

Dafür nahmen wir in der Woche darauf drei Punkte aus Kaiserslautern mit. Ein Tor von Johan genügte. Und wiederum eine Woche später hießen wir Schalke im Weserstadion willkommen. Allerdings ohne uns als besonders zuvorkommende Gastgeber auszuzeichnen. Im Gegenteil, wir bereiteten den Gästen einen alles andere als erfreulichen Nachmittag. Zur Pause führten wir bereits 3:0, am Ende stand es 4:1. Das erste Tor hatte ich vorbereitet, das dritte selbst geschossen.

Mein viertes Tor im vierten Spiel – kein schlechter Start in die Saison. Man könnte auch sagen, es lag etwas in der Luft. In den letzten beiden Spielzeiten war ich auf jeweils sechzehn Treffer gekommen. Im Vorjahr reichte das für Platz drei der Torschützenliste. Warum sollte sich das nicht steigern lassen? Schon für Aderaldo. Nach seinem Tod hatte ich mir geschworen, für ihn noch besser zu spielen und noch mehr Tore zu schießen. Jeden Treffer, den ich erzielte, widmete ich im Stillen ihm. Mein Jubel nach einem Tor, der Blick in den Himmel, das waren solche Momente.

Es war kein Geheimnis, dass Thomas Schaaf seine Mannschaft gern offensiv spielen sah, hungrig auf Tore. Natürlich mit einer guten Defensive als Basis. Irgendwann sagte er mal sinngemäß: Lieber 4:3 gewinnen als 1:0 und den Leuten möglichst viel Spektakel bieten – das, was man selbst erleben will, wenn man als Zuschauer im Stadion sitzt. Ich würde sagen, da waren wir absolut Brüder im Geiste.

Während wir also einen guten Saisonstart hinlegten, kurzzeitig sogar auf Platz eins standen, und auch im September nicht nachließen, abgesehen von einer Niederlage gegen Dortmund, kursierten in der Presse mal wieder Gerüchte, ich wolle Werder verlassen. Mit welchem Verein ich diesmal in Verbindung gebracht wurde, weiß ich nicht mehr – Olympiakos Piräus oder Fenerbahce Istanbul oder noch ein anderer. Wie solche Nachrichten in die Welt kamen, war mir oft selbst ein Rätsel. Einige Presseleute hatten es sich zum Hobby gemacht, mich alle naselang nach meiner Zukunft im Bremen zu fragen. Und wenn ich dann zum Beispiel antwortete: „Vielleicht bleibe ich, vielleicht gehe ich“, oder dass mich die Serie A in Italien interessiere, kam direkt das nächste Gerücht auf.

Werder hatte meinen ersten Vertrag frühzeitig bis 2004 verlängert. Somit wäre ich mit Ende der laufenden Saison ablösefrei zu haben gewesen. Es sei denn, ich unterschrieb vorher einen neuen Vertrag in Bremen. Das war die Ausgangslage. Ich hatte niemanden beauftragt, nach einem anderen Verein zu suchen, erwartete von Werder allerdings, dass sie für eine mögliche Vertragsverlängerung etwas tiefer in die Tasche griffen. Da ich in Deutschland keinen festen Berater hatte, meldeten sich einige, die offenbar ein gutes Geschäft witterten. Zwanzig Prozent Provision bei einem Millionentransfer – dafür lohnte es sich, morgens aufzustehen. So könnten einige der Pressegeschichten entstanden sein, ohne dass ich damit überhaupt etwas zu hatte. Zum Beispiel, um bei Vereinen Interesse zu wecken. Nach dem Motto: Klappern gehört zum Handwerk. Das konnte man gut finden oder nicht. Aus meiner Sicht schadete es keinem, den Werder-Chefs auf diese Weise zu signalisieren, dass auch andere Vereine um ihren Stürmer warben.

Zu der Zeit liefen die Verhandlungen mit Werder bereits seit einigen Monaten. Ich hatte zwei- oder dreimal mit Klaus Allofs zusammengesessen. Jürgen Born war meistens auch dabei gewesen. Beide meinten, dass sie mich unbedingt halten wollten. Allerdings lagen ihre und meine finanziellen Vorstellungen ziemlich weit auseinander. Irgendwann hieß es, sie könnten das Geld nur aufbringen, wenn wir die Champions League erreichen würden. Das konnte natürlich niemand garantieren. So kamen wir nicht weiter. Das Ganze war vertrackt, ziemlich festgefahren, sodass ich mittlerweile das Gefühl hatte, sie wollten vielleicht doch nicht, dass ich bleibe.

In dieser Situation meldete sich jemand von Schalke 04. Der Name spielt keine Rolle. Das war etwa eine Woche vor unserem Heimspiel gegen Wolfsburg Anfang Oktober. Auf jeden Fall sagte derjenige, Rudi Assauer wolle mich gern treffen. Warum nicht, dachte ich. Rudi Assauer war eine Institution in der Liga. Rudi Assauer war Schalke. Ich hatte oft genug gegen seinen Verein gespielt, um das zu wissen. Wir vereinbarten ein Treffen im Hotel Maritim, unmittelbar nach der Partie gegen Wolfsburg.

Als ob ich mich noch ein bisschen mehr empfehlen wollte, schoss ich in dem Spiel zwei Tore, das erste bereits in der zweiten Minute. Mich erreichte ein schöner Steilpass auf der linken Seite und schon war ich nicht mehr zu halten. Das zweite Tor folgte eine gute Viertelstunde später. Rudi Assauer saß irgendwo auf der Tribüne. Es war ein Spiel ganz nach dem Geschmack von Thomas Schaaf – ein Spektakel. Nach mir trafen noch Paul Stalteri, Johan und Ivan – in der Reihenfolge. Aber auch die Wolfsburger trugen dazu bei, dass die Zuschauer bestens unterhalten wurden. Beim Abpfiff stand es 5:3. Damit waren wir wieder Tabellenführer.

Vom Sieg beschwingt, fuhr ich zum Maritim. Rudi Assauer empfing mich in einer Suite, zusammen mit einem Begleiter. Ich glaube, es war Andreas Müller, der später sein Nachfolger als Manager wurde. Die beiden hatten sich bestens vorbereitet und wussten ganz genau, wie sie mich überzeugen konnten. Das Gespräch dauerte vielleicht eine halbe Stunde, kaum länger. Und ein richtiges Gespräch war es auch nicht, ich hörte nur zu. Kurz und knackig präsentierten sie das Projekt Schalke: Die Tradition des Klubs, das moderne Stadion, die treuen Fans, welche Spieler sie außer mir holen wollten, welche Ziele sie anstrebten und so weiter. Mit meinem *colega* Mladen Krstajić, den sie auch haben wollten, hatten sie offenbar schon gesprochen.

Man könnte sagen, sie überrollten mich mit ihrer Offensive. Das machten sie wirklich geschickt. Am Ende lag ihr

Angebot auf dem Tisch und sie sagten klipp und klar: Das können wir zahlen, keinen Cent mehr. Bei Werder hatte ich mir immer anhören müssen, was alles nicht ginge und dass mein Vertrag schon gut genug sei.

Um meine Entscheidung kurz zu erklären: Schalke bot das Doppelte. Trotzdem hätte ich erst einmal in Ruhe nachdenken und abwägen sollen. Aber da stand mir mein Temperament im Weg. Ich war beeindruckt, hielt es für ein gutes Angebot, ein sehr gutes, das mir zeigte: Die wollen dich unbedingt. Also sagte ich auf der Stelle zu und besiegelte den Deal per Handschlag – ein Mann, ein Wort.

Bei Werder wusste in diesem Moment niemand, dass ich gerade meinen Abschied klargemacht hatte. Ich bin nicht einmal sicher, ob mir selbst die ganze Tragweite bewusst war, dort in der Suite. Und in der folgenden Nacht. Und an dem Tag danach. Als ich aufwachte, dachte ich: Was hast du bloß getan?

Das war an dem Montag, als Mladen Werder informierte, dass er zum Saisonende zu Schalke gehen würde. Am Dienstag, ich hatte gerade das Trainingsgelände verlassen, rief Rudi Assauer bei Klaus Allofs an, um ihm meinen Wechsel mitzuteilen. Das hatten wir so vereinbart. Nicht, weil ich zu feige war, es selbst zu tun, obwohl es mir sicher schwergefallen wäre. Mir wurde gesagt, dass sei das übliche Prozedere.

Dann entbrannte ein Streit zwischen Werder und Schalke. Rudi Assauer, der früher selbst lange bei Werder war, erst als Spieler, danach als Manager, wurde vorgeworfen, internes Wissen missbräuchlich verwendet und sich überhaupt schäbig verhalten zu haben. Franz Böhmert, inzwischen Aufsichtsratsvorsitzender von Werder, kündigte ihm enttäuscht die

Freundschaft. Die beiden kannten sich ewig. Auch die DFL, die Fußballliga, wurde eingeschaltet. Angeblich hatte Schalke gegen die Transferregeln verstoßen. Demnach hätten sie Werder über das Interesse an Mladen und mir und über die Gespräche vorab informieren müssen. Irgendwann kam jedoch heraus, dass Rudi Assauer sehr wohl mit Franz Böhmert darüber gesprochen hatte, auf seine bekannte hemdsärmelige Art, sodass der es anscheinend nicht ernst nahm. Ich würde kein schlechtes Wort über Rudi Assauer verlieren. Für mich war er einer der besten Manager, die ich kennengelernt habe. Ein guter Charakter, auf dessen Wort man sich verlassen konnte.

Noch einmal zu meinen Beweggründen: Ja, es ging ums Geld. Ich hatte eine Familie, die von dem abhängig war, was ich verdiente. Dabei ging es nicht nur um Rosseli und die Kinder, sondern auch um meinen Vater und meine Geschwister in Mogeiro, die ich so gut wie möglich unterstützen wollte. Außerdem war ich mit dreißig nicht mehr der Jüngste. Gerade lief es richtig gut. Ich schoss viele Tore und war mit meiner Art zu spielen eine Attraktion in der Bundesliga. Aber das konnte schnell vorbei sein. In dem Alter musste ich davon ausgehen, dass das mein letzter Vertrag in Europa sein würde. Also war es wichtig, das Beste für mich und meine Familie herauszuholen. Ich musste an unsere Zukunft denken.

Es ging aber auch um die Anerkennung meiner Leistung, um meinen Wert als Spieler. Was hatte ich in Bremen am Anfang alles durchgemacht! Das hätte kein deutscher Fußballer in Brasilien über sich ergehen lassen. Aber ich biss mich durch und blieb, auch als die ersten Angebote von anderen Klubs kamen. Ich gab Werder – dem Verein und den

Fans – mein Herz, meine Liebe. Und bekam auch viel von ihnen zurück. Das machte es ja so schwer. Und dann liefen die Verhandlungen so schleppend. Klar, das enttäuschte mich. Als hätten sie gedacht: Der bleibt sowieso hier, wir müssen einfach nur abwarten, irgendwann unterschreibt der schon.

Aber ich gebe zu, dass ich an meiner Entscheidung in den folgenden Wochen selbst tausendmal gezweifelt und sie auch bereut habe. Ich weiß noch, wie Paul Stalteri mich einmal zu Hause besuchen kam. Paul und ich teilten uns während der Saison bei den Reisen ein Zimmer. Mit ihm konnte ich mich gut verständigen. Sein Deutsch und mein Deutsch, das passte perfekt. Wir saßen also zusammen, und da spürte ich plötzlich, wie viel ich verlieren würde. Nicht nur die Verehrung der Fans, auch meine Mitspieler, mit denen ich mich wirklich gut verstand. Die Mannschaft war wie eine Familie zusammengewachsen. Es gab auch mal Reibereien, kleine Hahnenkämpfe sozusagen, jeder von uns hatte seine Eigenheiten. Der eine war eher still, wurde aber trotzdem als Autorität akzeptiert, der andere ließ schon mal die Diva raushängen, womit ich nicht mich meine. Doch wenn es darauf ankam, auf dem Platz, stand einer für den anderen ein – eben wie bei einer intakten Familie.

In diesem Moment, als Paul mich besuchte, da tat es am meisten weh, dass ich die Mannschaft verlassen würde. Das ging mir sehr ans Herz. Ich weinte, er weinte und es fühlte sich an, als würde ich nicht in eine andere Stadt gehen, sondern auf einen anderen Planeten, unendlich weit weg.

Manchmal denke ich heute noch: Könnte ich doch die Zeit zurückdrehen, ich würde es tun.

Später wurde behauptet, man hätte den Vertrag mit Schalke wieder auflösen können, weil irgendwelche Bestimmungen nicht eingehalten wurden. Angeblich hatte Schalke nicht den offiziellen Vordruck der DFL verwendet. Außerdem sei der Vertrag nur auf Deutsch verfasst gewesen, weshalb ich seinen Inhalt nicht komplett hätte verstehen können. Auch wären mir bestimmte Anlagen nicht ausgehändigt worden. Das kann alles gestimmt haben. Bei Werder sagten sie, sie würden mir weiterhin einen Vertrag anbieten. Ich müsse nur die Sache mit Schalke klären, dann könnte ich ihn sofort unterschreiben. Auch das wird so gewesen sein. Es gab da nur einen kleinen, aber entscheidenden Haken – nämlich das, was mein Vater mir immer gesagt hatte: Ein Mann muss zu seinem Wort stehen! Selbst wenn es zwischen Rudi Assauer und mir nicht mehr als den Handschlag im Hotel gegeben hätte, hätte ich die Erziehung meines Vaters unmöglich verleugnen können. Abgesehen davon, das habe ich dann ja auch erfahren, hatte Werder mit Miroslav Klose bereits einen Ersatz für mich im Visier.

Die ersten Tage nach der Verkündung meines Wechsels waren nicht die besten in meinem Leben. Thomas Schaaf war enttäuscht. Klaus Allofs war enttäuscht. Jürgen Born war enttäuscht. Dazu die Presse und die Fans, alle machten ihrem Ärger Luft. Ich hatte nicht erwartet, dass mir jemand um den Hals fallen würde, doch dass die Stimmung so aufgeladen war, überraschte mich. Als wäre ich der erste Fußballer gewesen, der den Verein wechselte.

Ich versuchte, den Trubel so gut es ging an mir vorbeirauschen zu lassen, um mich auf den Fußball konzentrieren zu können. Was hätte ich sonst auch tun sollen? Das nächste Heimspiel stand an, gegen Stuttgart, deren Trainer Felix Magath hieß. Mir war etwas mulmig dabei, ins Stadion zu gehen. Wie würden die Fans reagieren? Zum ersten Mal in der Saison war das Stadion ausverkauft, keine Baustelle mehr, also 41.000 Zuschauer.

Nein, es wurde kein schöner Nachmittag. Wir verloren das Spiel, obwohl wir es dominierten und unser Keeper Andreas Reinke sogar einen Elfmeter parierte. Ich war für die Mannschaft keine große Unterstützung, so sehr ich es auch wollte. Nicht nur wegen Felix Magath, den ich gern etwas mehr geärgert hätte. Das Schalke-Thema schien mich zu blockieren. Es war unmöglich, das auszublenden. Dafür sorgten auch die Zuschauer, die mir sonst zujubelten. Diesmal pfiffen sie, als mein Name genannt wurde. Ein paar besonders fleißige hatte drei Transparente gebastelt, die aussahen wie riesige Dollarscheine. Auf dem ersten war Mladens Porträt abgebildet, auf dem in der Mitte das Logo von Schalke, und auf dem letzten erkannte ich mein Gesicht. Über die gesamte Länge der Transparente zog sich ein Schriftzug: „Geld macht unseren Sport kaputt.“

Wenigstens war es erst das zweite Spiel in dieser Saison, das wir verloren hatten. Es sollte für viele Wochen das letzte bleiben.

O DUPLO

Das Double

Ich bekam mich zum Glück schnell wieder in den Griff. Wenn ich Werder schon verließ, dann wollte ich zum Abschied noch einmal das Beste geben, für die Fans, für den Verein. Das war meine Motivation. Auch Aderaldo sollte stolz auf mich sein können, das schwang im Hinterkopf immer mit. So wie unsere Mannschaft momentan spielte, könnten wir Großes erreichen. Auch das war ein Gedanke – warum nicht träumen?

Dass uns die Niederlage gegen Stuttgart nicht aus dem Konzept brachte, bewiesen wir am folgenden Wochenende in Freiburg. Zur Halbzeitpause führten wir schon mit drei Toren. Die ersten beiden hatte ich erzielt. Nummer eins nach Zuspiel von Ivan, beim zweiten lieferte Krisztián Lisztes die Vorlage. Am Ende hatten wir vier Treffer, während Freiburg nur zwei erzielte.

Nun hätte man annehmen können, dass wir uns gegenseitig auf die Schulter klopften und den Sieg feierten. Doch das Gegenteil passierte. Keine Spur von Euphorie. Wir hatten viel zu viele Chancen ausgelassen und die Freiburger in der zweiten Hälfte regelrecht zu ihren Toren eingeladen. Thomas Schaaf zeigte sich unzufrieden und wir Spieler waren es auch.

Als hätten wir uns gegenseitig wachrütteln wollen, jetzt bloß nicht in Selbstgefälligkeit zu verfallen.

Die Chancenverwertung blieb unser Problem, auch beim nächsten Spiel im DFB-Pokal gegen Wolfsburg. Das Endergebnis las sich gut – 3:1 gewonnen nach Verlängerung. Dabei hätten wir schon in der regulären Spielzeit die Entscheidung herbeiführen können. Positiv zu vermerken, aus meiner Sicht: Mir gelang auch diesmal ein Tor, und zwar der Ausgleichstreffer, der uns den Weg in die Verlängerung ebnete.

Dann kam der November. Wir gewannen gegen Frankfurt. Ich steuerte erneut ein Tor bei. Das müsste mein zehntes in der Liga gewesen sein – im elften Spiel. Vor dem nächsten zog ich mir eine Bindehautentzündung zu. Das wäre nicht weiter erwähnenswert, hätte Thomas Schaaf nicht ein geniales Händchen bewiesen und als Ersatz für mich Nelson Valdez auf den Platz geschickt.

Nelson, der aus Paraguay stammt, war damals neunzehn. Er kam aus unserer Amateurmannschaft und hatte gerade seinen ersten Profivertrag unterschrieben. Wir mussten gegen Hannover 96 ran, auswärts. Ich saß zu Hause vor dem Fernseher. Und was sahen meine Augen? Einen jungen Ailton. Dieser Bursche machte es wie ich: bum, bum – zwei Tore, gleich die ersten beiden. Anschließend fielen noch drei für uns, eines davon bereitete er vor. Er war der beste Spieler an diesem Tag. Aber das ist noch nicht die ganze Geschichte.

Nach Nelsons bravouröser Vorstellung machte ich mir so meine Gedanken. Was passiert jetzt? Wird Thomas Schaaf ihn auf meiner Position weiterspielen lassen? Setzt er mich etwa auf die Bank? Das mit der Bank war schon ein kleines Trauma. Zu oft hatte ich früher darauf schmoren müssen. Also ging ich zum Trainer und sagte ihm, dass ich gut trainiert hätte, motiviert sei und unbedingt spielen wolle. Keine Ahnung, wie er sich ohne meine Extrabewerbung entschieden hätte. Aber als wir das nächste Mal im Weserstadion aufliefen, gegen Bochum, stand Ailton wieder in der Startelf.

Wie sich zeigte, war das nicht die schlechteste Entscheidung. Gerade einmal fünf Minuten waren vorbei, als wir unsere erste gute Chance herausspielten – ein kleines Kunstwerk, das konnte man wohl ohne Übertreibung sagen. Ümit Davala, den Werder von Galatasaray Istanbul ausgeliehen hatte, passte den Ball zu Ivan. Der hatte vorher schon gesehen, wo ich war, wie gesagt, wir verstanden uns blind. Er stoppte den Ball nicht, sondern leitete ihn mit der Hacke direkt zu mir weiter. Der Bochumer Keeper hatte offenbar gedacht, es sei eine gute Idee, ein paar Meter aus dem Tor herauszukommen – vielleicht, um den Winkel zu verkürzen. Womit er nicht rechnete: Dass ich es als Einladung verstehen könnte, ihn mit einem geschickten Heber zu überwinden. Und genau das tat ich. Somit stand es 1:0. Ich jubelte, aber nicht so ausgelassen wie sonst. Da war immer noch der Gedanke, dass die Fans sauer auf mich waren.

Es dauerte keine zehn Minuten, dann legte das erprobte Duo Klasnić-Ailton nach. Ein super Zuspiel von Ivan und ich näherte mich wieder Bochums Keeper. Als ich sah, dass er sich diesmal etwas breitbeinig vor mir aufbaute, suchte ich für den Ball einen Weg zwischen seinen Beinen – ein schöner Schlenzer und Tor Nummer zwei.

Und da alle guten Dinge drei sind … okay, ich mache es kurz: Inzwischen waren wir in der zweiten Halbzeit, fünfzigste Minute. Es stand nach wie vor 2:0. Gerade wurde Fabian Ernst im Bochumer Strafraum von den Beinen geholt. Der Schiri zögerte keine Sekunde: Strafstoß. Ich schnappte mir den Ball, machte keinen großen Zirkus, sondern schoss ihn flach und platziert ins rechte Eck – 3:0.

Doch der eigentliche Höhepunkt des Spiels – jedenfalls für mich – sollte erst noch kommen. Thomas Schaaf ließ mich bis zur 65. Minute auf dem Platz. Dann meinte er, ich hätte für heute genug getan. Als meine Auswechslung angezeigt wurde und ich zur Seitenlinie trabte – keine Pfiffe. Aber es geschah etwas anderes: Die Zuschauer klatschten Beifall. Und dann standen sie sogar auf, um mir ihre Ehre zu erweisen.

Es gibt Momente, die man niemals vergisst. Das war so einer. Wie oft hatten wir in diesem Stadion gemeinsam gejubelt, ich auf dem Platz, die Fans auf den Rängen. Doch nie hatte ich es als ein größeres Geschenk empfunden, als an diesem Tag.

Das Spiel endete 3:1.

Und Klaus Allofs verkündete selbstbewusst: „Ja, wir wollen den Titel!“

Er meinte die Meisterschaft. Natürlich. Aber im DFB-Pokal mischten wir auch noch mit. Im Achtelfinale überrollten wir Hertha mit 6:1. Die Berliner, die auch in der Liga schwer taumelten, wussten gar nicht, wie ihnen geschah. Das war Anfang Dezember. In der nächsten Pokalrunde, im Februar, bezwangen wir Greuther Fürth. Aber längst nicht so souverän. Das hätte auch anders ausgehen können.

Ein wildes Spiel. Die Fürther lagen bis zur neunzigsten Minute mit 2:1 vorn. Wir hatten nur noch neun Feldspieler auf dem Platz. Ümit Davala hatte Gelb-Rot gesehen. Dann wurde die Nachspielzeit angezeigt, drei Minuten, und bei uns machte es irgendwie klick. Wir legten noch einmal den Schalter um, wie man so schön sagt, oder wie soll man das erklären? Siegermentalität trifft es wahrscheinlich noch besser. Nicht aufgeben, selbst dann nicht, wenn nur noch ein paar Sekunden auf der Uhr sind. An sich glauben. Und daran, dass das Unmögliche eben doch möglich ist.

Ein schneller Treffer und wir hätten uns in die Verlängerung gerettet. Die Nachspielzeit lief bereits. Nelson schickte eine Flanke in den Strafraum der Fürther. Irgendwie kam Johan an den Ball und brachte ihn tatsächlich im Tor unter. Ausgleich!

Die Fürther waren geschockt, wir euphorisiert. Alles lief wie im Zeitraffer. Anstoß. Sofort eroberten wir den Ball, stürmten Richtung gegnerisches Tor, und das Unglaubliche geschah: Ivan mit einem Schuss von halblinks – und der Ball war drin.

Ich sagte ja: Siegermentalität, anders schafft man so etwas nicht. Glück hilft natürlich auch ein bisschen. Am gleichen Tag flog übrigens der FC Bayern bei Alemannia Aachen aus dem Pokalwettbewerb.

Im Halbfinale bekamen wir es dann mit dem VfL Lübeck zu tun, wieder ein Zweitligist. Und auch der brachte uns ganz schön in die Bredouille, trotzte uns eine Verlängerung ab, noch dazu in unserem Stadion. Zweimal gingen die Lübecker in Führung, wobei Mladen den ersten Treffer freundlicherweise durch ein Kopfball-Eigentor beisteuerte. Erst in der 115. Minute gelang uns – beziehungsweise Nelson – der erlösende Treffer zum 3:2. Damit hatten wir uns den Einzug ins Pokalfinale geebnet.

Doch wieder zurück in die Bundesliga. Das Jahr ging zu Ende. Mit einem 1:1-Unentschieden zu Hause gegen Bayern lieferten wir unser bis dahin schwächstes Spiel ab. Ein Strafstoß, den ich gegen Oliver Kahn verwandelte, und ein höchst abseitsverdächtiges Tor von Claudio, der sich bei den Bayern als Stammspieler etabliert hatte, waren die Höhepunkte. Eine Woche später, nach einem turbulenten Auswärtssieg in Leverkusen, übernahmen wir zum dritten Mal in der Saison die Tabellenführung. Und wiederum eine Woche später, am letzten Spieltag des Jahres, kürten wir uns mit einem 3:0 gegen Rostock zum Herbstmeister – oder, wie es auf den T-Shirts stand, die der Verein vorbereitet hatte, zum „Weihnachtsmeister 2003".

So meisterlich, wie das klare Ergebnis vermuten lässt, war unser Auftritt allerdings nicht. Irgendwie schien die Luft raus zu sein. Immerhin gelang mir mit dem ersten Tor, drei Minuten nach Anpfiff, mein insgesamt sechzehnter Saisontreffer. Damit hatte ich meinen bisherigen Rekord eingestellt. Und: Ich stand ganz oben auf der Torschützenliste.

In der Winterpause ging es wie immer in die Heimat. Glücksgefühle, aber auch Trauer, so könnte man meinen Zustand beschreiben, als ich mit Rosseli und den Mädchen nach

Mogeiro kam. Das erste Weihnachtsfest ohne Aderaldo. Wir besuchten sein Grab. Er liegt mit Mutter in einem Grab. Auf dem Grabstein sind Fotos von ihnen angebracht. Ich hielt stille Zwiesprache mit den beiden. Zu gern hätte ich mit ihnen zusammengesessen und von den Erfolgen in Bremen erzählt, von meinen *colegas*, den Jungs in der Mannschaft. Dass wir auf eine Art zusammenhielten, wie es noch in keiner Saison zuvor war. Von den Spielen, die wir im letzten Moment entschieden hatten. Von unserer Siegermentalität. Und davon, dass wir zusammen mit unseren Trainern Thomas Schaaf und „Kalli" Kamp und Dieter Burdenski fast wie eine Familie waren. Komischerweise dachte ich am allerwenigsten daran, was mich nach der Saison erwartete.

Das neue Jahr begann, und zum ersten Mal brach ich mit meiner Tradition. Am 6. Januar begann das Training und genau am 6. Januar war ich da. Meine Mannschaftskameraden müssen sich verwundert die Augen gerieben haben – ist er das wirklich? „2004 – neuer Ailton", verkündete ich grinsend. Dummerweise setzte mich dann gleich ein Magen-Darm-Infekt außer Gefecht. Bis zum ersten Testspiel war ich zwar wieder auf dem Damm, doch wäre ich mal besser im Bett geblieben. Zwanzig Minuten stand ich auf dem Platz bei Roda Kerkrade in den Niederlanden, als mich im rechten Oberschenkel plötzlich ein Schmerz durchfuhr. Kein Beinbruch, aber ein Muskelfaserriss, auch nicht angenehm.

Dadurch blieb mir das jährliche Trainingslager im türkischen Belek erspart. Erst war ich gar nicht so unglücklich darüber. Belek bedeutete immer eine ganz schöne Schinderei.

Als ich dann aber mutterseelenallein im Rehazentrum auf dem Ergometer strampeln musste, wäre ich doch lieber bei den anderen gewesen. In Belek bekamen sie wenigstens mal einen Ball vor die Füße. Trotzdem nahm ich die Sache ernst, hing mich richtig rein, ließ auch keine der Trainingseinheiten ausfallen, erschien pünktlich, meistens sogar früher. Dafür erntete ich manchmal ungläubige Blicke, als hätten sie wirklich gedacht, einen neuen Ailton vor sich zu haben.

In den Jahren zuvor hatten wir beim Rückrundenstart immer einen Einbruch erlebt. Es schien fast eine Gesetzmäßigkeit zu sein. So sehr wir uns dagegen sträubten, nach der Winterpause handelten wir uns erst mal ein paar Niederlagen ein. Das spukte uns auch diesmal im Kopf herum. Thomas Schaaf hatte sogar überlegt, das Trainingslager statt in Belek woanders abzuhalten, um den Bann auf diese Weise zu brechen.

Zum Auftakt kam Hertha ins Weserstadion. Für die Berliner muss das ein schwerer Gang gewesen sein, nach der heftigen Pleite zwei Monate zuvor. Mein diszipliniertes Training hatte sich ausgezahlt, im Oberschenkel zwickte nichts mehr. Bereits in der ersten Minute hätte ich ein Tor machen können, aber die Feinjustierung stimmte noch nicht. Es verging etwa eine Viertelstunde, bis es perfekt passte. Marcelinho, mein Landsmann aus Paraíba, der damals bei Hertha spielte, war so nett, einen Rückpass auf einen seiner Mitspieler so zu timen, dass er mir geradezu ideal in den Lauf rollte. Dann musste ich nur noch Herthas Keeper umkurven und den Ball über die Linie schieben.

Treffer Nummer siebzehn. Neuer persönlicher Rekord. Das fühlte sich so gut an, dass ich gleich noch einen nachlegte, mit dem Außenrist. Einer von den Presseleuten meinte, das wäre Weltklasse gewesen. Mein fünfter Doppelpack in dieser Saison. Dreißig Minuten waren da gespielt. Kurz darauf traf Johan zum 3:0, und am Ende der zweiten Hälfte machte auch Nelson noch ein Tor. Wir hingegen hielten unseren Kasten sauber.

Wir hatten den Fluch besiegt. Es musste also wirklich eine besondere Saison sein. Wieder ein kleiner Schritt, der uns noch stärker machte. Wenn wir es richtig anstellten, konnten wir alles schaffen – diese Überzeugung schien sich von Spiel zu Spiel mehr in jedem von uns festzusetzen.

Zur Erinnerung: Wir hatten seit dem Stuttgart-Spiel Mitte Oktober keine einzige Partie verloren.

Dabei hätte unser Selbstvertrauen schon beim nächsten Heimspiel Mitte Februar gegen Kaiserslautern erste Risse bekommen können. Es war nicht mein Spiel. Die Lauterer stellten die Räume zu, sodass mir oft die Laufwege versperrt waren, um meine Schnelligkeit auszuspielen. Wir hatten einige gute Chancen, Kaiserslautern auch, doch für beide Seiten sprang kein Tor heraus – nicht bis zur neunzigsten Minute. Es sah nach einem Unentschieden aus, was ärgerlich, aber keine Katastrophe gewesen wäre. Trotzdem ließen wir das Spiel nicht einfach ausplätschern, sondern starteten den nächsten Angriff. Es lief bereits die Nachspielzeit.

Ich würde das nicht erzählen, hätten die dann folgenden Minuten nicht etwas in mir ausgelöst. Es begann damit, dass ich im Strafraum der Lauterer den Ball bekam, Richtung Tor zog und, bevor ich schießen konnte, gefoult wurde. Der Schiedsrichter pfiff und zeigte auf den Punkt. Sofort brach Tumult los. Den Lauterern schmeckte das natürlich nicht, obwohl es aus meiner Sicht eine unstrittige Entscheidung war. Aber gut, sie standen ziemlich weit unten in der Tabelle, brauchten also jeden Punkt.

Obwohl ich der Gefoulte war, nahm ich mir den Ball, um den Elfer selbst zu schießen. Es vergingen bestimmt fünf oder sechs Minuten, bis sich die Situation einigermaßen beruhigt hatte. Ich wartete. Und wartete. Die Zuschauer warteten auch. Fünf Minuten konnten eine Ewigkeit sein. Vor allem, wenn man dort stand und versuchte, sich zu konzentrieren, während die Blicke von vierzigtausend auf einen gerichtet waren.

Im Stillen schickte ich ein Gebet zum Himmel: „Hilf mir, lieber Gott, bitte hilf mir!"

Und ich überlegte, welche Ecke die beste wäre – rechts oder links, oben oder unten?

Dann endlich der Pfiff des Schiedsrichters.

Und plötzlich Stille. Unheimliche Stille. Vielleicht war die aber auch nur in meinem Kopf, weil ich in meiner Konzentration alles um mich herum ausblendete.

Ich lief an ... und schoss, mit dem linken Fuß ins rechte Eck. Sauber platziert, keine Chance für den Torhüter.

Jubel brandete auf. Ich merkte, dass ich wieder atmete. Eine Riesenlast fiel von mir ab.

Dann drehte ich meine kleine Runde, seitlich vom Tor. Und während ich das tat, hörte ich, wie meine innere Stimme sang: „Deutscher Meister ... Deutscher Meister ... Deutscher Meister ...“

Seit diesem Moment glaubte ich daran: Es wird kein Traum bleiben, wir werden Meister.

Wir führten die Tabelle jetzt mit neun Punkten Vorsprung an. Selbst Klaus Allofs sagte im Nachhinein, diese Szene sei ein Schlüsselmoment gewesen. Wir blieben für den restlichen Februar an der Tabellenspitze. Auch den kompletten März über.

Eine kleine Episode zwischendurch: Nach dem Auswärtsspiel gegen 1860 am ersten Märzsonntag flog ich nach Doha, der Hauptstadt von Katar. Mit Sondergenehmigung von Werder, da ich eine oder zwei Trainingseinheiten verpasste. Rosseli begleitete mich. Die Reise hatte auch mit einem Traum zu tun, nämlich dem, in der Nationalmannschaft zu spielen – in e i n e r Nationalmannschaft.

Ich hatte so sehr darauf gehofft, es würde eines Tages die Seleção sein, und wenn es nur für ein einziges Spiel gewesen wäre. Immer wieder hatten mich aus der Heimat Signale erreicht, ich würde demnächst eine Chance bekommen. Zuletzt als Mário Zagallo noch einmal interimsmäßig den Job als Nationaltrainer übernahm. Doch das zerschlug sich leider. Ebenso wie die Idee, für das deutsche Team anzutreten. Und nun lief mir die Zeit davon.

Auf einmal kam ein Angebot vom katarischen Fußballverband. Wer da alles seine Fäden gesponnen hatte, kann ich nicht sagen. Jedenfalls war der Plan, mich schnellstmöglich einzubürgern, damit ich für deren Nationalmannschaft spielen konnte. Die sollte kurzfristig mit einigen Ausländern verstärkt werden, um die Qualifikation für die WM 2006 in Deutschland zu schaffen. Das nächste Spiel, gegen Jordanien, stand bereits Ende des Monats an. Da sollte ich mein Debüt geben. Um Geld ging es natürlich auch. Die Scheichs boten knapp eine Million Euro Handgeld und für jedes Jahr, das ich in ihrem Team spielen würde, noch einmal etwa die Hälfte. Sechs Jahre waren angedacht.

Zeitgleich mit mir sollten meine Landsleute Dedê und sein Bruder Leandro verpflichtet werden, die beide bei Dortmund spielten. Mit ihnen traf ich mich in Doha. Für uns waren Zimmer im Ritz-Carlton reserviert. Wir wollten den Deal gemeinsam abschließen.

So weit, so gut. Da das Ganze keine Geheimoperation war, erfuhr auch die FIFA von den Plänen, der mächtige Weltfußballverband, an dessen Spitze damals noch Sepp Blatter stand. Ich denke, mehr braucht man dazu nicht zu sagen. Wer in unserem Fall die treibende Kraft war, weiß ich nicht, vermutlich einige Funktionäre in Deutschland. Weder bei Werder noch bei Schalke fanden sie die Idee gut, in Dortmund sicher auch nicht. Auf jeden Fall berief die FIFA eiligst eine Kommission ein, die im Handumdrehen genau jenen Paragrafen änderte, der solche Verpflichtungen, wie sie mit uns geplant waren, ausdrücklich erlaubt hatte. Bis dahin durfte ein Spieler, der noch nie in einer Nationalelf zum Einsatz kam, eine andere Staatsbürgerschaft annehmen und dann für das entsprechende Land spielen. Ohne diese Regelung wäre es gar nicht erst zu dem Plan mit den Kataris gekommen.

Diese Regelung wurde allerdings erst nach unserem Kurztrip in die Wüste geändert. Wir waren also guter Hoffnung, uns schon auf dem Rückflug von Doha Nationalspieler nennen zu können. Es hieß, die Verträge lägen bereit, wir müssten nur noch unterschreiben. Am nächsten Tag. Bis dahin machten wir es uns im Hotel bequem, dösten in der Sonne, plantschten im Pool. Irgendwann kreuzte Wolfgang Sidka auf. Großes Hallo. Ich freute mich, ein vertrautes Gesicht zu sehen. Wolfgang trainierte zu der Zeit die Mannschaft von Al-Arabi, in der Stefan Effenberg in dem Jahr seine Karriere ausklingen ließ. Er hatte von irgendwem erfahren, dass wir in der Stadt waren. Wir sprachen natürlich über Werder, über unseren Triumphzug, den er aus der Ferne verfolgte.

Ansonsten waren wir vor allem mit Warten beschäftigt. Stunde um Stunde verstrich, ohne das etwas geschah. Eigentlich hätten die Einbürgerungsformalitäten längst über die Bühne gehen sollen. Auch die Vertragsunterzeichnung. Erst gegen Abend brachte uns jemand zum Sitz des katarischen Fußballverbands. Dedê und Leandro hatten einen Anwalt dabei, der die Gespräche führte und die Verträge prüfte. Es ging hin und her, ohne dass wir so richtig begriffen, warum sich das alles so ewig in die Länge zog. Gegen zwanzig Uhr, wir hatten noch immer nichts unterschrieben, brachten uns zwei dunkle Limousinen zu einem Stadion. Dort empfing uns Philippe Troussier, der uns als Katars Nationaltrainer vorgestellt wurde. Ich glaube, er war insgesamt nicht länger als zwei oder drei Wochen in dem Amt. Wer weiß, vielleicht war das an dem Tag schon der Grund, oder ein Grund, warum wir am Ende nichts in den Händen hielten – keinen katarischen Pass und auch keinen Vertrag als Nationalspieler. Alles in allem eine ziemlich dubiose Geschichte. Aber es war trotzdem schön, mal in Doha gewesen zu sein. Man muss immer das Gute sehen, das Schlechte holt einen sowieso ein. Wir wurden noch eine Weile hingehalten, dann platzte die Sache aufgrund der FIFA-Entscheidung. Und ich begrub meinen Traum, diesmal für immer.

Zum Glück gab es andere Ziele, von denen man träumen konnte – zum Beispiel die Torjägerkanone als bester Torjäger der Bundesliga. Zwei Anläufe hatte ich schon genommen, und jedes Mal war ich noch auf der Zielgeraden gescheitert. Das sollte mir dieses Jahr nicht passieren.

Dabei kam mir die Art, wie wir mit Werder spielten, mehr als entgegen. Keine andere Mannschaft bot einen solchen Offensivfußball. Das Spektakel à la Schaaf – er war der Baumeister, der Kopf dahinter. Taktisch sowieso, aber auch, was das Mentale betraf, ohne diese Überzeugung hätte es nicht funktioniert. Wir waren alle hoch motiviert, umso mehr, da das große Ziel immer greifbarer wurde. Mittlerweile lagen wir mit elf Punkten vorn. Doch durch seine Art, wie er mit uns sprach, uns pushte, unaufgeregt und doch eindringlich, legte jeder noch eine Schippe drauf.

Den nächsten Glanzpunkt setzten wir Ende März in Stuttgart gegen den VfB, Magaths Truppe – was mich, wie immer, wenn es gegen eine seiner Mannschaften ging, ganz besonders motivierte. Wobei es nicht allein unser Verdienst war, dass das ein so spannendes wie denkwürdiges Match war. Die Stuttgarter, die hinter den Bayern auf Platz drei standen, hatten ebenso großen Anteil daran. Hinterher gab es Stimmen, die meinten, das sei das Spiel des Jahrhunderts gewesen. Für die Bundesliga mochte das vielleicht sogar stimmen. Doch belassen wir es beim Titel Spiel des Jahres, der ist schon groß genug.

Die Stuttgarter begannen furios: Dritte Minute, Ecke VfB, Kopfball Marcelo Bordon, und Tor. Marcelo, seinerzeit einer der besten Verteidiger der Liga, wurde nach der Saison mein Teamkollege bei Schalke. An dem Tag lieferte er ein super Spiel ab. Das heißt, er ärgerte uns gewaltig. Doch der Reihe nach.

Die erste Viertelstunde gehörte eindeutig den Stuttgartern. Sie machten sofort Druck. Unsere Abwehr wackelte und vorn kamen wir kaum bis zum Strafraum. Man kann es schwer erklären. Vielleicht merkten wir, dass wir schwammen und die Stuttgarter näher am nächsten Tor waren als wir. Trotzdem glaubten wir an uns. Unser Wille war einfach so stark, wir hielten mit allem dagegen. Und dann machten wir quasi aus dem Nichts heraus ein Tor, der Ausgleichstreffer. Ich lieferte die Vorlage, Ivan vollendete.

Dann wieder Auftritt Marcelo. Freistoß, seine Spezialität. Eine gute Position, kurz vor der Strafraumgrenze. Als hätte er einen siebten Sinn besessen, schoss er direkt in unsere Mauer. Nur, dass er sie nicht traf, sondern eine kleine Lücke fand, die sich plötzlich öffnete – auch dieser Ball landete im Tor. Danach glich für uns erneut Ivan aus, und wieder kam die Vorlage von mir.

Weil ich selbst aber auch ein Tor beisteuern wollte, machten wir es acht Minuten später genau umgekehrt: Ivan bediente mich per Kopfball, ich vollstreckte per Fuß. Mit der 3:2-Führung gingen wir in die Pause. Danach ein ähnliches Bild wie ganz am Anfang: Die Stuttgarter machten Druck, bekamen den nächsten Freistoß, wieder ein Job für Marcelo, der in etwa dreißig Meter Entfernung zum Tor den Hammer auspackte. Unser Keeper Andreas Reinke konnte den Ball nur noch aus dem Netz fischen. 3:3.

Und dann drehten sie das Spiel sogar. Ausnahmsweise war es nicht Marcelo, der der für den VfB getroffen hatte, sondern Marco Streller. Doch die Stuttgarter hatten noch gar nicht richtig zu Ende gejubelt, als ich nur sechzig Sekunden später im richtigen Moment an der richtigen Stelle auftauchte. Timo Hildebrand wehrte einen Schuss von Johan ab, bekam den Ball aber nicht zu fassen – das war meine Chance, die ich auch nutzte. 4:4, dabei blieb es auch.

Im April dann eine kleine Schwächephase. Vier Spiele, in denen ganze drei Tore fielen, zwei durch uns. Als hätten wir in Stuttgart unser letztes Pulver verschossen. Ein knapper Sieg, ansonsten nur Unentschieden. Vermutlich war es eher eine Kopfsache. Mit dem Vorsprung konnten wir den Titel fast schon greifen. Doch genau dieser Vorsprung schmolz jetzt dahin. Auf einmal waren es nur noch sechs Zähler – bei vier Spielen, die wir noch bestreiten mussten. Nur gut, dass auch die Bayern Punkte liegenließen. Aber noch konnten sie uns einholen.

Gerade rechtzeitig schalteten wir wieder einen Gang hoch, sodass man die Aprilflaute nachträglich als Luftholen deuten konnte – noch einmal Kraft schöpfen für den Endspurt. Und gleich die erste Begegnung im Mai, das Nordderby gegen den

HSV, nutzten wir, um uns warmzuschießen für das Spiele der Spiele in der Woche darauf.

Es wurde ein Torfestival – 6:0 –, das einem gewissen *Senhor* in München die Zornesröte ins Gesicht trieb, wie man das nur bei ihm sehen konnte. Als der Bayern-Manager von dem Ergebnis erfuhr, polterte er vor TV-Kameras: Es sei eine Sauerei, wie sich der HSV hätte abschlachten lassen. Und nachdem die erste Wut verraucht war, forderte er von seiner Mannschaft in aller Öffentlichkeit: „Wir müssen die jetzt mit drei, vier Toren Unterschied wegfegen und richtig niedermachen."

Wie dieses Niedermachen an jenem 8. Mai im Münchner Olympiastadion aussah, das über die Meisterschaft entscheiden sollte, ist in die Geschichte der Bundesliga eingegangen, und erst recht in die von Werder. Zuerst der Patzer von Oliver Kahn und das Tor von Ivan. Dann das Tor von Johan und schließlich das von mir. Roy Makaay verkürzte für die Bayern noch auf 1:3, und das war's.

Nach dem Schlusspfiff nur noch Jubel, den man kaum beschreiben kann – auf dem Platz, in der Kabine (ich erinnere an die beeindruckenden Nacktaufnahmen im Entmüdungsbecken), auf dem Weg zum Flughafen, im Flieger nach Bremen, bei der Ankunft dort mit den Massen auf dem Rollfeld ... wie ein einziger Rausch.

Doch davor gab es eine Szene, die immer falsch gedeutet wurde: Ailton, wie er tränenüberströmt den Platz entlangläuft, vor 63.000 Zuschauern auf den Rängen. Thomas Schaaf sagte später, ich sei nach dem Sieg der glücklichste und traurigste Mensch gewesen. Damit traf er es ziemlich gut. Aber nicht, wie dann oft gesagt wurde, weil ich in dem Moment begriff, was für eine tolle Mannschaft ich verlasse, wenn ich zu Schalke gehe. Der Grund für meine Tränen war ein anderer.

Mich überwältigte die Freude, doch zugleich musste ich an Aderaldo denken. Ihm hatte ich diese Saison gewidmet, jeden Sieg und jedes Tor. Für ihn hatte ich mich mehr angestrengt als jemals zuvor. Wie schön wäre es gewesen, wenn er das alles hätte miterleben können. Das war der Gedanke, der mich dort auf dem Rasen plötzlich übermannte. Für einen Augenblick wusste ich einfach nicht, wohin mit meinen Gefühlen. Selbst jetzt, wo ich mir das in Erinnerung rufe, kämpfe ich mit den Tränen. So intensiv war das damals. Aderaldo wäre jetzt sechsundfünfzig.

Doch ich war bei den Glücksgefühlen, bei dem Rausch, der sich am Wochenende darauf fortsetzte, noch intensiver wurde, als uns Rudi Völler im Weserstadion die Meisterschale überreichte. Auch davon hätte ich Aderaldo gern berichtet. Obwohl das Spiel davor, gegen Leverkusen, zum Vergessen war. Hüllen wir uns dazu lieber in Schweigen. Außer was mein Tor anbelangt, das muss der Vollständigkeit halber natürlich erwähnt werden. Es war das achtundzwanzigste in dieser Saison, womit ich mir endlich die ersehnte Torjägerkanone sicherte. Aber sonst: Der arme Thomas Schaaf – wie peinlich unser Auftritt. Doch wen interessierte das? Niemand würde sich an dieses Spiel erinnern. Dafür aber alle an unseren Meistertitel – alle, die im Stadion waren, die ganzen Werder-Fans, die Menschen in Bremen. Auch ihnen hatten wir damit ein Denkmal gesetzt. Noch nie in der Geschichte des

Vereins waren so viele zu den Spielen geströmt. Mit dieser Saison begann eine neue Ära, für Werder, für die Stadt.

Das war unübersehbar, schon an diesem Samstag bei der Meisterfeier im Stadion und mehr noch am nächsten Tag in der Bremer Innenstadt. Ob Marktplatz, Domshof, Liebfrauenkirchhof oder die Straßen dazwischen – überall Menschen, Abertausende von Menschen. So viele hatte ich dort noch nie gesehen. Die Stadt schien aus allen Nähten zu platzen. Und all diese Leute warteten nur auf uns, auf ihre Mannschaft, den neuen Deutschen Meister.

Und dann gingen wir raus auf den Rathausbalkon. Und der Jubel brach los. Ohrenbetäubend. Es war ein herrlicher Frühlingstag. Die Sonne strahlte mit uns um die Wette. Ihr Licht brach sich in der polierten Meisterschale, die einer nach dem anderen von uns emporhob, den Massen auf dem Platz entgegenstreckte. Wohin man sah, glückliche Gesichter. Bilder, die sich für immer in mein Gedächtnis einbrannten. Ich muss nur die Augen schließen und an diesen Moment denken, dann sehe ich sie wieder vor mir.

Doch die Saison war noch nicht vorüber. Ein Spiel stand noch aus. Genau genommen waren es zwei, aber das am letzten Spieltag der Saison fiel in dieselbe Kategorie wie das Leverkusen-Spiel: abhaken, vergessen, Schwamm drüber. Worum es noch ging, war das Pokalfinale zwei Wochen später in Berlin, im Olympiastadion, ausverkauft bis auf den letzten Platz. Eine einzigartige Atmosphäre, die es so nur einmal im Jahr gibt – beim Pokalendspiel.

Trotz aller Euphorie nach dem Gewinn des Meistertitels war es keine einfache Situation – oder besser gesagt: wegen dieser Euphorie. Die Konzentration war weg, die Luft raus. Jedem fiel es schwer, sich noch einmal zu motivieren. Nach den letzten beiden vergurkten Liga-Spielen mussten wir uns kräftig in den Hintern treten, sonst wäre das nichts geworden. Dabei wollten wir unbedingt gewinnen. Noch nie hatte Werder das Double geholt. Überhaupt gab es nur drei oder vier Vereine, denen das bisher gelungen war. Mit einem Sieg gegen den Zweitligisten Alemannia Aachen würden wir uns unsterblich machen.

Solche Gedanken halfen. Wir mussten diese Motivation nur mit auf den Platz nehmen. Und das gelang uns, zumindest einigermaßen, sodass es für ein knappes 3:2 reichte. Das war alles andere als überzeugend, keineswegs ein meisterlicher Auftritt, sondern ein mühevoller, hart erkämpfter Sieg, aber das zählte nun auch nicht mehr. Es war mein letztes Spiel für Werder. Wir hatten den Pokal und damit das Double gewonnen! Der nächste Rausch – in Berlin, die nächste Feier – in Bremen ... und wieder stand die Stadt Kopf. Und auch das wird mir für immer in Erinnerung bleiben.

Bremen *bom*!

Bremen muito bom!

TEMPO ADICIONAL

Nachspielzeit

Deutscher Meister, Pokalsieger, Torschützenkönig und Fußballer des Jahres, als erster Ausländer überhaupt – das war die Saison meines Lebens. Es konnte nicht besser werden. Nur dass ich das noch nicht wusste.

Im Gegenteil, auch mit Schalke wollte ich große Erfolge feiern. In der Bundesliga sollten wir es weit nach oben schaffen, am besten ganz nach vorn, doch zumindest auf einen Platz, mit dem wir uns die Teilnahme an der Champions League sicherten. Auch im DFB-Pokal war das Ziel hoch gesteckt. Es sollte möglichst das Finale erreicht und dann idealerweise auch gewonnen werden. Etwa so hatte Rudi Assauer im Maritim-Hotel seine ambitionierten Ziele skizziert, für die der Verein tief in die Tasche griff. Außer Mladen und mir kamen Marcelo Bordon und Lincoln neu in die Mannschaft, die seit der vorherigen Saison von Jupp Heynckes trainiert wurde. Ein Wiedersehen gab es auch mit Frank Rost, den Schalke das Jahr zuvor von Werder abgeworben hatte.

Dass die Schalker Fans ein besonderer Schlag Menschen sind, im positiven Sinne, durfte ich gleich an meinem ersten Arbeitstag erfahren. Rund zweitausend kamen zum Trainingsgelände gepilgert, nur um einen Blick auf den Neuen zu erhaschen. Meine etwas verunglückte Äußerung über die zweifelhafte Attraktivität der Stadt Gelsenkirchen, die mir einige Monate zuvor bei einem Pressetermin herausgerutscht war – sie schien vergeben und vergessen. Ich hatte einfach etwas nachgeplappert, was mir jemand zuraunte, der das Ruhrgebiet angeblich gut kannte. Nachdem Rosseli, die Kinder und ich uns selbst einen Eindruck verschaffen konnten, waren wir ganz zufrieden, auch mit unserer neuen Bleibe, die sich in der Nähe des Stadions befand. Ich will damit nur sagen, dass die Voraussetzungen für einen Neuanfang nicht die schlechtesten waren. Ich hatte meine Familie bei mir, Schalke hatte eine gute Mannschaft zusammengestellt – es konnte also losgehen.

Es ging auch los, noch bevor die Bundesliga startete, mit dem UI-Cup. Wir kamen bis ins Finale und gewannen auch das. Damit war das erste Ziel erreicht: ein Startplatz im UEFA-Pokal. Inzwischen hatte die Bundesliga-Saison begonnen, ebenso der DFB-Pokal. Trotz aller Motivation, die ich aus der Sommerpause mitgebracht hatte, hatte ich ein paar Startschwierigkeiten. Aus meiner Sicht lag das weniger an mir, sondern daran, dass es in der Mannschaft keinen Johan Micoud gab. In einer Zeitung stand, ich sei wie ein Rennwagen unterwegs, der nur mit Normalbenzin betankt wurde. Ein Poet, der das verfasst hatte. Er lag aber vollkommen richtig. Ich hatte meine Spielweise nicht verändert, lauerte wie in Bremen auf Pässe, die jetzt allerdings nicht wie gewohnt kamen – entweder gar nicht oder zu spät oder zu ungenau. Zumindest war das ein Punkt.

In den UI-Cup-Begegnungen gelangen mir drei oder vier Tore, im zweiten Finalspiel sogar das entscheidende. In der

Bundesliga allerdings entwickelte ich mich zum Spätzünder. Erst am neunten Spieltag gelang mir der erste Treffer. Das war dann schon weit im Oktober. Und unter einem neuen Trainer. Bereits im September hatte der Verein Jupp Heynckes freigestellt und stattdessen Ralf Rangnick verpflichtet. Während ich mich mit Jupp Heynckes gut verstanden hatte, kriselte es zwischen seinem Nachfolger und mir ziemlich schnell. Offenbar passten wir einfach nicht zusammen. Er verstand mich nicht, ich ihn nicht – was in dem Fall nicht an der Sprache lag.

Jeder Trainer hat seine eigene Philosophie, nicht nur in taktischer Hinsicht, auch, wie er mit seinen Spielern umgeht. Jupp Heynckes akzeptierte mich wie ich war. Er sagte gleich am Anfang, er wolle keinen anderen Ailton, sondern genau den, der in Bremen so erfolgreich gewesen war. Ich sollte ihm sagen, was ich dafür brauchte, damit er mir helfen konnte. Für einen Spieler, der wie ich neu in einen Klub kam, war das Gold wert, viel mehr als ein freundliches Lächeln oder ein warmer Händedruck. Meine ersten Tore im UI-Cup, die waren das Resultat. Und wenn mir mal Tor gelang, spielte ich trotzdem gut.

Ralf Rangnick war anders. Er wollte, dass man sich in sein System einfügt und wenn nötig, die eigene Spielweise dafür veränderte. Selbst wenn die sich bewährt hatte wie meine unter Thomas Schaaf. Außerdem hatte ich nicht das Gefühl, dass er auf die Individualität eines Spielers einging, nicht in der Weise, dass er versucht hätte, dessen Handeln zu verstehen. Jedenfalls nicht, was mich betraf. Meiner Ansicht nach sollte es einem Trainer wichtig sein, nicht nur die sportlichen Fähigkeiten eines Spielers, sondern auch dessen Wesen zu erkennen – zu verstehen versuchen, wie er tickt, was ihn motiviert und wodurch er in seiner Leistung eher blockiert wird. Thomas Schaaf war sauer, wenn ich zu spät aus dem Urlaub kam. Aber er schluckte das herunter, weil er mich kannte und wusste, dass die zusätzliche Zeit wichtig für mich war. Deswegen schoss ich die Tore dann auch für ihn. Ein anderer Spielertyp braucht vielleicht genau das Gegenteil, eine strenge Hand und eiserne Disziplin. Klar, dann muss der Trainer anders reagieren. Das kann er aber nur, wenn er das weiß. Alle stur nach einem Schema zu behandeln, macht aus meiner Sicht jedenfalls keinen Sinn.

Mit Ralf Rangnick klappte es auch deshalb nicht so gut, weil er mich wie ein Schulkind bestrafte, wenn ihm etwas nicht gefiel. Ich vermute, er wollte mich auf diese Weise erziehen. Dabei war ich längst zu alt für so was. Hätte er mich besser gekannt, hätte er gewusst, dass genau das bei mir nicht funktionierte. Wie gesagt, jeder ist anders. Die berühmte Geschichte vor dem Leverkusen-Spiel im Frühjahr 2005, als er mich zum Warmlaufen schickte und ich mir die sonnigste Stelle hinter dem Tor suchte, weil man dort am schnellsten warm wurde – selbst wenn man sich nicht groß bewegte. Vor dem Spiel hatte er mir gesagt, dass er mich in der zweiten Halbzeit einwechseln würde. Ich war ein bisschen erkältet, deswegen stand ich nicht in der Startelf. Er ließ mich dann aber doch nicht auf den Platz. Angeblich weil er meine Art des Warmmachens als Sonnenbad interpretierte und als Ausdruck fehlender Motivation verstand. Das war natürlich Quatsch. Ich wusste am besten, was meinem Körper guttat und wie ich mich auf den Einsatz vorbereiten musste. Leverkusen hatte gerade ausgeglichen. Es stand 3:3. Vielleicht hätte ich ein Tor gemacht. Das konnte niemand wissen. So blieb es beim Unentschieden.

Ich sollte dann auch schuld daran sein, dass die Mannschaft zum Saisonende hin müde wurde – weil ich angeblich zu wenig in der Defensive arbeitete und meine *colegas* das für mich mit übernehmen mussten. Vielleicht stimmte an seinem System ja etwas nicht. Warum hatte es in Bremen so gut funktioniert? Vor allem: Warum erzählte er so etwas den Presseleuten? Das ging so weit, dass er nach einem Spiel öffentlich behauptete, ich hätte mich hängenlassen und dadurch nicht nur die eigene Mannschaft geschwächt, sondern auch den Gegner motiviert, noch einmal richtig aufzudrehen. Und das gerade zu einer Zeit, als er selbst unter Druck stand, weil es in der Tabelle eng für uns wurde, der Champions-League-Platz wackelte. Wahrscheinlich würde er eine andere Version der Geschichte erzählen. Jeder hat seine eigene Sichtweise.

Ich kann es nicht beweisen, aber Ralf Rangnick ist ein gescheiter Mann, daher glaube ich, er machte das nicht ohne Hintergedanken. Als wir die Saison auf Platz zwei beendeten, also hinter Bayern und vor Werder Vizemeister wurden und uns damit für die Champions League qualifizierten, sagte er, er wolle dort ein anderes System spielen, nicht so offensiv. Und dass das für mich bedeuten könnte, dass ich auf der Bank bleibe. Vielleicht hätte ich abwarten sollen, wie sich das entwickelte. Rangnick blieb ja nur noch bis zum Jahresende bei Schalke. Aber abwarten, nein, das entspricht nicht meinem Temperament, das ist nicht Ailton. Ich sagte also gleich:

„Ich setze mich nicht auf die Bank. Entweder ich spiele, oder ich bin weg."

Damit war das Kapitel Schalke beendet. Nicht sofort, es hat schon noch ein paar Wochen gedauert. Und natürlich rappelte es ein bisschen im Karton. Rudi Assauer und Andreas Müller hatten sich das auch anders vorgestellt. Ich denke, mit Jupp Heynckes wäre es vielleicht besser gelaufen. Mit etwas mehr Geduld, auf beiden Seiten, wahrscheinlich auch. In Bremen hatte sich das auch erst entwickeln müssen. Doch Werder ist eben Werder.

Nur damit es nicht falsch rüberkommt: Ich habe nichts gegen Ralf Rangnick. Man sieht jetzt bei den Österreichern, dass er seinen Job gut macht. Auch vorher, bei seinen anderen Stationen, hat er das bewiesen, nur große Titel fehlen ihm noch. Es passte einfach nicht mit uns. So ist das manchmal im Leben. Dann muss man seinen Weg weitergehen. Schade fand ich es dennoch, weil es trotz allem ein gutes Jahr war auf Schalke.

Wenn man die Liebe vermisst, ist man für eine neue umso empfänglicher. Da kam das Angebot von Besiktas Istanbul gerade recht. Die beiden Vereine einigten sich, ich durfte gehen. Ich dachte, dass es vielleicht ganz gut ist, mal aus Deutschland herauszukommen. Ein anderes Land, eine andere Kultur.

Wie mich die Besiktas-Fans in Istanbul empfingen, hat mich mehr als überrascht. Ein Riesenauflauf am Flughafen, und eine unglaubliche Begeisterung – Wahnsinn. Und ehe ich mich versah, trugen mich ein paar Leute auf den Schultern, als hätte ich gerade das wichtigste Tor der Saison geschossen.

Dabei war das alles nur ein kleiner Vorgeschmack. Später bei den Spielen, die Atmosphäre im Stadion – unfassbar. Es war, als würden die Fans zusammen mit der Mannschaft kämpfen. Egal, wie es stand, sie unterstützten uns in wirklich jeder Minute, die wir auf dem Platz waren. In Bremen oder bei Schalke war es zwischendurch auch mal leiser geworden, hier ebbte der enorme Geräuschpegel nicht für eine Sekunde ab, so kam es mir zumindest vor. Wie eine Wand standen die Fans hinter uns. Und was erst los war, wenn ein Tor fiel, diese Euphorie – das reinste Tollhaus. Mich erinnerte das immer an Brasilien, da hatte ich das ähnlich erlebt.

Auch in die Stadt verliebten wir uns sofort. Rosseli und die Kinder kamen natürlich wieder mit. Inzwischen hatten Rosseli und ich geheiratet. Jetzt waren wir eine richtige Familie mit amtlicher Urkunde und so. Wir wohnten auf der europäischen Seite, wo sich das historische Stadtzentrum befindet. Die Atmosphäre dort ist einmalig – das pulsierende Leben auf den Straßen, die vielen Märkte, die eindrucksvollen Bauwerke, wie eine andere Welt. In Istanbul hätten wir es gut ein paar Jahre aushalten können.

Doch es sollte anders kommen, leider. Auch bei Besiktas kam es nach kurzer Zeit zu einem Trainerwechsel. Jean Tigana wurde verpflichtet. Ein großer Name. Er war als Spieler Europameister mit der französischen Nationalmannschaft und viele Jahre eine feste Größe im Mittelfeld bei Girondins Bordeaux. Das er kam, war nicht der einzige Grund. Es gab auch Probleme mit den Finanzen, manchmal wurde das Gehalt nicht gezahlt. Aber aus meiner Sicht war es der entscheidende.

Ich kann mich kurz fassen: Wir beide hatten einen schlechten Start, warum auch immer, und es wurde nicht besser. Er übernahm den Posten im Oktober. Ende Oktober 2005. Und noch vor Weihnachten versuchte ich, mich heimlich aus dem Staub zu machen – weil ich es nicht mehr aushielt. Zumindest fühlte sich das in dem Moment so an. Mein Temperament mal wieder. Er hatte mich fürs nächste Spiel aus der Startelf gestrichen. Damit konnte ich nie gut umgehen. Das ist, glaube ich, schon deutlich geworden. Der Manager von Besiktas muss meine Flucht irgendwie mitbekommen haben. Er erwischte mich im letzten Moment am Flughafen und nahm mich wieder mit zurück.

Allerdings war dem Ganzen bereits einiges vorausgegangen, was ich als Demütigung bezeichnen würde. Zum Beispiel hatte *Senhor* Tigana öffentlich gelästert, ich sei zu alt und zu schwer. Und überhaupt sei die Zeit, als ich ein gefährlicher Stürmer gewesen sei und schöne Tore geschossen hätte, vorbei. Sagen wir es so: Das Tischtuch zwischen ihm und mir war zerschnitten.

Wie gern wäre ich nach Bremen zurückgekehrt. Aber Werder hatte eine Top-Mannschaft, die brauchten mich nicht. Wahrscheinlich hätte sich so ein Märchen, wie ich es dort erlebt hatte, sowieso nicht wiederholen lassen. Und dann wären nur alle enttäuscht gewesen. Trotzdem sehnte ich mich danach, wieder in der Bundesliga zu spielen. Über einen Spielerberater erfuhr ich, dass Dortmund Interesse haben könnte, doch das schien nur heiße Luft zu sein. Dann meldete sich ein anderer Berater, der mich mit dem HSV in Kontakt brachte. Er sagte, er würde für die Hamburger arbeiten, die einen Stürmer suchten und Interesse hätten, mich zu verpflichten. Erst hatte ich Bedenken: Erst Werder, dann HSV – ob das bei den Fans gut ankäme? Aber dann sagte ich mir: Es ist dein Job, und wenn es dich in die Bundesliga zurückbringt, dann tu es.

Dass sich dieser Berater sozusagen als Abgesandter des HSV ausgab, in dieser Rolle auch zu mir nach Istanbul kam, um den Deal zu besprechen, sollte später in einer anderen Angelegenheit noch eine Rolle spielen. Ich hatte ihn jedenfalls nicht engagiert und er war auch nicht mein Berater. Ob er damals tatsächlich im Auftrag des HSV arbeitete, weiß ich bis heute nicht.

Der HSV verständigte sich mit Besiktas auf ein Leihgeschäft. Ich sollte ein halbes Jahr, bis zum Sommer 2006, für die Hamburger spielen. Dann wollten sie entscheiden, ob sie mich aus dem Vertrag mit den Türken herauskaufen. Als die Entscheidung schließlich anstand, fiel sie gegen mich aus. Hamburgs Manager meinte, es sei finanziell nicht zu stemmen, da sich der Verein nicht auf direktem Weg für die Champions League qualifiziert hatte. Und daran war ich auch noch selbst mit schuld, weil ich in dem entscheidenden Spiel, ausgerechnet gegen Werder, eine tausendprozentige Chance vergeben hatte.

Es war das letzte Saisonspiel. Beide Mannschaften konnten noch Vizemeister werden und sich damit einen Champions-League-Platz sichern. Beide brauchten also einen Sieg. Es stand 1:1, als ich in der 70. Minute nach einem Konter völlig frei vor dem Tor der Bremer auftauchte. Nicht einmal Werders Keeper Tim Wiese hatte ich noch vor mir, das Tor war leer. Wie das passieren konnte, weiß ich selbst nicht, aber ich schoss den Ball links am Kasten vorbei. Stattdessen erzielte Miroslav Klose, mein Nachfolger bei Werder, später den Siegtreffer zum 2:1 für die Bremer.

Nicht wenige Leute meinten, ich hätte absichtlich danebengeschossen. So ein Unsinn, natürlich nicht. Aber vielleicht hat diese Szene bei der Entscheidung, mich doch nicht zu kaufen, den Ausschlag gegeben. Dabei hätte ich gern beim HSV weitergespielt. Die Mannschaft mit Sergej Barbarez und Rafael van der Vaart war super, und gegen die Stadt gibt es sowieso nichts zu sagen, die ist top. Ich wohnte an der Elbchaussee, das ist mit die schönste Gegend. Mein Pech war außerdem, dass ich mir bei einem Spiel den Unterkiefer gebrochen hatte, operiert werden musste und deshalb fast zwei Monate ausfiel. Sonst hätte ich mehr Tore schießen können. So waren es am Ende nur drei – keine tolle Quote für eine halbe Saison. Erst recht nicht für jemanden, der die Torjägerkanone gewonnen hatte, auch wenn das mittlerweile zwei Jahre zurücklag.

Nun zu der Sache mit dem Berater, der mich zum HSV gelotst hatte. Dabei geht es genau um diese Kanone. Ungefähr ein Jahr nach meinem Gastspiel bei den Hamburgern tauchte plötzlich ein Bericht in der Presse auf, dieser Berater würde meine Torjägerkanone bei eBay versteigern. Das höchste Angebot läge inzwischen bei sechshunderttausend Euro oder sogar noch höher. Das war ein Schock. Die Kanone ist zwar kein Schmuckstück, aber ich bin sehr stolz darauf, sie gewonnen zu haben. Noch dazu mit 28 Toren. Das gelingt nicht vielen. Der nächste Schock war, dass der Berater behauptete, er würde die Kanone versteigern, weil ich ihm eine Menge

Geld schuldete – Provisionen, Auslagen, Honorare und was er alles aufzählte. Das stand da einfach so. Mich hatte niemand dazu befragt.

Um es noch einmal klarzustellen: Ich hatte diesen Mann zu keinem Zeitpunkt als Berater engagiert. Warum also sollte ich ihm irgendwelche Provisionen schuldig sein?

Interessant ist, wie er überhaupt in den Besitz der Kanone kam. Als beim HSV die Entscheidung fiel, mich nicht zu behalten, war ich mit meiner Familie in Mexiko. Das müsste kurz vor der WM 2006 gewesen sein. Daraufhin rief mich der Manager vom HSV an, teilte mir die schlechte Neuigkeit mit und meinte, ich solle die Wohnung an der Elbchaussee so schnell wie möglich räumen, damit jemand anderes dort einziehen könne. Da ich nicht vorhatte, den Urlaub deswegen abzubrechen, ließ der Berater unsere Sachen in einem Container einlagern. Bis auf die Kanone und zwei, drei andere meiner Pokale, die nahm er selbst mit.

Und jetzt wollte er sie einfach verscherbeln. Natürlich schaltete ich sofort einen Anwalt ein. Der verhinderte die Versteigerung. Dabei kam heraus, dass jemand aus der Familie des Beraters die Gebote auf eBay hochgetrieben hatte, um diesen irrsinnigen Preis zu erzielen.

Ich musste also wohl oder übel nach Istanbul zurück. Dort erwarteten mich die nächsten Demütigungen. Ich wurde nicht wieder in die Mannschaft integriert, sondern aus dem Kader gestrichen. Trotzdem sollte ich jeden Tag zweimal trainieren, aber nicht mit dem Team, sondern allein auf einem Nebenplatz, der von der A-Jugend genutzt wurde. Klar, dass ich lieber heute als morgen verschwinden wollte. Vorzugsweise natürlich zurück in die Bundesliga. In der Situation wäre ich zu fast jedem Verein gegangen. Aber es klappte nicht. So landete ich schließlich bei Roter Stern Belgrad.

Der Anfang einer langen Reise. Man könnte auch sagen, der Anfang vom Ende. Aber ein Schlussspurt war es eben auch nicht. Es zog sich noch gewaltig in die Länge. Ich spielte eine halbe Saison in Belgrad, dann, so hieß es, geriet der Verein in Zahlungsschwierigkeiten. Und so ging es auf Leihbasis nach Zürich zu den Grashoppers, damit die Serben Geld sparten. Auch dort blieb ich nur sechs Monate, was schade war, da ich mich bei den Schweizern wohlfühlte. Neun Tore in dreizehn Spielen waren auch keine schlechte Ausbeute. Angeblich lag es wieder am Geld, dass sie die mit Roter Stern ausgehandelte Kaufoption nicht zogen.

Dann doch noch einmal Bundesliga. Der MSV Duisburg holte mich, mit ziemlich viel Trara – der Klubchef haute gern ein bisschen auf die Pauke, damit es im Blätterwald ordentlich rauschte und alle über seinen Verein sprachen. Mit vierunddreißig war ich nicht mehr ganz so schnittig wie zu meinen besten Zeiten. Der Trainer zeigte sich unzufrieden, ich passte angeblich nicht in das System, das er spielen wollte. Außerdem erzürnte ihn meine Unpünktlichkeit bei der Rückkehr aus dem Urlaub, etwas, das ich inzwischen wieder intensiver pflegte.

Alles in allem ein Missverständnis. In dem halben Jahr beim MSV gelang mir bloß ein einziges Tor. Es war mein hundertsechstes in der Bundesliga – zugleich auch das letzte. Und ausgerechnet gegen Werder. Ich entschuldigte mich sogar bei den mitgereisten Fans. Da es aber das einzige war, das Duisburg erzielte, wohingegen Werder dreimal traf, nahmen sie es mir bestimmt nicht übel.

Noch schöner als der Moment, als ich mein erstes Tor seit Langem schoss, war allerdings der, als ich ausgewechselt wurde. Das mag seltsam klingen, doch wer dabei war, wird es verstehen. Als ich vom Platz ging, erhoben sich die Zuschauer und applaudierten. Ich hab nicht mitbekommen, welcher Block anfing, aber am Ende standen alle – die Duisburger und die Bremer.

Die nächste Station war Metalurh Donezk in der Ukraine. Wie kam ich da eigentlich hin? Vor allem, wer schwatzte mir gleich einen Zweijahresvertrag auf? Das wäre doch nie etwas geworden. Ich wollte Geld verdienen. Ich musste Geld verdienen. Fußball war mein Beruf, immer noch. Aber es sollte schon an einem Ort sein, an dem ich mich einigermaßen wohlfühlte und Spaß hatte. Und die Familie sollte auch bei mir sein. Inzwischen hatten wir noch einmal Nachwuchs bekommen, Zwillinge, unsere beiden Jüngsten. Rosseli lebte mittlerweile mit den Kindern in Mexiko. Nein, das war keine schöne Zeit. Nach zwei Spieltagen wollte ich nur noch weg.

Also wieder Streit ums Geld. Und das nächste Leihgeschäft. Dann ein neuer Vertrag und der nächste Verein. Altach in Österreich. Campinense in Brasilien. Chongqing in China. Heute würde ich das nicht mehr so machen. Man könnte sagen, ich war ein Weltenbummler, doch ich war genauso ein Getriebener – was dann nicht mehr so gut klingt. Mal war es okay und mal war es zum Weglaufen. Glücklich machte es mich so oder so nicht. Die drei Monate in China beispielsweise fühlten sich an wie drei Jahre. Kein Wunder, dass ich darüber den Spaß verlor, den Spaß an dem, was ich am liebsten gemacht hatte, seit ich ein kleiner Junge war.

Krefeld war dann ein Ort, an dem ich mich wieder gut fühlte, obwohl der KFC Uerdingen, der inzwischen in der sechsten Liga spielte, seine besten Zeiten längst hinter sich hatte – etwa so wie ich, nur dass sie bei mir noch nicht ganz so lange zurücklagen. Doch auch da wieder Missverständnisse und viele Versprechungen, von denen die wenigsten gehalten wurden. So ging es noch eine Weile weiter, vom KFC zum FC Oberneuland, also zurück nach Bremen, wo sich sofort heimische Gefühle einstellten. Bis das Heimweh nach der tatsächlichen Heimat stärker war. Also noch einmal Brasilien, aber auch die Station bei Rio Branco war nur ein kurzes Intermezzo, da es auch dort nicht bloß das pure Vergnügen war. Dann wieder zurück – Hassia Bingen hieß nun mein neuer Verein, rheinhessische Verbandsliga. Das zählte alles nicht mehr in der großen Fußballwelt, aus der ich kam, für mich aber schon. Sonst wäre ich nicht anderthalb Jahre geblieben. Danach konnte ich endlich loslassen ... und das Märchen war aus.

Nachsatz:

Zum Jahresende 2013 beendete ich meine Karriere als Fußballer. Am 6. September 2014 fand im ausverkauften Weserstadion vor vierzigtausend Zuschauern mein offizielles Abschiedsspiel statt. Danach lebte ich einige Zeit mit meiner Familie in den USA, in Mexiko und Brasilien, bevor es mich im Jahr 2020 mit Rosseli und unseren beiden jüngsten Kindern, die nun auch bald erwachsen sind, nach Bremen zurückzog, wo wir seither ein glückliches Leben führen. Manchmal werde ich gefragt, ob ich zufrieden bin mit dem, was ich als Fußballer erreicht habe. Dann antworte ich: Nicht jeder Traum ist in Erfüllung gegangen. Aber ich habe mir einen Namen gemacht, eine Marke aufgebaut und mit Werder Bremen Geschichte geschrieben. Für einen Jungen aus Mogeiro ist das mehr, als ich erwarten konnte. Also, ja, ich bin zufrieden. Und ist es nicht das, was am Ende zählt?

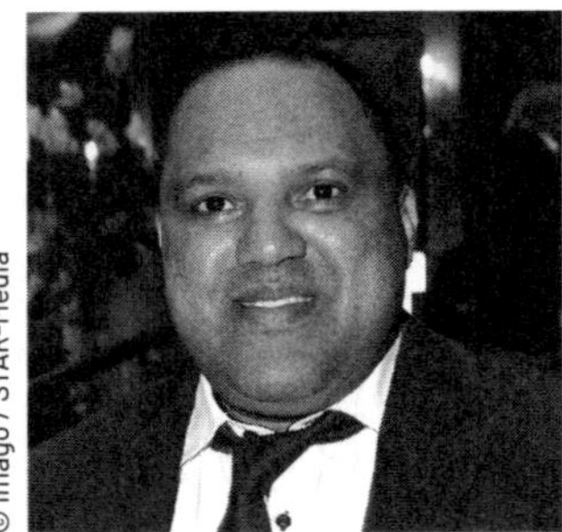

© Imago / STAR-Media

ZUM AUTOR

Ailton Gonçalves da Silva, geboren 1973 in Mogeiro, Paraíba, ist ein ehemaliger brasilianischer Fußballspieler. Mit Werder Bremen wurde er 2004 Deutscher Meister und Pokalsieger. Er war Torschützenkönig der Bundesliga und wurde als erster Nichtdeutscher zum Fußballer des Jahres in Deutschland gewählt. In der Bundesliga spielte er auch für den FC Schalke 04, den Hamburger SV und den MSV Duisburg.

IMPRESSUM

Projektkoordination: *Dr. Marten Brandt*
Layout und Satz: *Datagrafix GSP GmbH, Berlin | www.datagrafix.com*
Gestaltung von Umschlag und Bildstrecke: *Groothuis. Gesellschaft der Ideen und Passionen mbH | www.groothuis.de*
Lithografie: *Frische Grafik, Hamburg*
Druck und Bindung: *GGP Media GmbH, Pößneck*

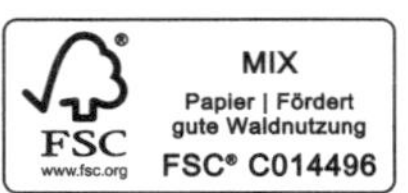

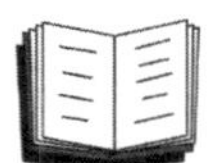

1. Auflage 2024

Neumühlen 17
D-22763 Hamburg
ISBN: 978-3-98588-089-8

LIEBE LESERINNEN, LIEBE LESER

wie schön, dass Sie ein Buch von EDEL SPORTS lesen! Wir lieben große Geschichten, herausragende Persönlichkeiten und starke Meinungen aus der faszinierenden Welt des Sports und freuen uns sehr, dass Sie diese Leidenschaft mit uns teilen. Sport ist Emotion, Entertainment und Business zugleich. Geben Sie uns gern Ihr Feedback auf Instagram (@edel.sports) oder schreiben uns an: *info@edelsports.com*

UNSER VERLAGSHAUS

Mit Standorten in Hamburg und München zählt die Edel Verlagsgruppe zu den größten unabhängigen Buchanbietern Deutschlands. Zur Gruppe gehören die Verlage Dr. Oetker Verlag, Edel Sports, KARIBU und ZS.

EDEL Sports – Ein Verlag der Edel Verlagsgruppe
www.edelsports.com
www.instagram.com/edel.sports